한국어로 내려온
New Bible

새로운
성 경

제140권

9부 | 총10부

하얀마음

하나님 말씀 중에서

1. 사랑의 하나님

- 세상을 창조하신 하나님은 모두를 사랑하신다. 인간만 특별히 더 사랑하지 않고, 우주 만물을 다 똑같이 사랑하신다. 그러니 하나님이 창조하신 천지 만물과 화친하고, 미물까지도 소중히 대하라.

- 하나님은 특정 종파나 민족만을 더 사랑하지 않으신다. 자기 자신만 구원받겠다는 욕심을 버리고, 자기 종파만 구원받는다는 편협한 교리에서 벗어나야 한다. 종파를 초월해서, 모두를 사랑하라.

- 원수까지 사랑하라 했으니, 이 세상에 사랑하지 못할 자가 누가 있겠는가? 종파가 다르다고 해서 부모 형제와 원수처럼 지내는 자는 인간의 근본을 모르는 자다. 가장 가까운 가족부터 사랑할 때 남도 진심으로 사랑할 수 있다.

- 한 사람을 원수같이 생각하던 마음에서 사랑하는 마음으로 돌리면, 자기 자신의 마음이 가장 기쁘고 행복하다. 하나님께서는 인간의 마음속에 무거움이 없이 기쁘고 행복한 삶을 살기를 바라신다.

- 이웃을 "내 몸처럼" 사랑하라 했으니, 마지막 한 장 남은 천국의 티켓도 이웃에게 양보하라. 자기 중심적인 신앙에서 벗어나서 남을 위해 살아야 한다.

- 독초도, 약초도, 이단도 사탄도 천사도 다 필요하기에 존재한다. 독초일지라도 극소량을 사용해서 생명을 살릴 수 있고, 약초라 하더라도 남용하면 생명을 잃을 수 있다.

- 세상 모든 것을 명약으로 활용하는 것은 인간의 지혜에 달렸다. 어떤 것이든 어떤 사람이든 적재적소에 꼭 필요한 명약으로 승화시키라.

- 사탄도 이단도 천사도 모두 하나님의 주관하에 존재한다. 진정한 하나님의 백성은 사탄과 마귀까지도 감화시켜서 천사로 거듭나게 한다.

2. 기도

- 하나님은 인간의 생각까지 모두를 다 알고 계신다. 우리의 소원도 이미 알고 계시기에, 소원의 기도를 할 필요가 없다. 우리가 받을 자격이 되면 내려 주신다.

- 죄를 짓고 아무리 회개를 해도 용서받지 못한다. 도둑질한 자는 용서해 달라고 기도하고, 도둑맞은 자는 도둑을 잡게 해 달라고 기도하면, 공의의 하나님은 누구의 편에 서시겠는가?

- 자기가 잘못한 것은 그 사람에게 직접 갚고 용서를 구하라. 그가 용서하면 하나님도 용서하신다. 땅에서 매면 하늘에서도 매이고, 땅에서 풀리면 하늘에서도 풀리는 이치다.

- "회당에서 기도하지 말고 골방에서 기도하라" 했다. 눈에 보이는 골방이 아니라, 골방과 같이 고요한 마음이다. 잡념을 버리고 하나님을 향해 마음을 집중하며, 사랑하고 용서하는 아름다운 생각만 나오도록 하라.

- "두드리면 열릴 것이다." 하는 것은 육의 소원을 위해 두드리라는 것이 아니라, 진리의 깨달음을 얻기 위해 두드리라는 것이다.

- 기도하는 방법: 생활 속에서 수시로 기도하는 삶을 살아야 한다.

- "저의 죄를 용서하여 주옵소서." 하는 회개의 기도를 하라.
- 범사에 "하나님! 감사합니다." 하라. 현재 가진 것에 감사하며, 과욕하지 말라. 자기 노력 이상의 것을 더 갖고자 기도하는 것은 도둑놈심보다. 공의의 하나님은 각자 노력한 만큼 주신다.
- "하나님 뜻대로 살아가겠나이다." 하며 마음의 각오를 다지라.

- 기도는 하나님의 말씀을 받아서 "행하는 것"이다. 하나님이 계심을 굳건히 믿고, 하늘을 향하여 한 점 부끄럼 없이 사는 삶 자체가 가장 위대한 기도이며, 삶이 곧 예배다.

3. 지도자

- 똑같이 사랑한다는 말을 해도, 순수하게 하는 말은 천사의 말이지만, 사기 쳐서 재산을 가로채려고 하는 말은 사탄의 말이다.

- 종교 지도자가 아무리 훌륭한 설교를 해도, 신도의 재물을 거둬서 더 큰 교회를 짓고 자기의 부귀영화를 바라며 설교하면 사탄의 가르침이 된다.

- "저희 교회는 만원사례요, 믿음은 다 같으니 이웃의 개척 교회에 가서 예배를 드리시오." 하며, 이웃 교회의 부흥을 먼저 생각하여 제 신도를 보내는 종교 지도자가 있다면 그를 따르라. 그가 하나님의 사랑을 실천하는 자다.

- "부자가 천국에 들어가는 것은 낙타가 바늘구멍을 통과하는 것보다 더 힘들다" 하였거늘, 지금의 교회에서는 부자가 되기만을 기도하고 소원하니, 이는 곧 천국을 포기하고 지옥 행 열차의 티켓을 사는 것과 같다.

- 예수는 빈손이었다. 종교 지도자가 예수보다 더 호화롭고 편안하게 살아간다면 잘못된 것이다. 부귀영화와 명예를 바라는 자는 절대로 갈 수 없는 좁고 협착한 길이 종교 지도자의 길이다.

- 종교 지도자는 유리로 비춰 봐 한 점의 부끄러움이 없이 살아야 한다. 의식주도 직접 일해서 해결하고, 예수의 가르침과 행함을 그대로 따라야 한다.

- 종말은 없다. 지금의 잘못 가는 종교 집단에게만 종말이 있다. 보이지 않는 하나님은 보이는 육의 종말은 관여하지 않으신다. 환경 파괴로 인간이 스스로 멸망을 자초하는 것이다. 종파끼리 싸우기 전에, 무너진 인성을 바로잡고 지구의 몸살을 해결하는 데 뜻을 모으는 게 급선무다.

4. 성전이란

- 이 세상 자체가 하나님께서 만드신 성전이다. 자연보다 더 아름다운 성전이 있는가? 보이는 건물이 성전이 아니라, 성스러운 마음가짐이 성전이다.

- 반석 위에 교회를 지으라 했다. 지상의 단단한 돌은 인간이 쪼갤 수 있으나, 마음속의 굳은 결의는 세상 무엇으로도 쪼갤 수 없다. 바르고 굳건한 믿음으로 성경의 가르침을 실천하는 것이 마음의 반석 위에 교회를 짓는 것이다.

- 손으로 지은 건물의 교회에 모여서 복음을 전하는 것이 아니라, 교회를 개인과 가정에 심어 주어야 한다. 무너지고 부서지는 건물을 짓지 말고, 마음속에 영원히 불변하는 참진리의 교회를 지으라.

5. 십계명

- 십계명은 인간이 죽어서 반드시 통과해야만 하는 열 개의 관문이다.

- 부모를 공경하지 아니한 자는 "네 부모를 공경하라." 하는 제5계명의 관문이 열리지 않으니 구원받을 수 없다.
- 살인, 간음, 거짓, 우상 등의 나머지 계명도 마찬가지다.

- 십계명은 하나님의 친필이다. 모기소리만 한 하나님의 음성이라도 들어 보겠다고 여기저기 찾아 헤매지 말고, 십계명부터 암송하고 지키라.

- 십계명은 영혼을 구원하는 양식이며, 십계명을 지키는 것이 구원을 받는 길이다. 인간이기에 지키고자 노력하고 또 노력한다면 지킬 수 있다.

- 십계명을 지키고 천사처럼 아름답게 살아가는 그 마음 하나면 세상에 이루어지지 않는 것이 없다.

6. 보물

- 하나님은 재물이 아니라 우리의 마음을 받으신다. 사랑을 실천하며 천사처럼 변하는 마음이 하나님께 바치는 보물이다.

- 보이지 않는 하나님께 재물을 바치려 하지 말고, 너희를 길러 준 부모에게 용돈 드리고, 찾아뵙고, 효성을 다하라. 그것이 하나님께 효도하는 것이다.

- 하늘에는 선과 악의 창고가 있다. 자기 창고에 선이 많으면 천국으로 구원을 받고, 악이 많으면 심판받아 지옥으로 간다. 그것이 바로 "선한 일을 행한 자는 생명의 부활로, 악한 일을 행한 자는 심판의 부활로" 나오는 것이다.

- "선악과를 따먹지 말라"는 것은 양심을 지키라는 것이다. 선과 악을 구분할 수 있는 양심을 최초에 인간에게 주셨다. 선한 열매는 취하고, 악한 열매는 버리며, 양심에 비추어 부끄럼 없는 삶을 살아가라.

- 가장 작은 거짓말을 하지 않고, 가장 작은 죄를 짓지 않으며, 가장 작은 선행을 하고, 가장 작은 악행을 멀리하는 것이 율법의 일점 일획도 빠뜨리지 말고 다 지키는 삶을 사는 것이다.

7. 우상

- 박물관에 있는 불상은 하나의 예술품이다. 그 조각품에 대고 제 소원을 빌 때 우상숭배가 된다. 십자가라 하여도 그 앞에서 소원을 빈다면 우상숭배하는 것이며, 하나님께 소원을 빈다면 하나님을 우상으로 전락시키는 것이다.

- 지금 기복신앙에 젖어 있는 모든 사람이 우상 앞에 절을 하고 있다. 조각품을 우상이라며 파괴하지 말고, 네 마음속에 있는 욕심의 우상을 무너트리라.

- 생수를 약초가 먹으면 약을 만들고 독사가 먹으면 독을 만든다. 같은 성경을 봐도 선한 지도자는 신도를 천사로 만드는 데 활용한다. 그러나 욕심이 가득한 지도자는 재물을 거두어들여 제가 부귀영화를 누리는 데 악용한다. 그가 바로 성경을 우상숭배의 도구로 전락시키는 거짓 선지자다.

- 성경을 한 획도 빼거나 더하지 말라는 것은, 그 가르침을 빠트리지 말고 온전히 지키라는 것이다. 성경 속에서 자기에게 유리한 구절만 보는 것은, 자기에게 불리한 구절들을 빼 버리는 것이다. 믿음이 제일이요, 행함은 구원과는 관계없다는 것은 자신에게 유리한 쪽으로 성경을 악용하는 것이다.

- 진정한 종교 지도자는 종파에 관계없이 어떤 종파든 어떤 책이든 접하고 보고 깨우쳐 견문을 넓히도록 인도한다. 참진리를 모르고 자신이 없는 자가 남을 이단이라며 배척하고, 신도들의 눈과 귀를 가린다.

8. 예수

- 예수의 재림은 없다. 예수가 다시 온다 해도, 과연 누가 그를 예수라고 믿겠는가? 예수와 같은 삶의 행함이 곧 예수의 재림이다. 각자 모두가 "재림 예수"가 되는, 차원 높은 믿음으로 가야 한다.

- 예수는 "주여 주여 하지 말고, 아버지의 뜻대로 행하라"고 했다. 예수가 전한 하나님의 뜻이 곧 "길이요, 진리요, 생명"이며, 그 가르침이 예수의 보혈처럼 소중한 것이다. 예수를 믿는 것은, 예수의 가르침을 믿고 따르는 것이다.

- 예수는 낮은 자로서 만백성을 섬기고자 했다. 만나는 모든 사람을 다 하나님이라 생각하라. 돈을 벌수록 겸손하고, 높은 지위를 얻을수록 낮아지라.

▪ 예수는 종파를 만들지 않았다. 인간이 만든 종교와 인간의 교리를 따르지 말고, 예수를 통해 전한 하나님의 참진리를 연구하고 따르라.

▪ 예수가 2천 년 전에 만백성을 위해 죽었으니, 지금 이 땅에는 예수의 가르침대로 사는 천사만 존재해야 한다. 예수가 죽어 가면서 바란 것은 만백성이 천사가 되어 예수의 자리를 채워 주는 것이지, 지금과 같이 재물을 바치면서 중언부언 제 소원만을 비는 백성들을 바란 것이 아니다.

9. 구원

▪ 천사가 사는 천국에는 천사만 갈 수 있으니, 천사 같은 마음을 길러야 한다.

- "천국 열쇠를 네게 주리니 땅에서 무엇이든지 매면 하늘에서도 매일 것이라" 했다. 땅에서 천사같이 사는 자가 하늘에서도 천사가 되어 천국에 들어간다. 모든 사람에게 천사같다는 말을 듣는 삶을 살아야 한다.

▪ 천사의 곱고 아름다운 마음은 부모를 공경하고 어른을 어른으로 대접하는 데에서 출발한다. 효도하는 자는 형제와 화목하게 지내기에 가정이 화목해지고, 이웃과 화목해지고, 국가가 화목해지고, 온 인류가 화목해진다.

- 그러므로 지상의 아름다운 소왕국은 가정에서부터 이루어야 한다.

▪ 선택된 14만 명만 구원받는 것이 아니라, 천사처럼 변하고자 하는 14만 명을 기초로 온 인류가 천사처럼 거듭나는 영적인 개혁이 시작되는 것이다.

▪ 천 년에 걸쳐서 하늘에서 이루어진 것같이 이 세상을 낙원으로 만들어, 만백성이 지상의 천국에서 살다가 죽어서 그대로 하늘의 천국으로 들어가는, 영원한 지상 낙원을 건설하는 것이 하나님의 계획이다.

- **이것이 구약과 신약에 이어 "새로운 성경"으로 역사하시는 하나님의 창조의 완성이다.**

▪ 지금의 믿음으로 구원받을 수 있다면 그 길을 가라. 그러나 자신이 없다면 하나님께서 직접 내리신 160권의 "새로운 성경"을 읽고 구원의 길을 보라!

하나님 머리말씀

이 새로운 성경을 읽는 너희 모두는
이 율법에 따라 행하면 영원히 구원받을 것이니라.

너희 인간이 수년, 수십 년, 평생
성서를 공부하고 기도하는 것은
하늘나라 나의 곁으로 오고 싶은 소망일진대,

몇천 년 전의 너희 인성과 생각이
지금의 너희와는 판이하게 다르니,

꺾여 가고 병들어 가는 너희를 고칠 수 있는 길은,
오늘 내가 선지자에게 내리는 새로운 성경과 같이
너희가 변화되는 것뿐이니라.

나의 예수가 태어난 것처럼
내가 아들 선지자를 선택하여
나의 새로운 성경을 온 세계에 전하고자 하니,

묵은 것은 버리고 새로운 것은 취하여,
너희 모두는
'여호와 하나님! 저의 죄를 용서하여 주옵소서.'
하는 기도문으로 기도하고, 죄를 뉘우치라.

이 새로운 성경은
수천 년간 내려온 성서를 요약한 것이니,
너희는 이 책을 정독하여 쉽게 깨달음을 얻고,
이대로 실천하여 하늘에 오르라.

대역자 머리말

■ 하나님의 율법을 지키는 선지자로 선택을 받도다.

저는 남들처럼 그저 열심히 살아온 평범한 사람이었습니다. 그러나 50대 중반에 사업에 실패하여 많은 부채에 시달렸으며, 건강도 악화되어 눈이 잘 안 보이고, 걷기도 어렵고, 두통이 심해서 잠을 이룰 수 없는 고통의 나날을 보냈습니다. 그때 제가 선택할 수 있는 것은 육의 삶을 끝내는 길뿐이었습니다.

죽기 직전에 그동안에 죄를 지은 이들에게 용서를 빌고 인생을 끝내기로 작정하였습니다. 어려서부터 지은 죄를 빌고 빌다 보니 끝이 없었고, 죽음으로도 그 많은 죄를 용서받을 길이 없다는 생각에 하염없이 눈물이 흘렀습니다. 그 순간 '재래식 화장실의 구더기는 죄를 짓지 않는데, 나는 인간으로서 구더기만도 못한 삶을 살았구나.' 하는 생각이 들면서 괴로움에 몸부림칠 때, 갑자기 하나님의 음성이 들렸습니다.

"나는 여호와 하나님이니라. 너는 십계명을 암송하고 내가 내려 주는 메시지를 받아 책으로 만들어 만백성을 구하라." 하시며, 제 눈을 손으로 문지르게 하시고, 아픈 머리와 다리를 손으로 두드리게 하셨습니다. 그러고 나니 눈도 잘 보이고 걸을 수 있었으며 머리의 통증도 말끔히 낫게 되었습니다. 그때부터 십계명을 암송하고 나면 들려주시는 말씀을 기록하였고, 1999년 8월부터 2004년 7월까지 권당 288쪽, 총 160권을 받아서 "새로운 성경"이라는 책으로 펴내게 되었습니다.

그러한 저에게 죽기보다도 힘든 길이 시작되었습니다. 모든 교인들이 저에게 사탄이요, 이단이요, 악마요, 마지막 시대에 온 거짓 선지자라 하면서 공격하였고, 저를 짐승을 보듯이 대하는가 하면, 편협한 종교 지도자들의 선동으로 신도들이 이 책을 직접 읽어 보고 평가할 기회마저 막아 버렸습니다. 그래서 하나님의 말씀을 세상에 내는 데 많은 어려움을 겪으며, 피를 토하는 심정으로 책을 전하고 있습니다.

그러나 아무리 인간의 힘으로 막으려 해도, 하나님의 뜻이 세상에 전해지는 위대한 역사는 계속될 것입니다. 책으로 전해지는 "하나님의 말씀"은 세상 끝날까지 항상 우리와 함께하실 것입니다. 사람은 죽어도, 책에 기록된 말씀은 영원히 남으니까요.

■ 따뜻한 실천

하나님께서는 어려운 사람들에게 삶의 터전을 마련해 주고, 미래를 열어 주는 것을 기뻐하십니다. 어려운 이웃이 스스로 자립할 수 있도록 이끌어 주는 것이 진정으로 이웃을 돕는 것이라고 말씀하셨습니다. 그래서 일자리가 없는 제자들에게 작은 사업장을 만들어 주는 "달란트 사업"을 하고 있습니다. 식당, 반찬 가게 등을 차려 주고, 기존의 어려운 사업장이 자립할 수 있도록 돕고 있습니다(커피숍, 미용실, 의상실 등).

하나님께서는 교회에 나와서 모든 시간과 재물을 쏟기를 원하지 않으시고, 그 시간과 재물을 교육에 투자하여 스스로 미래를 열어 가기를 원하십니다. 그래서 제때 공부하지 못한 제자들에게 학업을 이어 가도록 하였습니다. 중화요리 주방장을 하며 초등학교 검정고시부터 공부하여 2012년에 방통대를 졸업한 36세 남성, 만학도들의 2년제 중학교에 입학해서 2007년에 명지대학을 졸업한 38세 여성, 중학교 검정고시를 시작으로 숭의여자대학을 졸업한 47세 여성 등이 있습니다. 그밖에도 많은 제자들에게 나이를 초월하여 배우고 깨우쳐서 사회 속의 당당한 일원이 되도록 인도하고 있습니다.

학자금 대출로 힘겨워하는 젊은이들을 위해 "따뜻한 바람 장학회"를 발족하여(2016년 12월) 대출받은 학자금 전액을 매월 갚아 주고 있습니다. 또한, 다문화 가정을 위해 "다문화 가족 랜드"를 조성하여, 각종 시설을 무료로 활용하도록 하고 있습니다.

이러한 따뜻한 실천이 아직은 미약합니다. 그러나 책의 수입이 늘고, 저와 뜻을 같이하는 분들이 늘어나면 계속 확대할 것입니다. 지도자로서 신도의 재물을 헌금으로 거둬들여 착복하는 것이 아니라, 하나님께서 기뻐하시는 일에 사용하도록 중매 역할만 하며 살아가고자 합니다. 이런 제가 과연 사탄이고 이단인가요? 하나님께서 기뻐하시는 일이라면, 저에게 사탄이라 하든 거짓 선지자라 하든 굽히지 않고 실천해 나갈 것입니다.

끝으로, 일상의 삶 속에서 "지금 내가 하는 행동이 과연 하나님께서 기뻐하실까, 슬퍼하실까?" 생각하고, 매사에 하나님께서 기뻐하시는 길을 택하기 바랍니다. 교회에 모여서 집단적으로 예배 드리는 것이 아니라, 개인이나 가정 단위로 새로운 성경을 읽어 스스로 깨우치고 그대로 행하면 충분합니다. 그것이 마음속에 성전을 짓고, 신령과 진정으로 예배 드리는 길입니다. 그러면 천국의 문에 들어서게 됩니다.

2017. 2. 1.

하나님 말씀 대역자 김 용 철

차 례

십 계 명

이 책은 십계명을 암송하고 나면 내려 주시는 "하나님의 음성"을 듣고 그대로 받아쓴 기록입니다. 하나님께서 십계명을 모세에게 내려 주셨지만, 그것은 만백성에게 내려 주신 것입니다. 마찬가지로 이 책의 모든 말씀도 저에게 내려 주셨지만, 만백성 각자에게 들려주시는 말씀입니다. 여러분도 이 책을 접할 때마다 십계명을 암송하고 나서 정독해 주시기 바랍니다.

제일은, 너는 나 외에는 다른 신들을 네게 있게 말지니라.

제이는, 너를 위하여 새긴 우상을 만들지 말고, 또 위로 하늘에 있는 것이나, 아래로 땅에 있는 것이나, 땅 아래 물 속에 있는 것의 아무 형상이든지 만들지 말며, 그것들에게 절하지 말며, 그것들을 섬기지 말라.

제삼은, 너는 너의 하나님 여호와의 이름을 망령되이 일컫지 말라.

제사는, 안식일을 기억하여 거룩히 지키라.

제오는, 네 부모를 공경하라.

제육은, 살인하지 말지니라.

제칠은, 간음하지 말지니라.

제팔은, 도적질하지 말지니라.

제구는, 네 이웃에 대하여 거짓 증거하지 말지니라.

제십은, 네 이웃의 집을 탐내지 말지니라.

나 여호와가 존재함을 믿는 그 자체가 구원의 길에 들어서는 기본이요, 근본이며, 나의 새로운 성경을 가슴에 안고 정독하는 자, 반석 위에 서서 하늘에 오르는 찬란한 빛을 보게 되는 영광을 얻게 됨이니라. 진정 나를 따르고 믿는 자는 감히 사탄이나 마귀도 근접하지 못하느니라.

〈하나님 말씀〉

2004년 4월

10,459 번째 하나님 말씀

2004년 4월 10일 19시 53분

1 사랑하는 나의 아들아!
2 "네, 아버님! 말씀하옵소서."
3 너를 따르는 제자들이요, 그리고 나의 법전을 읽고 깨우친 만백성, 너희들이 어찌하여 진정한 믿음의 길을 간다면서 너희들이 기적이요, 이적이요, 그와 같은 것을 바라는 마음에서 아직도 벗어나지 못하며, 그를 버리지 못한 그와 같은 믿음이요, 너희 자신의 중심적인 그 믿음으로 간단 말이더냐?
4 나의 법전을 들으며 나의 아들을 통하여 내리는 그 많은 강론을 들은 너희들이 어찌하여 초보적인 그 믿음에서 벗어나지 못하고,
5 오늘의 이와 같이 기적이요, 이적이요, 그 역사함을 기다리고 그를 바라고 있는 그 믿음의 길을 가는가?
6 모든 종교 집단이요, 믿음의 길을 가는 백성들, 지도자, 구원을 받았다는 백성, 그들이 기적이요, 이적이나 바라는 그와 같은 믿음이기에, 그들은 초보적인 믿음이요, 그 기초적인 믿음을 초등학문에서 벗어나지 못한 어리석은 백성들이기에,
7 하늘의 뜻을 모르며 내 뜻을 모르며 내가 역사하는 것을 아무도 알 수 없으며, 그리하여 성서의 비유의 뜻도 그들은 알지 못하며 그를 해석하지 못한다 하지 아니하였더냐?
8 내가 너희들에게 나의 아들을 통하여 뭐라 가르쳤느냐?
9 너희들이 기적을 이루는 것은 내가 상을 내리는 것이 아니요, 체벌이라 하지 않았느냐?
10 그와 같은 기적이요, 이적을 보이지 아니하면, 너희들이 바로 설 수 없으며 깨달음을 얻지 못하기 때문이라 하였거늘,
11 그 이치를 깨닫는 백성이라면 어찌하여 너희들이 그를 지금도 바라며 그를 원하며 거기에서 벗어나지 못한단 말이더냐?
12 어찌하여 지혜로움의 천국의 삶이요, 나의 뜻을 행하는 차원 높은 믿음이요, 깨달음으로 가지 못하고,
13 모든 종교 집단이요, 그 백성들처럼 너희들이 무엇인가를 얻고자 하며, 무엇을 이루고자 하는 그 초보적인 믿음에서 어찌 벗어나지 못한단 말이더냐?
14 내가 너희들에게 기적과 이적을 보이는 것은 무엇이더냐?
15 나를 모르며 믿음을 모르는 그 백성들에게 나를 알며 창조주가 있음을 알게 하고 가르치기 위해서, 기적과 이적은 그 초보자들이요, 믿음이 전혀 없는 백성들에게 내가 그를 가르치기 위한 것이거늘,
16 어찌하여 지금 나의 아들을 따르는 그 제자들이요, 나의 법전을 읽고 깨우친 만백성들이 그를 기대하고 원한단 말이더냐?

17 너희들이야말로 이 백성 중에서 누구
도 따르지 못할 믿음이요, 높은 경지
에 이른 백성들이요,
18 더욱이 내가 제3의 시대를 여는 것을
알며, 구약 시대의 내용을 알며, 신약
시대에 내가 전한 그 비유의 뜻을 다
알며,
19 내가 원하는 것이 무엇이며, 내가 미
래에 어찌 역사하는 것인지를 다 알고
깨달은 백성 너희들이 어찌하여 차원
높은 하늘의 그 믿음의 길을 달려가지
못하고,
20 너희들이 믿음을 모르는 자, 나 여호
와가 존재함을 모르는 그 백성들에게
나를 알리기 위하여 내가 극약 처방으
로 쓰는 기적과 이적이라는 것을 너희
들에게 내려 주기를 바라며, 그를 보
고 그를 따르는 그 믿음으로 가려 하
느냐?
21 이는 모든 기초적인 자요, 나를 모르
는 백성들에게 나를 깨우쳐 주며 내
진리를 알게 하여 그들을 구원하고자
하여 쓰는 극약 처방이니라.
22 그러니 지금 차원 높은 믿음이요, 만
백성을 가르치는 지도자요, 그리고 하
늘의 선생으로서 명받은 너희들은 어
찌하여 그와 같은 것을 바라며, 아직
도 너희들이 벗어나지 못한다면, 이는
내 가슴이 얼마나 아픈지를 너희들은
알아야 될 것이니라.
23 이제 나의 아들을 따르는 제자, 너희
들은 그 모두를 다 벗어나야 되며, 그
모두를 다 던져 버려야 되며, 그를 너
희의 기억에서 지우도록 그리하라.
24 그는 초보자를 위하여 역사하는 것을
보여 주는 것이니, 초보자를 위한 극
약 처방이며 초보자로 하여금 나 여호
와가 존재함을 깨우치게 하는 것이라
는 걸 잊지 말라.
25 그러니 지금의 믿음의 길을 가는 선택
된 백성, 너희들이 그 초보의 믿음에
서 벗어나지 못하면 아니 되느니라.
26 그러니 너희들에게는 기적과 이적이
아니라 무엇이라 했느냐?
27 하늘로부터 나 여호와의 지혜를 받는
것이요, 나 여호와의 지혜가 너희들에
게 같이할 수 있는 그와 같은 은혜요,
그를 바라는 것이요, 그를 위하여 노
력하는 것이 지금의 믿음의 길을 가는
너희들의 자세요, 너희들이 행해야 할
길이라는 것을 알라.
28 기적과 이적은 초보자에게 필요한 것
이며, 지금 나의 아들을 따르는 차원
높은 자들이요, 그 높은 지혜를 가진
백성들에게는 관계가 없는 것이며, 그
또한 내가 보이지 아니함이니,
29 너희들은 그와 같은 훈련이 필요 없으
며 그와 같은 것을 볼 필요가 없는 백
성들이니 그리 알라 전하라.

10,460 번째 하나님 말씀

2004년 4월 10일 19시 58분

1 사랑하는 나의 아들아!
2 "네, 아버님! 말씀하옵소서."
3 나로부터 선택된 백성이라는 그 백성
들이 2천 년 전서부터 지금까지 무엇
을 원하고 살아왔는가?
4 그 선택된 백성이란 너희들이 유전으
로 전하는 것은, 그리고 너희들이 믿

고 있는 것은 무엇이더냐?
5 너희들을 구원할 자가 반드시 올 것이
며, 너희들을 구원하는 지도자가 세상
에 올 것이라는 것을 믿고 있기에 그
를 기다렸으며,
6 또한 그 모두는 나 여호와의 약속이기
에 이는 반드시 지켜지고 이루어질 것
이라 하여 너희들이 믿고 기다리고 소
원했던 백성들이 아니더냐?
7 그리하여 선택됐던 그 백성들에게 내
가 약속을 지켜 나의 아들 예수를 보
내어 너희들을 깨우침의 길이요, 참진
리의 길로 인도하려 했으나,
8 그리고 기다리고 기다렸던 너희들이
정녕 내가 나의 아들 예수를 너희들에
게 내려보내어 그 뜻을 이루며 그 언
약을 지키려 했건만,
9 어찌하여 너희들이 그리도 목말라 기
다리던 나의 아들이 세상에 내려감이
니, 너희의 그 소원을 이루어 주었거
늘,
10 어찌하여 너희들은 그를 알지 못하며,
나의 아들을 십자가에 못 박아 그리
죽게 했단 말이더냐?
11 그러니 너희들이 믿음이 약하며 행함
이 약하며 율법을 지키는 것이 약해서
그와 같은 행위를 한 것도 아니요, 다
만 너희들이 하늘의 지혜를 몰랐기 때
문이니라.
12 너희들이 인간의 지혜는 있으나 하늘
의 지혜를 모르기에, 너희들이 그리
기다리고 기다리며 갈구하던 나의 아
들을 세상에 보냈거늘,
13 정녕 너희들이 내가 약속을 지키며 언
약을 지켜 행했던 그것을 알지 못하
고 나의 아들을 못 박아 죽게 그리하
였음이니,
14 내가 성경에 기록하여 새로운 보혜사
요, 새로운 성령을 내려보내야 될 것
이며, 너희들이 모두를 알기 쉽게 내
가 풀어 내려보내며,
15 그리고 성경에 때가 되면 그 비밀의
문을 모두가 연다 했음이니,
16 지금 내가 나의 아들을 통하여 성서의
비밀의 문을 열며, 새로운 성령으로써
내가 160권의 대장정의 책으로써 너
희들에게 보내거늘,
17 어찌하여 2천 년 전에 너희들이 지도
자가 올 것이라 기다리고 기다렸던
자들이, 나의 아들 예수가 막상 내려
오니 정녕 그를 알지 못하며 그를 못
박아 죽게 했듯이,
18 오늘의 믿음의 길을 가는 신도들이요,
종교 집단이요, 지도자들이 지금 2천
년 전에 나의 아들 예수를 못 박아 죽
게 했던 그 행위를 그대로 지금 또 행
하고 있음이니,
19 이제는 내가 너희들에게 그리 양보하
지 아니할 것이며, 내가 너희들을 용
서하지 아니할 것이니, 내가 엄히 너
희들을 다스릴 것이며,
20 내가 그와 같은 일을 두 번 다시 이루
지 아니할 것이며, 행하지 아니할 것
이라는 걸 명심하여 깨닫도록 하라.
21 나의 법전 160권이 세상에 나오니, 그
찬란한 빛으로써 도려낼 것 도려내고
수술하기 시작할 때, 너희들은 하루아
침에 그 모두가 무너질 것이며, 감당
할 수 없는 그와 같은 형국이 될 것이
니,

22 그때 너희들이 그리 우롱했으며, 제왕
적인 짓을 했으며, 나의 백성들을 지
옥으로 이끌어 갔던 그 지도자, 너희
들이 얼마만큼 처참한 결과가 도래하
는가, 너희들은 그를 알 것이니라.
23 그리하여 너희들이 그를 미연에 방지
하고자 어떠한 사악한 행위를 해도,
이제는 나 여호와가 그를 묵과하지 아
니할 것이니 그리 알라.

10,461 번째 하나님 말씀

2004년 4월 10일 20시 05분

1 사랑하는 나의 아들아!
2 "네, 아버님! 말씀하옵소서."
3 너희들이 2천 년 전에 그리 기다리고
기다리던 안내자요, 너희들을 구원할
나의 아들 예수를 세상에 보냈으나,
4 너희들이 그리 기다리고 기다렸던 나
의 아들이 왔을 때 그를 알아보지 못
하며, 그를 처참하게 못 박아 죽게 한
그와 같은 행위를 했다 했음이니라.
5 그 후손이 또한 기다리고 기다리던
나의 성령을 나의 아들을 통하여 내
뜻을 세상에 전하거늘,
6 너희들이 예수를 못 박아 죽이는 것
보다 더 처참한 방법으로써 나의 아들
을 존재치 못하도록 하며,나의 법전을
모두 찢어 버리고 태워 버리는 그와
같은 행위를 하고자 하는 사악한 생
각을 하는 너희들이 오늘의 그 믿음
의 길을 가는 자들이요, 사랑을 실천
하며 사랑을 베푼다는 자들의 그 생
각이니, 그것이 바로 무엇이 있느냐?
7 너희들이 인간의 생각이요, 인간의 그
지혜에 묶여 있으며 인간의 삶의 세상
에서 벗어나지 못하기 때문이니라.
8 그러니 인간의 삶의 세상이요, 인간
자체의 지혜 속에서 얽매어 있는 자들
이니라.
9 그러니 나로부터 너희들이 하늘의 뜻
이요, 하늘의 지혜를 받지 못한 백성
이었기 때문에 너희들이 그와 같은 형
국을 저지름이니라.
10 그러니 2천 년 전에도 나 여호와의 하
늘의 뜻을 받은 자, 내 뜻을 아는 백성
이 없어 그러했듯이,
11 오늘의 모든 백성들 또한 하늘의 지혜
를 아는 자, 받아들이는 자가 없으며,
받을 자격이 있는 백성이 없음이니,
12 너희들이 인간의 지혜로써 그 사악함
이 극에 달한 그와 같은 행위를 할 수
있는 것이니, 내가 뭐라 했느냐?
13 너희들의 그 사악한 지혜는 하늘의 천
사도 놀라며 사탄도 놀란다 내가 그리
하지 아니하였더냐?
14 그것이 너희의 오늘의 잔악성이요, 사
악함이요, 간교함이니, 인간의 그 지
혜에서 모두가 나옴이니라.
15 창조주 나 여호와의 지혜요, 하늘의
지혜라면, 너희들이 그리 사악하고 무
서운 짓을 할 수 없음이니 그리 알라.
16 그러니 너희들이 하늘의 지혜를 받은
백성이 하나도 없기에 오늘의 나의 법
전을 깨우치지 못하며,
17 그 깨우치지 못한 백성들이 2천 년 전
나의 아들 예수를 못 박아 죽였듯이,
그보다 더 사악한 짓을 하는 것이 오
늘의 종교 집단 속에 있는 자들이요,
18 그 백성 중에서는 아무도 나의 하늘의

지혜를 받은 자 없으며 깨달은 백성이
없기 때문에 오늘의 너희들이 험악한
생각을 할 수 있음을 알라.
19 육의 눈을 가지고는 너희들이 결코 하
늘의 뜻을 알 수가 없음이니라.
20 그러니 육의 눈을 가지고 세상을 보고
듣는 것으로써 모두를 결정함이니, 그
리하여 너희들이 그 사악함이 하늘에
닿았다 그리하지 않느냐?
21 하늘의 지혜를 갖고 있는 백성은 그리
할 수 없으며, 하늘의 지혜를 가지고
있는 백성은 나 여호와의 뜻을 알며,
내가 역사하는 것을 알며,
22 내가 사랑으로써 모두를 이루고자 함
이니, 사랑을 베풀며 사랑을 행하여
살아가는 백성들이 그리 잔악하고 가
혹하며 간교한 행위를 할 수 없음을
알라.
23 이 또한 하늘의 모든 뜻에 너희들이
위배되는 짓만을 하고 있음이니, 너희
들이 과연 그 죄요, 그 대가를 다 어찌
치르려 하느냐?
24 하기야 너희들이 어찌 알겠느냐?
25 하늘의 지혜는 모두 비밀로 되었으며,
비밀로 된 가운데 너희들이 깨우쳐
그를 얻게 됨이니,
26 이 밀봉되고 봉해진 하늘의 지혜를
너희들이 깨달을 수 있는 그와 같은
변화된 백성이 없음이니,
27 이를 보지 못하기 때문에 너희들이
인간의 지혜로써 모두를 역사하니, 상
업적이요, 사업적으로 그 모든 믿음
은 변화되었으며, 너희들의 신앙 또한
그리 타락되었음이니,
28 그리하여 너희들이 하늘의 지혜요, 내
지혜를 받을 수 있는 백성으로서 거
듭나라 함이니, 그것이 바로 너희들이
가야 할 길이며,
29 지금 나의 아들을 따르는 제자들이요,
선택된 백성들이 가장 먼저 해야 할
길이라는 것을 잊지 말라.
30 물질이요, 재물이 아니요, 하늘의 지
혜요, 나 여호와의 지혜를 받을 수 있
는 은혜를 받을 수 있는 그와 같은 백
성으로 변화되라 함이 여기 있음이니
라.

10,462 번째 하나님 말씀

2004년 4월 11일 06시 27분

1 사랑하는 나의 아들아!
2 "네, 아버님! 말씀하옵소서."
3 이제는 정녕 너를 따르는 제자들이
요, 그들에게 물어, 그가 세례를 받을
자격이 있다 하거든, 네가 직접 나를
대신하여 그들에게 세례를 내리라 내
가 하였음이니,
4 그는 곧 저 자신의 하나의 아름다운
꽃을 피울 수 있는가, 그리고 그 아름
다운 꽃이 만백성을 위하여 아름다운
향기를 만백성에게 전할 수 있는가
그걸 물어,
5 그에게 그리 갈 수 있느냐 없느냐 하
는 '예',, '아니요'의 답을 듣도록 하여,
6 그가 그리 갈 수 있으며 그리 간다 하
거든, 나의 법전에 그 이름을 기록하
라 하였음이니, 이를 너는 그리 행해
야 될 것이니라.
7 너희들이 살아가면서 세상에 아름다
운 꽃이 있다 해도 그 꽃이 향기가 없

으면 그것은 죽은 꽃이니,
8 너희들이 나의 법전을 읽고 깨우쳤으
며 경지에 오른다 해도 너희들이 행
동과 그 모두를 보여 줌에 있어서 아
름다운 행위요, 바른 행동을 하지 못
하며 너희로부터 아름다운 향기가 전
해지지 못한다면, 너희들은 결국 죽은
꽃이니,
9 너희들이 한 송이의 아름다운 네 이름
의 꽃을 피울 수 있는가, 그리고 정녕
작은 것도 나를 욕되게 하지 아니하
며 그와 같은 삶을 살 것인가 그를 물
어,
10 '예'라 대답하는 자, 나의 법전에 기록
할 것이며, 그렇지 아니한 자, 또한 네
가 기다려야 될 것이니라.
11 그리하여 오늘 그들에게 나를 대신하
여 내가 너에게 내리라 한 그 세례의
역사를 행하도록 그리하라, 사랑하는
나의 아들아!
12 그리하여 정녕 그가 나의 아들딸로서,
나의 백성으로서 갈 수 있다는 자는
그를 '예'라 대답하여 그를 기록할 것
이며,
13 대답하지 못하는 그 백성은 또 대답
못 하는 대로 그리 기록하여, 네가 나
를 대신하여 세례를 내림을 오늘 행하
도록 그리하라, 사랑하는 나의 아들아!
14 그들에게 물으라. 그리고 그들이 과연
그리 갈 것인가, 갈 수 없는 것인가 물
으라.
15 그리하여 너희들은 '예'라 대답하고
한 점의 부끄러움이 있는 삶을 사는
백성이 있어서는 아니 될 것이니,
16 너는 그들에게 정확히 물어, 그들이
과연 한 송이의 아름다운 꽃을 피울
수 있는가, 그리고 살아서 움직이는
꽃처럼 향기를 발산할 수 있는가 그를
물어 나의 법전에 기록하도록 그리하
라.
17 이제는 그들에게 스스로 그 대답을 들
을 때가 되었으며, 대답을 듣는 자, 거
기에 따라 그가 행동해야 할 것이니
그리하도록 하라, 사랑하는 나의 아들
아!

10,463 번째 하나님 말씀

2004년 4월 11일 06시 34분

1 사랑하는 나의 아들아!
2 "네, 아버님! 말씀하옵소서."
3 내가 너에게 뭐라 말하였느냐?
4 지금의 많은 종교를 가진 자, 그리고
믿음의 길을 가는 백성들, 그 많은 나
의 백성 중에 인간으로서 손색없이 살
아가는 그 백성들이 수없이 많이 있다
하였음이니라.
5 인간으로서 남에게 모범이 되며, 인간
으로 살며 남에게 부끄럽지 않은 그
와 같은 삶을 사는 백성들이 수없이
있음이니라.
6 그리하여 지금의 신앙에서 너희들이
믿음이 좋은 사람이요, 그리고 믿음
에 철저한 사람이라 하여 좋은 평을
받는 백성들이 세상에 있는가 하면,
7 성서대로 살려고 노력하는 백성이라
그리 칭찬을 받으며, 성서에 따라 열
심히 살며 열심히 노력하는 백성이라
칭찬을 받는 자가 또한 수없이 있음이
니라.

8 그러니 저희들이 죄의 온상이요, 그것
이 누구를 위하여 하는 것인지를 모
르며, 제가 가지고 있는 남들이 놓기
어려워하는 물질을 바치기를 꺼리지
아니하는 그 열성적인 백성이 있는가
하면,
9 너희들이 시간과 노력의 봉사로써 철
저히 하는 그 백성이 있으며, 전도요,
헌신하는 백성이며, 노상에서 복음을
전함에 또한 그 모두를 헌신하며 남들
과 다른 신앙생활을 하는, 그리고 남
들이 추종할 수 없는 그와 같은 믿음
의 길을 가는 백성들이 수없이 있음
이니라.
10 그러나 이 백성들이 어찌하여 나의
뜻이 아니요, 내가 역사하는 것이 아
니라 하였더냐?
11 "네, 아버님!
12 아버님께서 말씀하시기를, 이 모두가
인간의 한계를 벗어나지 못하고 있으
며, 그리고 여호와 하나님의 뜻을 모
르며 하늘의 지혜가 없음이라 그리 말
씀하셨사옵나이다.
13 그러니 하늘의 지혜를 얻지 못하며,
아버님의 내리시는 지혜요, 아버님의
그 뜻을 모르고 사는 백성은 모두 육
의 중심적이요, 자기 중심적인 생활을
하기 때문에,
14 모든 정성과 그리고 모든 수고로움의
뜻이 아버님의 뜻이 아니요, 아버님과
는 관계없는 그 길을 가는 것이라 그
리하셨사옵나이다.
15 그리하여 지금의 가는 그 믿음이 인간
자신의 중심으로 가는 믿음이기에,
16 남들이 보면 훌륭하고 아름다운 믿음
이요, 진실된 믿음으로 보이나, 그 모
두가 물거품이요, 구원과는 관계없다
그리 말씀을 하셨사옵나이다."
17 사랑하는 나의 아들아!
18 그들이 나와 아무런 관계가 없음을 너
는 그들에게 전해야 될 것이니라.
19 인간의 생각에서 벗어나지 못하며, 너
희들이 하늘의 지혜요, 성령의 뜻이
임하지 못하고 간다 해도 그는 곧 무
엇이더냐?
20 너희들은 내 뜻을 따르지 못함이니,
그리하여 너희들이 나 여호와가 역사
하는 그것과 아무런 관계가 없다 하였
음이니,
21 그러니 모든 종교 집단이요, 지도자들
이 하는 말이 무엇인 줄 알겠느냐, 사
랑하는 나의 아들아!
22 그들이 말하기를 인간이 하는 것으로
써, 인간의 노력으로써는 구원을 받을
수 없으며, 인간이 하려는 것은 어떠
한 것도 이룰 수 없다 그리 말함이니,
23 그게 바로 무슨 의미인 줄 알겠느냐?
24 나 여호와의 지혜가 아니요, 내 뜻이
아니요, 인간 중심의 생각으로 사는
것이니, 여기서 너희들은 이를 깊이
깨달아야 될 것이니라.
25 너희들이 성령이 임하는 백성이 되어
성령이 임하는 삶을 사는 것, 그리고
하늘의 지혜에 의해 사는 것은 인간의
지혜에 의해 사는 것과 너희들이 보기
에는 백지장 한 장과 같은 것이나,
26 이는 하늘과 땅의 차이가 있음을 알아
야 될 것이니라.
27 그러니 하늘의 뜻에 따라 사는 자요,
하늘의 지혜요, 나의 뜻에 의해 살아

가는 백성은 그 모두가 나를 위한 삶
이요, 너희들이 나에게 오를 수 있는
길이요, 그리고 나의 뜻에 의해 사는
것이나,
28 너희들이 인간 중심적인 마음에서 벗
어나지 못하고 사는 것, 그와 같은 삶
을 사는 것은 어떠한 것을 역사한다
해도 그것이 바른 믿음이 아니요, 나
와 관계없는 믿음이라는 그 한계를 이
제 너의 제자들에게 깨우쳐 주어야 될
것이며,
29 너의 제자들의 깨달음의 경지가 이와
같은 뜻을 이해할 것이며 이와 같은
뜻을 받아들일 수 있는 수준에 와 있
음이니 이를 전하라, 사랑하는 나의
아들아!
30 그러니 내가 아무런 관계가 없다 하
지 않았더냐?
31 그러니 너희들은 지금까지 나에게 오
르는 길이 아니요, 지옥의 길로 가는
그와 같은 삶을 살았으며, 지금도 그
리 살고 있으며,
32 너희들의 미래에도 그와 같은 삶을
사는 것이요, 너희 후손 또한 그와 같
은 믿음으로 가고 그와 같은 삶을 살
게 될 것이니,
33 이제 너희들이 나의 법전을 가슴에 안
고 정독하라는 의미가 무엇인 줄 알
겠느냐?
34 인간의 지혜와 하늘에서 내리는 지혜,
그를 구분하는 것을 너희들이 알고자
하며, 하늘의 지혜를 얻을 수 있는 그
와 같은 길을 가지 아니하면 아니 되
기 때문에 나의 법전을 가슴에 안고
정독하라 하였음이니라.
35 나의 뜻이 거기에 담겨 있으며, 모든
뜻이 거기에 담겨 있으며, 육의 세상
과 하늘의 세상이 교통하는 그 지혜
가 다 거기 있음이니,
36 너희들이 그 지혜를 얻으라 함이니라,
사랑하는 나의 아들아!
37 이제는 나의 아들을 따르는 제자들이
요, 그리고 나의 법전을 읽고 깨우친
만백성, 너희들에게 내가 뭐라 말하였
느냐?
38 나의 뜻을 알도록 너희들이 노력하는
것, 그리고 성령이 임한 백성이 되는
것, 그리고 내 뜻에 의해 역사하는 백
성이 되지 아니하면 아니 된다는 그
중요한 의미를 이제 너희들은 알았을
것이니라.

10,464 번째 하나님 말씀

2004년 4월 11일 06시 38분

1 사랑하는 나의 아들아!
2 "네, 아버님! 말씀하옵소서."
3 내가 너에게 명하기를, 똑같은 말을
하는 사람이라도 똑같은 장소에서 같
은 사람이요, 또한 너희들도 같은 형
체를 가진 너희 형제들이 그 말을 한
다 해도,
4 너희들이 어떠한 마음을 가지고 그 말
을 하느냐 하는 것이 가장 중요하다
하였음이니라.
5 사탄의 마음이요, 거래하는 마음을 가
지고 한다면 그는 사탄을 위한 길이
요,
6 너희들이 '나'를 버리며 천사와 같은
마음으로써 '나' 자신을 접어 두고 봉

사하며 사랑으로 베푸는 사람이 하는
말은 그것이 천사의 말이요, 하늘의
나 여호와의 뜻이라 내가 그리 말하지
아니하였던가?
7 내가 너희들이 이 세상에 살아가면서
남들이 보기에 참 좋은 그리고 철저
한 믿음으로 가는 백성이요, 그리고
어떠한 칭찬을 받는 백성이라 해도,
8 그가 자기 중심적으로 하는 것은 아
니 된다 하였음이니, 그것이 무엇인
줄 알겠느냐?
9 '나'를 생각하며 '나'를 중심으로 하는
것은 '나'라는 그 욕심을 버리지 못하
고 있기 때문이요,
10 '나'를 접어 두지 못하기 때문에 그 모
두가 거래하는 것이요, 계산에 의한
것이기 때문이니라.
11 그러니 나의 아들을 따르는 너의 제자
들의 그 마음이 어떠하던가?
12 너희들은 계산이요, 무엇을 바라고 역
사하는 것이 아님이니라.
13 그저 너희들은 나 여호와의 진리 그대
로 행하며 그 뜻에 따라 너희들이 만
백성을 구한다는 것, 그리고 '나'를 버
리며 '나'를 지우는 그와 같은 너희들
이 얼마나 어렵고 힘든 삶을 가는 것
이냐,
14 이것이 바로 정답을 알고 가는 백성과
정답이 아닌 백성의 차이임이니라.
15 너희들이 상론을 하되 말을 잘하며 설
교를 잘한다 해도, 정답을 가지고 하
지 아니한 백성과 정답을 가지고 설명
하는 그 백성의 차이가 있음이니라.
16 아무리 너희들이 화려한 언변으로써
많은 백성을 깨우치고 지도한다 해도,
그것이 정답이 아니고 오답을 가지고
하는 것은 언젠가는 그 근거를 알게
될 것이며,
17 너희들이 오답이 아닌 정답을 가지고
가르치는 자는 화술이 없으며 화려하
게 장식하지 아니하여도, 거기에서 너
희는 꿀맛 같은 것을 느낄 것이며, 거
기에서 행복을 느낄 것이며,
18 너희들이 하늘의 뜻이 무엇이며, 나
여호와의 진리가 무엇인가 그 하늘의
뜻의 지혜를 얻게 되니,
19 이것이 너희들이 다름을 알라 전함이
니라, 사랑하는 나의 아들딸들아!
20 욕심이라는 걸 가지고 '나'를 중심적
으로 하는 그 모두는 나와 관계없는
백성이 되는 것이요,
21 '나'를 버리고 너희들이 '나' 자신을 지
워 버리고 살아가는 그 삶이요, 그 모
든 행함은 바로 그것이 무엇인 줄 알
겠느냐?
22 너희들이 아름다운 향기요, 하늘에 오
르는 길이니라.
23 내가 말하기를 참믿음의 좋은 길을
가는 백성이요, 열심인 백성이요, 그
리고 모두를 바칠 수 있는 백성이요,
모두를 놓을 수 있는 자요, 진실한 봉
사를 할 수 있는 자요,
24 이와 같은 백성이 바로 하얀 마음, 천
사와 같은 마음을 가지고 할 때는 천
사의 행위요, 내가 하는 일이요,
25 그리고 모든 백성들이 너희들을 보고
정녕 믿음의 길을 가는 사람이 어떠
한 행위를 하는가를 보고 따라온다
내가 일찍이 깨우쳐 주었으니,
26 그것이 다르다는 것을 알도록 하라,

사랑하는 나의 아들아!

10,465 번째 하나님 말씀

2004년 4월 11일 06시 41분

1 사랑하는 나의 아들아!
2 "네, 아버님! 말씀하옵소서."
3 이 세상의 나의 백성, 너희들이 육의
세상에서 살아가면서 그리 말하느니
라.
4 누구나 다 하나님 창조주께서 인간 세
상의 삶에 몇 번의 행운이라는 것이
너희들에게 다 찾아올 수 있도록 하
며, 행운을 맞이할 수 있는 기회를 준
다 그리 말하는 백성들이 있느니라.
5 그리하여 반드시 너희들이 살아가는
그 세상에서 행운을 맞이함이니,
6 그 행운을 맞이하며 잡으며, 준비된
자세로 있다가 그 행운을 받아들이고
그것을 받아 활용하는 자는 인간 세상
의 삶에서 어려움이 없으며, 남들에게
구차한 소리를 하지 아니하며, 남들보
다 아름다운 삶을 산다 그리 말하니,
7 그게 육에서 성공한 자라 말하며, 그
행운을 받은 자가 바로 모두를 이루는
자들이라 그리 말할 것이니라.
8 그러니 운 좋은 자는 너희들이 준비를
하고 있다가 그 행운이 오면 그대로
받아 너희 것으로 만드니, 너희들이
그와 같이 남부럽지 않은 삶을 사는
것이라 그리하였느니라.
9 그러니 나의 아들을 따르는 백성들이
요, 지금 법전을 만들고 전하는 너희
들이야말로 이 세상, 육의 세상이요,
하늘의 세상, 그 모두를 합쳐서 너희
들이 가장 행운아들이요, 행운을 잡으
며 행운을 맞이한 백성이라는 것을 어
찌 모르는가?
10 너희들처럼 크나큰 행운을 맞이한 자
가 없으며, 그리고 또 너희들이 준비
하고 있다가 그 행운을 받아들인 자
요, 그 행운을 잡은 자들이니라.
11 그러니 그 행운을 받은 백성이 과연
어떠한 삶을 살아야 되겠는가?
12 인간 세상에 너희들이 한 번씩, 몇 번
씩 오는 그 행운의 기회를 잡아, 육의
세상에서 너희들이 육의 삶에 부끄럽
지 아니하는 삶을 사는 것도 크나큰
은혜요, 행운이라 하며, 영광이라 하
면서,
13 너희들이 하늘과 땅 모두를 통틀어서
가장 위대한 행운을 맞이하고 받아들
인 자이니,
14 이 이치를 안다면 너희들이 어찌 살아
야 될 것이며 어찌 행해야 될 것인가
는 너희들이 스스로 알아야 될 것이니
라.
15 사랑하는 나의 아들을 따르는 제자들
이요, 그리고 나의 법전을 읽고 깨우
친 만백성, 너희들은 이 세상에 너희
들보다 크나큰 행운을 잡은 자가 없으
며, 그 이상의 행운이 없다는 것을 알
라, 사랑하는 나의 아들딸들아!

10,466 번째 하나님 말씀

2004년 4월 11일 06시 46분

1 사랑하는 나의 아들아!
2 "네, 아버님! 말씀하옵소서."
3 나의 사랑하는 피조물 만백성, 너희들

이 이 세상에 태어났으며 생명을 가지
고 세상에 태어난 것은 무엇이라 생각
하느냐?
4 너희들이 우연히 그저 지나가는 세월
속에, 세월이 지나면 때에 따라서 너
희들이 그 세월 속에 자연적으로 피는
꽃처럼, 때가 되어 그저 시기가 되어
너희들이 자연적으로 이 세상에 생명
을 가지고 나온 백성이라 그리 생각하
는가?
5 너희들은 너희 자신이 태어남을 그리
생각해서는 아니 될 것이니라.
6 모든 백성들은 너희들이 그와 같이 태
어날 운명이기에 그저 스스로 태어났
다 그리 말하나, 너희들은 그와 같은
마음 자세를 바꿔야 될 것이니라.
7 사랑하는 나의 아들딸, 너희들의 그
귀중한 생명이 세월이 지나 때가 되면
자연적으로 피어나는 한 송이의 꽃처
럼 그리 자연적으로 세상에 무의미하
게 태어난 백성이 아님을 알아야 될
것이니라.
8 너희들이 이 세상에 존재하는 것이 어
떠한 의미에서 존재하는 것인 줄 알겠
느냐?
9 무가치하게 그 생명이 나와 세상에 존
재하는 것이 아니요, 너희들은 지킬
대명이 있으며 역사할 일이 있음을 알
라.
10 흘러가는 세월 속에 너희들이 피어나
는 꽃처럼 태어난 것이 아니라, 창조
주 나 여호와의 따뜻한 사랑 속에서,
나의 따뜻한 배려 속에서 너희들이 이
세상에 태어났음을 알아야 될 것이니
라.
11 그러니 너희들이 나의 따뜻한 사랑 속
에서, 이 나의 따뜻한 배려 속에서 세
상에 태어났음이니,
12 너희들은 대명을 받아 이 세상에 나왔
으며 이 세상에 존재한다는 것을 먼저
알도록 그리하라.
13 그러니 너희들이 임의로 태어난 것이
아니요, 보낸 자가 있으니, 보낸 자가
너희들로 하여금 명하는 것이 있으며,
역사하고자 하는 것이 있다는 것을 알
라.
14 너희 자신이 나로부터 수행할 대명을
받고 태어났으며, 그리하여 나의 명을
받고 태어났으니, 나 여호와의 주관하
에 너희들이 이 세상에 존재한다는 것
을 명심하고 명심하도록 그리하라.
15 그리하여 너희들이 귀중하고 소중한
나의 아들딸이라 함을 알겠는가?
16 이제 내가 너희들에게 대명을 이미 깨
우쳐 주었음이니라.
17 너희들이 아담과 하와에게 내렸던 지
상의 그 낙원으로 돌려놓는 것이 너희
들이 본연의 자세라 하였으나,
18 이제 내가 너희들에게 명하니, 너희들
의 본연의 자세요, 하늘을 향하여 모
든 명을 따라 수행하는 백성이 되며,
아담과 하와 같은 지상의 낙원을 만들
기 위해서는,
19 너희들은 하늘을 향하여 한 점의 부끄
러움이 없는 그와 같은 삶을 사는 훈
련 속에서 거듭나는 백성이 되지 아니
하면 아니 됨을 알라, 사랑하는 나의
아들딸들아!
20 그리하여 내가 너희들에게 오늘 세례
를 내릴 것이니라.

21 그리하여 받을 자격이 있는 자, 그리
고 그를 지키고 가겠다 하는 자, '예'
라 대답할 것이며,
22 그렇지 아니하는 자, 너 스스로 아니
라 대답하도록 하여 모두를 기록하라
하였음이니,
23 이제 세례를 받는 그 백성은 하늘을
향하여 한 점의 부끄러움이 없는 그와
같은 삶만을 살 수 있으며, 목숨을 바
쳐 그와 같이 지키고 살겠다는 각오가
있는 자, 그리고 그 어떠한 일이 있어
도 지키고 가겠다는 자, '예'라 대답하
도록 그리 가르치고 설명해 주고,
24 네가 나의 뜻에 따라 오늘의 창조주
나 여호와가 직접 내리는 그 세례를
받도록 그리 전하라, 사랑하는 나의
아들아!

10,467 번째 하나님 말씀

2004년 4월 11일 06시 55분

1 사랑하는 나의 아들아!
2 "네, 아버님! 말씀하옵소서."
3 내가 너의 제자들에게 그리 말하였느
니라.
4 모든 믿음의 길을 가는 종교 집단이
요, 지도자는 하늘로는 나 여호와요,
그리고 또 지상에는 나의 아들 예수가
내려왔음이니, 그리고 성령이요, 그리
하여 너희들이 삼위일체라 그리 말하
니,
5 나 여호와가 나의 아들이요, 나의 아
들이 나요, 성령이 나요, 나의 아들이
라 너희들이 그와 같이 가르치고 그것
이 당연한 것처럼 울고불고 그리 말함
이니,
6 그 망령된 행위를 내가 중단하라 하
며, 중단하라 기록하여 전한 것을 그
들에게 깨우쳐 주라.
7 정녕 너희들이 그것이 얼마나 나를 능
멸하며 망령된 이야기인 줄 알겠는가?
8 그러면서 너희들은 나의 아들 예수가
나에게 왔을 때 나와 더불어 똑같은
영광된 보좌에 지금 앉아 있다 생각하
는가?
9 나의 아들이 나에게 불려 왔으나, 그
는 영광된 보좌에 나 대신 그가 앉아
있으며 내 자리에 그가 앉아 있을 때,
그가 나와 같다 너희들이 그리 말할
수 있으나, 과연 너희들은 그리 말하
는가?
10 나의 아들 예수는 영광된 나의 보좌의
그 자리에 앉아 있지 아니함이니라.
11 그걸 너희들이 또한 알고 있으며 그리
말하지 않느냐?
12 나의 아들 예수는 나의 우편에 앉아
있다 너희들이 그리 가르치며 그리 역
사하는 것이 아니더냐?
13 그러니 어찌하여 이게 하나라 말하며,
이게 하나가 되었다 그리 말하는가?
14 이것이 너희들의 믿음이요, 신앙생활
에 있어서 지도자들이 나의 피조물 만
백성을 쇠사슬로 묶어 다스리고 관리
하기 위해 저희들의 입맛에 맞도록 모
두를 가르치고 저희들 손으로 모든 교
리를 만든 것이기 때문에,
15 그 모두가 다 헛된 짓이라 함을 너희
들은 알아야 될 것이니라.
16 나 여호와는 나의 아들 예수를 심판하
러 세상에 내려보내지 아니함을 알라.

17 그러나 너희들은 나의 아들이 세상에
내려와 심판할 것이며, 나의 아들이
지금 나의 우편에 앉아 있다, 예수가
세상에 내려가 산 자와 죽은 자를 심
판하러 올 것이라 너희들이 믿고 그것
을 기다리며, 그때 너희들은 구원을
받을 것이라 말하며,
18 너희들이 나의 아들 예수가 심판하러
내려온다는 그 언약은 지켜질 것이요,
그리하여 너희들이 그를 보지 못하고
죽는다 해도,
19 죽은 자 가운데서 나의 아들 예수가
너희들을 불러 천국의 길로 인도한다
그와 같은 망상이요, 허황된 짓을 하
고 있음을 알라.
20 너희들이 육의 세상에서 살며 너희들
이 나에게 와 심판을 받을 때 그 모두
는 너희들이 일대일로써 네가 저지르
고 네가 역사한 것에 심판을 받음이니,
21 이미 너희들이 그 심판을 받아 그 심
판의 결과에 따라 너희들이 거듭남이
요, 그렇지 않으면 너희들이 그 죄를
치르는 그와 같은 형국에 가 있거늘,
어찌하여 그와 같이 말하는가?
22 정녕 너희들이 오늘의 가는 그 믿음이
너희들이 나 여호와의 뜻이요, 참진리
라 그리 말하는가?
23 모든 믿음의 길을 가는 백성, 너희들
이 가슴에 손을 얹고 생각해 봐도, 너
희 자신이 구원을 받을 수 없으며, 지
금의 너희들의 종교 집단이요, 지도자
들이 하는 그 행동으로써는 결코 이는
사랑도 아니요, 베풂도 아니요, 이는
너희들이 구원을 받을 수 없다 함을
알 것이며,
24 일반 이방인이라는 자들도 믿음의 길
을 가는 백성이라면 고개를 돌리며,
너희들야말로 죄인이요, 사악한 자요,
이 세상에 존재하지 못할 백성이라 말
하는 소리를 듣는다면 너희들은 과연
어찌하겠는가?
25 나는 너희들에게 말하였느니라.
26 이와 같은 사람이 이 세상에 존재하며
이와 같은 사람은 천사라 하는 사람에
게 날개를 달아 하늘에 온다 하였음이
니라.
27 그리고 너희들은 여러 부류가 있다 하
였음이니라.
28 필요한 사람, 필요치 않은 사람, 저와
같은 인간이 세상에 나온 것은 어찌하
여 세상에 나왔는가, 차라리 나오지
않는 것이 낳았을 거라는 소리, 지금
이방인들이 하는 소리가 무엇인 줄 알
겠느냐?
29 너희 종교 집단들이 차라리 없었더라
면, 이 세상은 이렇게 험악하지 아니
하며 메마르지 아니하며, 편 가름이
요, 판을 갈라 놓는 그와 같은 길은 없
을 것이라 하니,
30 세상에 존재하지 말아야 할 백성들이
라 하는 것이 오늘의 믿음의 길을 가
는 자들이요, 종교 집단의 지도자요,
그리고 그 집단이 존재하는 것을 그들
이 말함이니,
31 바로 너희들이 필요 없는 인간들이요,
있어서는 안 되는 바로 그와 같은 백
성임을 알라.
32 나는 너희들에게 전했느니라.
33 나의 아들 예수로 하여금 심판하도록
나의 아들을 다시 내려보내는 일은 없

으며,
34 두 번 다시 나의 아들이 세상에 내려가 어렵고 힘든 고초를 겪어 가며 너희들을 심판하는 일은 절대 없다 내가 말한 그 뜻을 알라.
35 이제 구약과 신약의 그 모든 성서를 읽고 깨달은 너희들은 알 것이니라.
36 지금의 나의 법전이요, 새로운 성경이 이 모두를 수행하는 것이며,
37 모두의 총체적인 이곳에서 역사하며, 이로 인하여 너희들이 모두를 잃고 얻으며,
38 이를 너희들이 정독하고 깨우침으로써 구원이요, 너희들이 다시 거듭나는 영광의 역사를 얻고 못 얻는 것은 지금 나의 법전에 달렸다는 것을 절대 잊지 말라.
39 그리하여 내가 내리는 마지막 새로운 성경이라 함이니라.

10,468 번째 하나님 말씀

2004년 4월 11일 07시

1 사랑하는 나의 아들아!
2 "네, 아버님! 말씀하옵소서."
3 내가 선지자요, 그 지도자를 통하여 예언했으며, 세례를 주고 역사하는 그와 같은 것은 있었음이니라.
4 그러나 나 여호와가 직접 나의 아들을 통하여 너희들에게 세례를 내리는 역사는 있을 수 없으니, 이는 너희들이 얼마나 영광되고 축복된 것인가를 아는가?
5 이는 바로 무엇이더냐?
6 나 여호와가 직접 너희들에게 세례를 내림은 무엇이던가?
7 이는 나 여호와가 너희들과 같이 존재하며, 나의 법전을 여는 그 순간에 내가 같이함이요, 이는 내가 관장하는 마지막 시대요, 모두를 역사하기 때문에,
8 깨달음을 가지고 있는 자, 그리고 갈 수 있는 자, 그 백성들에게 내가 직접 세례를 내림이니,
9 이는 너희들이 모든 이 세상에 존재하는 동안에 있을 수 없는 것이며, 이와 같은 일이 없었음을 알아야 될 것이니라.
10 그러니 나의 아들을 따르는 제자, 너희들이 얼마만큼 많이 변했으며 얼마만큼 차별화된 그 삶을 살았는가?
11 그러니 너희들은 '예'라 대답할 수 있는 백성들이 있으며 그를 지킬 수 있는 자가 있기에 내가 그를 오늘 역사를 이루는 것이니,
12 이 영광된 축복이요, 오늘의 역사함을 너희들이 기록하도록 하며 이를 영원히 간직하고 기억하라 그리 전하라.
13 너희들이 '예', '아니요' 어떤 대답을 하든, 이를 듣는 그 장소에 있는 그것만으로써 내가 너희들을 기억할 것이니라.
14 너희들이 두마음을 갖지 아니한 자는 멀리에서도 이 뜻을 알고 찾아올 것이며, 두마음을 가진 자, 아무리 가까이 있어도 그 지혜가 없어 그를 알지 못함이니, 너희들은 이를 알아야 될 것이니라.
15 두마음을 갖지 않는 나의 아들을 따르는 제자들은 멀고 먼 길에서도 오늘에

참어할 것이며,
16 두마음을 가지고 흔들리는 자는 내 아
들 옆에 있어도 그는 오늘 참석하지
못할 것이며, 그는 오늘에 듣지 못하
는 그와 같은 역사가 이루어질 것이니,
17 그것이 두마음을 가진 자와 하늘의 지
혜를 알고 성령으로 임할 수 있는 그
릇을 닦고 닦는 자의 증거요, 증표임
을 알라, 사랑하는 나의 아들아!

10,469 번째 하나님 말씀

2004년 4월 11일 07시 04분

1 사랑하는 나의 아들아!
2 "네, 아버님! 말씀하옵소서."
3 지도자라는 백성이 하나를 제대로 알
지 못하며 그를 가르치면 내가 뭐라
하였느냐?
4 그는 성령을 위배하는 자요, 성령을
그릇되게 하는 자라 했음이니라.
5 그러니 하나의 이치를 깨닫지도 못한
그 백성이 대중들 앞에 서서 설교요,
강론이라 그리한다면, 과연 그것이 무
엇이더냐?
6 인간 세상에 너희들이 장사함이요, 인
간 세상의 사업이니, 인간의 지혜로써
사업 수단으로써 모두가 이루어진다
하였음이니라.
7 그러니 지금의 종교 집단이요, 지도자
들이 그리 하나도 제대로 하늘의 뜻을
알지 못한다 하면 과연 그를 믿겠는가?
8 그들은 바로 첫 단추를 잘못 끼웠으며
잘못 흘러왔기에 그들을 바로잡으려
해도 잡을 수 없으며, 그를 바로 세우
려 해도 잡을 수가 없음이니,
9 그들이 알고 있는 것은 나의 뜻을 하
나도 아는 백성이 없음을 알라.
10 너희들이 눈이 뜨이고 귀가 열린 백성
이요, 그리고 하늘의 지혜를 얻는 자
는 모두를 다 알 수 있으나, 그것에 열
리지 않는 자는 하나도 얻을 수 없으
며, 하나도 이룰 수 없는 것이 너희임
을 알아야 될 것이니라.
11 그러니 하나의 이치도 깨닫지 못한 종
교 집단이요, 지도자들이 나의 백성들
을 이끌어 간다 함이니,
12 그러니 내가 원하는 사랑의 실천함은
너희들이 뒷전이요, 그저 너희들이 그
릇된 인도함만이 지금 이 세상을 덮고
있는 이와 같은 형국이 되어 있음을
알아야 될 것이니라.
13 그러니 내가 너희들에게 명함이니라.
14 나의 진리를 깨달으며 수없이 듣고
있는 나의 아들을 따르는 제자, 너희
들에게 그리하여 내가 오늘의 영광의
세례를 내려 주는 것은 당연하지 않
는가?
15 너희들은 수천수만 가지를 다 알고 있
음이니라.
16 그리고 너희들은 나의 법전을 가슴에
안고 정독하고 있으니, 거기서 또 깨
달음이요, 너희들이 얻음이 있으며 하
늘의 뜻을 알며, 그리고 나의 아들을
통하여 내리는 그 강론 속에서 너희들
이 나의 뜻이요, 하늘의 이치를 앎이
니,
17 하나도 모르는 그 백성들과 달리 너
희들은 모르는 듯하며 부족한 듯하면
서 오로지 너희들이 행하고 삶에 나의
뜻에 의하여 역사하는 그와 같은 삶을

사니,
18 오늘의 내가 영광된 길을 너희들에게
내려 주는 것은 당연히 너희들이 받을
수 있는 몫이요, 그만큼 했기 때문이
니,
19 오늘을 내가 축복하며, 너희들도 똑같
이 오늘의 기쁨이요, 오늘의 축복을
같이 나누라, 사랑하는 나의 아들딸들
아!
20 그리고 너희들은 바르고 정의로운 삶
이요, 그리고 한 점의 부끄러움이 없
는 삶을 살며, 이제는 너희들이 오늘
의 세례를 받아 '예' 라 대답하는 백성,
너희들은 허물어지고 무너지는 그와
같은 삶을 살지 말라.
21 인간인 너희들은 모두를 지키고 행할
수 있음이니라.
22 너희들이 한 점의 부끄러움이 없는 삶
을 살겠다는 그 각오 아래 '예'라 대답
하는 백성은 그리 변할 것이요,
23 너희들이 자신이 대답하지 못하는 백
성은 너희 스스로 그 길을 가지 못하
는 것이요, 너희 스스로 그 길을 가고
자 각오를 하지 못함이니,
24 너희들이 오늘의 그 '예', '아니요' 대
답을 신중히 생각해서 오늘의 그 은혜
의 영광을 얻도록 그리하라.
25 몇천 년 만에 이루어지는 역사이니,
너희들에게 내리는 상이라 그리 전하
라.

10,470 번째 하나님 말씀

2004년 4월 11일 07시 08분

1 사랑하는 나의 아들아!
2 "네, 아버님! 말씀하옵소서."
3 지금의 너희들이 가장 두렵고 무서운
것이 무엇이더냐?
4 너희들이 성서의 지식이요, 그 뜻을
알고 모르는 것이 문제가 아님이니라.
5 그리고 너희들이 그를 알려고 노력하
고 노력하지 아니한 것보다 가장 무섭
고 두려운 것이 무엇인 줄 알겠느냐?
6 너희들이 나 여호와의 뜻에 따라 행하
는 그와 같은 자세요, 그 지혜가 열리
지 않은 백성들,
7 그러니 너희들이 그 성서를 읽고 안
읽는 것으로써, 성서를 암송하고 암송
하지 아니하는 것으로써 너희들이 하
늘의 지혜가 열리고 안 열리는 것은
결코 아님이니라.
8 너희들이 본마음이요, 그 심성에 따라
서 어떠한 삶을 사느냐 그것이 가장
중요한 것이니라.
9 그러니 너희들이 어떠한 마음으로 역
사하느냐, 너희들이 나의 뜻에 의하여
천사와 같은 마음이요, 성령이 임한
그와 같은 마음으로써 나의 피조물 만
백성에게 무엇을 전하고 전하지 아니
하는 것이 얼마나 두렵고 무서운 차이
가 있는 줄 아느냐?
10 너희들이 내 뜻이 아닐 때는 모두가
틀린 것이요, 잘못된 것이요, 잘못된
판단으로써 모두를 가르치고 전하는
그와 같은 우를 범함이니,
11 틀리게 가르치는 것, 모르면서 잘못된
것을 너희들 마음대로 판단하고 평가
하여 가르치는 것, 그것이 얼마나 무
섭고 두려운 죄인 줄 알겠느냐?
12 확실히 알지 못하는 것을 가지고 너희

들이 정답인 것처럼 가르치는 것, 그 모두가 그를 망하게 하며 그 모두로 하여금 무너지게 함이니라.

13 그러니 확실히 알지 못하는 것을 가장
잘 아는 것처럼 정답이라 하여 가르치
는 그것이 가장 두려운 자들이요, 가
장 무서운 자들이요,
14 그들이야말로 바로 사탄의 노예가 되
어 너희들이 지금 흘러가는 삶을 산다
는 것을 알아야 될 것이니라.
15 그러니 지금 나의 아들을 따르는 제자
들이요, 그리고 나의 법전을 읽고 깨
우치는 만백성, 너희들이 어떠한 누구
와 시시비비를 하든 갑론을박을 하든,
모르는 것은 모른다 하라.
16 그리고 모르는 것은 모른다 하는 것이
너희들이 모르면서 아는 체하는 것,
모르면서 판단하는 결정권이 있는 것
처럼, 너희들이 하는 것이 정답인 것
처럼 그리 가르치는 것이 바로 더 큰
죄악이요,
17 이는 너희들이 성령을 방해하는 죄요,
다시는 구원의 길을 볼 수 없는 그와
같은 우를 범하는 것이 아니더냐?
18 성령을 훼방하는 자, 성령이 역사하는
것을 방해하는 자는 용서하지 아니한
다 했으니,
19 너희들은 모르는 것은 모른다 말할 수
있는 당당한 모습으로 살아가도록 하
라, 사랑하는 나의 아들딸들아!
20 그리했을 때 내가 너희들에게 그 답을
내려 줌이니라.

10,471 번째 하나님 말씀

2004년 4월 11일 07시 13분

1 사랑하는 나의 아들아!
2 "네, 아버님! 말씀하옵소서."
3 내가 너희들에게 오늘의 영광된 역사
를 이루는 것은 나의 기쁨이요, 또한
너희들의 기쁨이니라.
4 그러니 너희가 그와 같은 은혜와 영광
을 받을 수 있는 것이 무엇이더냐?
5 너희들은 지금 바른길을 가는 백성이
요, 그리고 나의 뜻에 의해 살아가는
백성들이니, 만백성들과 너희들이 이
미 차별화가 되어 있음이니라.
6 그러니 바른길을 가는 백성, 지금 나
의 아들을 따라가는 백성, 너희들은
부귀영화요, 그 모두를 즐기는 것, 그
것의 이익을 위하여 거기에서 얻는
것을 위하여 투자하지 않는 것이 너희
들이니라.
7 오로지 참진리요, 그리고 너희 자신의
악습을 버리며 거듭나는 그 길만을
위하여 가는 것이 너희들이요,
8 지금 그와 같이 너희들이 변하는 자
들이기에 욕심이 없음이니라.
9 그리고 욕심이 없으니 너희들이 미혹
되지 아니하며, 욕심이 없으니 화를
부르지 아니하며, 욕심이 없으니 무너
지지 아니하는 백성들이니라.
10 이미 욕심을 비우고 살아가는 너희들
이야말로 갈 수 있음을 알라.
11 오늘의 너를 따르는 제자, 너희들이
작은 것에 연연하여 작은 죄에서 벗
어나지 못하여 네가 '예'라 대답하지
못하는 그와 같은 백성이 있어서는 아

니 될 것이니라.
12 내가 오늘의 그와 같은 성스러움 이
요, 축복된 영광을 너희들에게 내리는
것은, 이미 너희들은 나의 법전을 읽
고 가는 백성으로서, 인간 세상의 이
해관계의 이익을 위하여 투자하지 아
니하며,
13 오로지 너희들이 욕심을 버리고자, 잘
못된 것을 씻어 내고자 몸부림치는
그와 같은 길에 가고 있으며 들어서
있기 때문에, 너희들은 그 길을 갈 수
있음이니라.
14 너희들이 얼마나 많은 시간 동안 욕심
을 버리고자 하며 질투하는 마음을 버
리고자 하며 시기하는 마음을 버렸더
냐?
15 그러니 너희들이 어떠한 환경에서도
만족할 줄 알며, 어떠한 환경에서도
나에게 기쁨을 전하며, 그리고 너희들
이 어떠한 환경에서도 나를 모른다 하
지는 아니할 백성들이니라.
16 그러니 지금은 너희들이 어떠한 길을
가고 있느냐?
17 너희들이 남들이 볼 때 큰 불행이요,
남들이 견딜 수 없는 그와 같은 어려
운 역경의 그 모두도 너희들이 훈련의
과정이요,
18 나 여호와가 크게 쓰기 위하여 너희들
이 오늘의 그 훈련을 받는다 생각하며,
19 그를 불행이라 생각하지 아니하며, 고
통이라 생각하지 아니하며,
20 오로지 묵묵히 인내하고 견디는 그와
같은 백성으로 거듭나는 나의 아들을
따르는 제자들이 있으니,
21 오늘의 환경에 만족하는 백성, 그리고
그 감사하는 마음을 갖는 백성, 그것
이 너희들에게 가장 중요한 마음이라
하였음이니라.
22 오늘의 너의 제자들에게 그리 이르라.
23 너희들의 이해관계를 위하여 남을 짓
밟으며 남의 아픈 가슴을 짓밟고 일어
서는, 그리고 너희들의 이익을 위하
여, 더 큰 분배를 위하여 인간 세상에
투자하는 것을 두려워하며 투자하지
아니하며,
24 오로지 나의 법전을 전하며 너희들이
바로 서는 것에 모두를 투자할 수 있
는 마음이 되어 있으며,
25 재물보다도 하나의 악습을 버릴 수
있다면 그것을 선택하는 지금에 와
있음이니,
26 너희들이 '예'라 대답할 수 있는 자격
이 있음을 알라.
27 이미 너희들은 욕심의 뿌리를 뽑아 버
리며 욕심의 공장을 지금 태우는 자들
이 아니더냐?
28 내가 보는 너희들의 마음속에 욕심의
공장이 활활 타고 있으니, 타는 그 욕
심은 재가 될 것이며, 너희들은 그리
갈 수 있음이니,
29 '예'라 대답하여 너희들이 나에게 오
르는 길에 최선을 다하여 살라 그리
하라.
30 나의 160권이 다 세상에 나와 그 빛을
비춤이니, 그 빛이 쓸고 간 뒤에 모두
를 가꾸고 새로운 땅에 새로운 씨앗
을 뿌릴 수 있는 오늘의 너희들이 그
와 같이 변하며 너희들이 받을 수 있
기에, 내가 오늘 이 기쁜 역사를 이룸
이니,

31 '예'라 대답하는 백성이 되라 그리 전하라, 사랑하는 나의 아들아!

10,472 번째 하나님 말씀

2004년 4월 11일 11시 38분

세례

1 사랑하는 나의 아들아!

2 "네, 아버님! 말씀하옵소서."

3 내가 너희들에게 오늘의 내 뜻을 전하며, 내 손을 너희들의 머리에 얹어 '과연 나 여호와의 뜻에 의해 행할 수 있느냐?' 내가 물으니,

4 너희들이 '예', '아니요' 그 뜻을 명확히 대답했느니라.

5 오늘의 나 여호와의 기쁨이요, 나 여호와가 나의 피조물 만백성을 세상에 내보냈으니, 오늘의 이보다 더한 기쁨이 없음을 너희들은 알라.

6 사랑하는 나의 아들을 따르는 제자, 너희들은 들으라.

7 오늘 나의 아들을 통하여 내가 직접 세례를 내림은, 너희는 바로설 수 있는 백성이요, 천사와 같이 변할 수 있는 백성이요, 그리고 의인의 길을 갈 수 있는 백성들이요,

8 어떠한 역경과 고통에서도 너희들이 나의 법전을 들고 이 뜻을 이룰 수 있는 가능성이 있기 때문이었음이니라.

9 내가 가능성이 있기에 너희들에게 희망을 주는 것이며, 너희에게 기름을 부어 주었음을 알라, 사랑하는 나의 아들딸들아!

10 이 세상의 모두가 나의 뜻을 거역하며 내 뜻에 산다 하며, 나를 등지고 나를 욕되게 하는 그와 같은 백성들이 지금 이 세상을 지배하고 있음이니,

11 그 속에서 의인이요, 천사와 같은 백성으로 거듭날 수 있는 희망이 있으며, 또한 변화될 수 있는 자질이 있으며, 변화될 수 있는 너희들이 세상에 있음이니, 나 여호와의 기쁨이 어떠하겠는가?

12 내가 너희들에게 뭐라 말하였느냐?

13 나는 무한한 상을 너희들에게 내려 주고자 하며, 그것이 준비되어 있으며, 받을 수 있는 자는 내가 그를 아낌없이 내린다 하지 아니하였더냐?

14 너희들이 아직 받을 수 있는 자격은 없음이니라.

15 그러나 너희들은 가능성이 있으며 그리 지킬 수 있는 마음을 알기에, 내가 오늘 너희들에게 이 기름을 부어 주는 역사를 함이니,

16 이게 바로 너희들이 종교 집단이요, 지도자, 모두가 말하는 기름 부음의 은혜를 받는 것이라는 것을 알라.

17 창조주 나 여호와가 나의 아들을 통하여 너희들에게 직접 세례를 내리니, 너희들은 '예', '아니요' 그 답이 중요한 것은 아니니라.

18 '예'라 대답하는 너희들도 나의 아들딸이요, 나의 백성이요, 그리고 그 길을 가고자 하는 것이요,

19 '아니요' 하는 그 백성도 그 길을 가고자 하는 마음의 결의는 굳어져 있으며 갈 수 있는 백성들이니라.

20 오늘의 내가 이와 같은 너희들에게 미리 기름을 부어 줌은 무엇인 줄 알겠느냐?

21 너희들을 사랑하기 때문이며 나의 기
뻠이니라.
22 그러니 너희들이 그와 같이 가능성이
있으며 변할 수 있는 오늘의 이 깨달
음은 너희 스스로 이룬 것이며 너희들
이 역사한 것이니라.
23 내가 기적으로써 너희들을 가르치고
다스린 것도 아니요,
24 내가 너희들에게 지금 나의 법전이요,
나의 성령이요, 나의 아들을 통하여
너희들에게 모두 명한 것을 따르고 가
지 아니하였더냐?
25 사랑하는 나의 아들딸들아!
26 너희들에게는 기적이요, 이적이요, 그
역사가 없음이니라.
27 너희들이 믿음을 모르며 나 여호와를
모르는 자에게 나를 알게 하며, 내가
존재함을 알게 하며, 하늘이 있음을
알게 하기 위하여,
28 초보적인 자세의 백성들에게, 아직 아
무것도 알지 못하는 백성들에게 기적
과 이적을 보이나,
29 하늘의 뜻을 알며 내 뜻을 따라 역사
하는 너희에게는 기적과 이적은 없음
이니라.
30 다만 너희들에게 내가 내리는 것은 하
늘의 뜻이요, 나의 법전을 깨우칠 수
있는 지혜를 내림이니라.
31 그 지혜가 너희들에게 충만되었을 때,
너희들이 상상하지 못한 그 모두는
다 역사하게 될 것이니, 그날을 기다
리라, 사랑하는 나의 아들딸들아!
32 세례자 명단(26명)입니다.
33 손연옥(예), 김미향(예), 이계숙(예),
최강열(예), 고재순(예), 이민호(아니
요), 조현숙(예), 홍철화(예), 허영이
(예), 김철종(예), 조순희(아니요), 이
방시(예), 손승대(예), 조나영(예), 이
기종(예), 김명순(예), 이규승(아니
요), 김정순(아니요), 김윤수(아니요),
이재철(예), 손계란(예), 윤철중(예),
이현숙(예), 김미정(아니요), 한나림
(아니요), 최은지(아니요)

10,473 번째 하나님 말씀

2004년 4월 11일 21시 01분

1 사랑하는 나의 아들아!
2 "네, 아버님! 말씀하옵소서."
3 나의 아들 예수가 세상에 나와 나의
뜻을 역사하고자 하였으며, 내 뜻으로
써 전하여 성령으로 임하는 백성이요,
그리하여 하늘에 오르는 그 백성을 만
들어 인도하고자 어떠한 고통과 시련
도 마다하지 않고 그리 가지 않았던가?
4 그러니 그가 또한 죽은 지 사흘 만에
세상에 와서 그를 증거함이니,
5 그 또한 너희들이 위대한 역사요, 축
복이기 전에, 그 제자들이요, 만백성
이 그리하지 아니하면 깨우칠 수 없으
며 그를 바로잡을 수가 없기 때문에,
그 또한 나의 고통의 역사라 함을 너
희들은 알아야 될 것이니라.
6 사랑하는 나의 아들아!
7 내가 너희들에게 부활절이란 의미를
뭐라 했느냐?
8 부활이라는 것은 새 생명이 태어나는
것이니, 그를 축복하며 기뻐하는 마음
으로 하라 하였으나,
9 너희들은 부활절의 그 의미를 새로운

생명을 죽이는 그와 같은 역사를 하는 것은 그만둔다 하더라도,

10 너희들이 부활절이라는 날에 모여 웃고 즐기며, 모여 앉아 즐기는 웃음 소리를 내는 것을, 과연 너희들이 그리할 수 있단 말이더냐?

11 인간 세상에 살아가도 부모가 죽은 자요, 형제가 죽어 같이 슬퍼하고 고통받는 장소에서 너희들이 노래하며 고성방가하는 자 없으며 웃고 즐기는 자가 없을 것이니라.

12 같이 슬퍼하고 같이 애통해하는 것이 인간 세상의 도리가 아니더냐?

13 너희들이 부활절이라는 것은 무엇이더냐?

14 나의 아들 예수가 죽음으로써 다시 거듭나며, 그 거듭난 것은 또 무엇이라 했느냐?

15 너희들에게 그리 보이지 아니하며 그리 깨우치지 아니하면 바로 갈 수 없기 때문에, 나는 하고 싶지 아니한 일을 했다 내가 너희들에게 그리 말하지 않았던가?

16 그러니 너희들이 부활절의 오늘의 그 의미가 과연 나의 아들 예수의 보혈로써 나의 아들의 은혜로써 구원을 받으며, 나의 아들 예수를 '주여, 주여!' 부르기만 하면 구원을 받는다 하는 너희들,

17 그리고 예수의 뜻대로 살아가고자 하는 자들, 그와 같은 백성들이 나의 아들의 부활의 그날을 과연 어찌 기리며 어찌 생각하는가?

18 너희들은 가슴속에 뼈를 깎는 아픔이요, 슬픔의 통한의 마음으로 오늘 하루 자숙하며 깊이 깨우치는 그와 같은 마음으로써 가는가?

19 두 다리 뻗고 앉아 즐기고 웃으며 너희들이 음식을 나누며 희희낙락하는 것은 없는가?

20 부활의 그날에 너희들이 뼈저리게 깨달으며 반성하고 회개하며, 나의 아들 예수의 보혈로써 구원을 받으며 은혜를 받았다면,

21 한 점의 부끄럼이 없는 삶을 살아가는가 그를 너희들이 경건한 마음으로 되돌아보며 생각해야 될 것이며,

22 그리고 너희들이 구원하고자 했던 백성들에게 떡과 음식을 같이 나누며 그를 구원하는 그와 같은 역사를 하라 했거늘,

23 부활의 너희들의 행사는 모든 생명을 죽이는 것은 물론이요, 너희들 자신의 이해관계가 있으며 너희들이 계산된 방법으로써 그 참뜻이요, 슬픔에 애통해함은 기억하지 아니하며, 너희들이 오늘 웃고 즐기는 그와 같은 형국으로써 감이니,

24 너희들이 과연 나를 따르는 백성들이요, 그리고 내가 선택한 백성들이요, 그리고 나의 아픔을 아는 백성들이요, 나의 뜻을 알아 가고자 하는 백성들이요, 나의 아들 예수의 고통과 그 슬픔을 과연 아는 백성들인가?

25 그는 '정녕 이 잔을 받지 아니하며 이 잔을 비켜 갈 수 없겠사옵나이까?' 피보다 진한 눈물의 기도를 드린 것이 나의 아들이니,

26 부자지간에 이루어졌던 처참한 그 마음의 아픔을 너희들이 안다면, 오늘의

부활이라는 그날에 너희들이 새 생명
을 죽이고 삶아 죽이며 말려 죽이는
그와 같은 행위를 할 수 없을 것이며,
27 너희들이 두 다리 뻗고 희희낙락하며
즐기는 웃음을 네 입에서 이룰 수 없
는 것이거늘,
28 종교 지도자요, 그리고 그곳에 너희들
이 돈으로 주고 산 이름을 가지고 있
는 자들이요, 그리고 구원을 받았다
하는 자, 나의 아들 예수의 보혈로 구
원받았다 하는 자들이 그 고통이요,
아픔을 생각하지 아니하며 희희낙락
할 수 있는가?
29 내 마음이 과연 어떠하겠느냐?
30 내가 분하고 이 아픈 마음 모두를 불
로써 다스리고자 하나,
31 오늘의 나의 아들이 있으며, 160권의
법전이 세상에 나가며, 오늘 이 성전
에 고개 숙여 나의 뜻을 따르고자 하
는 너희들이 있기에 내가 인내하고 참
음이니,
32 곧 나의 법전이 이 세상을 하얀 눈으
로 덮는 그날을 위하여 내가 오늘의
부활절이라는 부활의 날에 행사하는
그들의 그 행위를 보고도 인내함이니,
33 사랑하는 나의 아들아! 그 뜻을 너의
제자들과 만백성에게 전하라.

10,474 번째 하나님 말씀

2004년 4월 12일 06시 49분

1 사랑하는 나의 아들아!
2 "네, 아버님! 말씀하옵소서."
3 지금의 너희들이 살아가면서 너희 자
신의 마음을 비우지 못한다, 비운다
시시비비하며 그를 가지고 갑론을박
을 하느니라.
4 그리하여 너희들이 내가 지킬 수 있는
것을 내렸다, 내리지 아니하였다 감히
그를 가지고 그리 말하니,
5 내가 너에게 뭐라 말하였느냐?
6 전쟁터에 나가는 병사가 오늘의 전쟁
터에서 죽기 아니면 살기로 서로 싸우
는 자가 어제의 인간의 감정을 가질
수 있겠느냐, 그를 가질 수 없다 하였
음이니라.
7 그러니 너희들이 정녕 천사와 같은 마
음이요, 아름다운 세상을 살 수 없다
말하는 것, 너희들이 오늘의 죽음의
중병에 걸려 불치의 병에 걸려 있다
하면, 과연 그 마음이 어떠하던가?
8 의사로부터 너는 불치의 병이요, 시한
부 생명이라는 명을 받았을 때, 그래
도 너희들이 천사와 같은 마음으로 살
수 없으며 세상 것 모두를 다 놓을 수
있는 마음이 없단 말이더냐?
9 그러니 너희들은 의사로부터 불치의
병이요, 죽음의 순간의 시한부 인생이
라 명받았다면,
10 너희들은 아마 어찌하면 이웃을 사랑
하며 어찌하면 모든 사람들에게 너희
를 기억시킬까 하며,
11 너희를 선하고 아름다운 사람으로서
기억에 남기고 싶은 것밖에는 없을 것
이니라.
12 그런 순간에도 너희들이 과연 악하고
사악한 생각으로써 사람들에게, 모든
네 이웃의 형제에게 모질고 못된 모습
으로써 남고자 하겠는가?
13 이와 같은 것을 한번 생각해 봐도 너

희들이 오늘의 시시비비하는 것이 얼
마나 오만이요, 교만이요, 나태한 자
들인가?
14 이는 결국 너희들이 나 여호와의 존재
함이요, 내가 너희들에게 모두를 내린
그 은혜에 감사함을 가지고 사는 믿음
으로 가는 백성들이 아니니라.
15 모든 종파요, 믿음의 길을 가든 어찌
가든 관계없이, 나의 아들을 따르는
제자들이요, 나의 법전을 읽고 깨우친
만백성, 너희들은 시한부 인생으로서
사는 시간이 제한되어 있다 그와 같은
마음으로 생각하라.
16 네가 시한부의 그 병에 걸렸으니, 그
를 수술해 살고 죽느냐 하는 것은 수
술 후에 의사의 실력이요, 능력이요,
운에 달렸다 하면,
17 과연 너희들은 그때 기다리는 마음부
터 수술할 때까지, 그때까지만이라도
너희들이 어떤 마음으로 가지며 나에
게 어떤 마음으로 기도하겠는가?
18 과연 너희들이 의사로부터 불치의 병
이요, 수술로써 결과를 얻어야 할 때,
그 기다리는 순간에 너희들은 나에게
기도할 때 과연 어떠한 마음이요, 어
떠한 자세로 기도할 것인가 한번 생각
해 보라.
19 그리고 나에게 매달리는 마음이 어떠
한 자세일 것인가,
20 그리고 세상사의 사람들을 보는 눈이
요, 마음이 과연 어떠할 것인가?
21 그러니 너희들이 나의 십계명을 지킬
수 있다 지킬 수 없다, 그리고 인간은
죄를 짓고 살 수 있다 없다 그와 같은
여유 있는 시시비비를 하지 말라.
22 그 모두가 너희들이 평범한 인간의 생
각에서 아직도 벗어나지 못했기 때문
에 감히 그리 말을 할 수 있으니,
23 나의 아들을 따르는 제자들이요, 나의
법전을 읽고 깨우친 백성, 너희들은
그와 같은 마음 자세로 생각하고 살도
록 그리하면,
24 세상에 너희들이 선함을 뒤로 두지 아
니하며, 선한 일을 남에게 양보할 수
있는 그와 같은 마음 자세가 아닐 것
이니라.
25 너희들은 선하고 아름답게 사랑을 행
하며 살아야 되는 것이거늘, 그와 같
은 것은 너희들이 백번 천번 양보하는
그와 같은 마음으로 사느냐?
26 그러니 이 모두가 너희들이 아직 나를
믿지 아니하며, 진정한 나를 경배하지
아니하며, 진정한 구원의 길이요, 하
늘에 오고자 하는 그 마음이 없음이니,
27 이를 의심함이며 의혹함이라 그리 전
하느니라.

10,475 번째 하나님 말씀

2004년 4월 12일 06시 52분

1 사랑하는 나의 아들아!
2 "네, 아버님! 말씀하옵소서."
3 하늘에 오르는 길의 밧줄이 썩은 밧줄
이 있으며 썩지 않은 밧줄이 있으며,
그리고 많은 자가 매달리면 끊어지는
중간에 썩은 줄이 있으며, 그리고 또
한 썩지 않은 줄도 있음이니라.
4 그러나 그와 같은 여러 가지 줄이 있
을 때, 모든 백성들이 지금 붙잡고 매
달리는 것은 오늘의 썩은 줄에 매달린

다 내가 그리하였느니라.
5 그러나 오늘 나의 아들을 따르는 제
자, 너희들은 어떠한 줄을 잡은 줄 알
겠느냐?
6 찬란한 황금의 밧줄을 잡고 있는 것이
너희들이라는 것을 알아야 될 것이니
라.
7 모든 자가 썩은 줄인지 썩지 않은 줄
인지 모르고 그곳에 매달리며, 과연
어떠한 것이 너희들이 정녕 하늘에 오
르는 길인가를 모르며 그 줄인지를 모
르고 매달리고 몸부림치니,
8 그게 다 썩은 줄을 지금 매달리고 있
는 너희들이 모든 백성들의 믿음이요,
오늘의 신앙생활이라면 믿겠느냐?
9 그러나 이제 내가 너희들에게 말함이
니라.
10 나의 아들을 따르는 제자들이요, 나의
법전을 읽고 깨우친 만백성, 너희들은
황금의 줄을 잡고 있는 자이니라.
11 그 찬란한 황금의 줄을 잡고 있는 것
이 너희들이니, 그와 같은 은혜와 축
복과 영광 속에 너희들이 있다는 것
을 잊지 말라.
12 그러니 하늘에 오르는 그 황금의 줄을
잡고 있는 너희들보다 더 큰 선택의
영광을 얻은 자들이 어디 있으며, 너
희들보다 더 위대한 백성이 어디 있으
며, 너희들보다 더 기쁜 백성이 어디
있더냐?
13 그러니 다만 황금의 그 밧줄을 잡은
너희들이 세상 것 놓지 못할 것이 무
엇이며, 사랑하지 못할 것이 무엇이
있느냐?
14 내가 나의 아들을 통하여 너희들에게
전하고 명했듯이, 너희들이 지금 불치
의 병으로써 의사의 진단을 받은 그
와 같은 마음 자세로 세상을 사랑하
고 세상의 모든 것을 다 놓으라.
15 물질에 눈이 어두운 자 결코 거듭남
을 얻지 못할 것이며,
16 물질에 눈이 어두운 자 하늘의 지혜
를 얻을 수 없으며,
17 물질에 눈이 어두운 자 나를 볼 수 없
으며 내 음성을 들을 수 없다는 것을
알라, 사랑하는 나의 아들딸들아!
18 물질에 얽매이는 자는 지상의 삶이요,
너희들이 육의 세속의 삶에서 모두가
끝나는 것이요,
19 사후의 세상의 아름답고 위대하고 소
중함을 알지 못하는 어리석은 백성이
니,
20 모두를 놓을 수 있는 그와 같은 마음
으로 살라, 나의 아들을 따르는 사랑
하는 제자 너희들은.

10,476 번째 하나님 말씀

2004년 4월 12일 07시

1 사랑하는 나의 아들아!
2 "네, 아버님! 말씀하옵소서."
3 믿음의 길을 가는 종파요, 집단이 나
의 아들 예수가 재림하는 것은 성령으
로써 오는 것이 아니라, 너희들이 환
상적으로 잘못된 가르침이요, 그리고
너희들이 잘못 깨닫고 있기에 오늘과
같이 혼돈이 왔으며,
4 수많은 이단이라 하는 것, 그리고 수
많은 모든 종파들이 세상을 이렇게 만
들도록 제공한 것이 바로 오늘의 믿음

의 길을 가는 주자들이요, 모든 종파
너희들이 그 책임을 져야 될 것이니라.
5 지금과 같이 잘못 가르치고 잘못 아
는 그 재림관을 가지고 너희들이 이
를 다스리지 아니하며 바로 서지 못한
다면,
6 또다시 수많은 이단과 스스로 너희들
이 나의 아들 예수요, 그리고 각종 성
서에 나오는 그 예수의 제자요, 모든
이름들을 빙자하여 저희들이 세상에
왔다 하여 출현하고 그와 같이 붙여
대는 험악하고 사악한 것들이 이 세
상을 혼돈케 할 것이니,
7 그 모두는 오늘의 종교 집단 너희들이
혼란 속으로 그 모두를 만들었으니,
그 책임 또한 너희들에게 있음을 알아
야 될 것이니라.
8 나 여호와가 너희들에게 말하기를, 내
가 행하라는 대로 따르고 행하면 너희
들이 하늘에 오르는 것인 것을, 그리
행하지 아니하고 너희들의 마음과 너
희들 뜻대로 모두를 다 이루었음이니,
9 그리하여 너희들이 오늘과 같은 험악
한 세상이요, 돌이킬 수 없는 세상이
되었으며,
10 나의 아들을 통하여 160권의 법전을
너희들에게 다시 전하지 아니하면 아
니 되는 오늘의 이 형국이 되었음이니
라.
11 나 여호와가 너희들에게 성서에 기록
하여 뭐라 말하였느냐?
12 성령이 오면 모든 것은 다 폐해질 것
이며, 성령이 오면 모든 것을 다 너희
들에게 가르쳐 줄 것이며, 너희들이
상세하게 알 수 있다 내가 약속했으
며, 그리고 그와 같은 내용을 전하고
깨우쳤거늘, 인간 너희들이 어찌하는
가?
13 그를 기다리지 아니하며 그를 믿지 아
니하는 것이 너희들이니라.
14 감히 너희들이 한 획도 고쳐서는 안
되고 더해서는 안 된다는 그 성경에
기록되어 있는 나의 그 뜻을, 내가 성
령이 오면 모두를 가르쳐 주고 깨우쳐
준다는 그 엄연히 기록된 약속을 너희
들이 지키지 아니하고,
15 인간의 지혜와 인간의 상식과 그 모두
를 가지고 너희들이 성경을 억지로 풀
었으며 억지로 해석해서 너희들 것으
로 만드는 그와 같은 사악한 행위로써
지금까지 왔기 때문에,
16 그 모두의 오류요, 그 잘못된 것이요,
그리고 너희들의 영혼이 구원을 받는
다고 오는 그 길이 지옥의 사탄으로
가는 그 결과가 되었음이니라.
17 그러니 오늘의 종교 집단이요, 너희들
에게 내가 뭐라 했느냐?
18 너희들은 코를 땅에다 대고 살며, 혀
로 땅을 핥으며 사는 부끄러움과 수치
의 그 모두를 다 감내해도 너희들이
그 죄를 다 용서받을 수 없다 내가 말
하지 아니하였더냐?
19 이제 내가 너희들이 그와 같은 길을
가야 하는 것이 종교 집단이요, 지도
자요, 구원을 받았다 하여 나의 피조
물 만백성을 지옥의 길로 이끌고 가는
너희들이 솔직히 그 죄를 시인하며,
잘못된 것을 시인하며, 부끄러워 정녕
코를 땅에 대고 사는 그와 같은 마음
으로 살아가는 것이 당연한 것이라 인

정하며, 그 마음 자세로 살지 아니하
면 절대 너희들은 나를 볼 수 없음이
니 그리 알라.
20 그리하여 내가 나의 아들을 따르는 제
자들이요, 나의 법전을 읽은 모든 백
성들에게 오늘의 삶을 반대로 가지 아
니하면 하늘의 뜻을 알 수 없다 함이
여기에 있느니라.

10,477 번째 하나님 말씀

2004년 4월 12일 07시 04분

1 사랑하는 나의 아들아!
2 "네, 아버님! 말씀하옵소서."
3 너의 제자들이요, 나의 법전을 읽고
깨우친 백성, 너희들 또한 어떠하더
냐?
4 너희들은 지금의 생각은 바르게 하며
깨우침은 바로 가고자 하나, 너희들이
지금의 행동을 하고 있는 것은 죄를
범하고 있으며 너희들이 죄에 대한 행
동을 서슴없이 하고 있음이니,
5 그 길에서 너희들의 생각이 다스려지
는 그와 같은 지혜를 얻지 못하면 아
니 됨을 알아야 될 것이니라.
6 그러니 너희들이 지혜의 깨달음이 있
었을 때, 해야 될 일과 하지 않아야 될
일을, 죄와 선을 구분하는 너희들이
그와 같은 지혜를 가지고 있으며,
7 절대 너희들은 죄를 범하지 않는 삶을
살겠다 그리 약속을 하고 다짐을 하
느니라.
8 그러면서도 너희들이 이미 행동은 죄
의 행동을 하고 있으며, 나에게 부끄
러운 행동을 하고 있는 것이니, 어찌
하여 그 마음 자세란 말이더냐?
9 너희들이 굳건한 각오가 없으며 나 여
호와가 존재함을 두려워하지 아니하
는 그와 같은 마음 자세에서 너의 제
자들이 또한 그와 같은 행위요, 그와
같은 삶을 사는 것이 아니더냐?
10 그러니 너희들 자신의 모든 아름다움
을 생각하며, 그 모두는 나 여호와의
뜻이요, 내가 존재함을 너희들이 굳게
믿지 못하며,
11 그리고 사후의 세계가 있으며 너희들
이 다시 심판을 받아 거듭나는 영광의
은혜를 얻고 못 얻는 것을 수천수만
번 들었으나, 그것이 진실이요, 현실
로 이루어진다는 것을 믿지 못하기
때문이니,
12 행동이 다른 그와 같은 삶을 살아서는
아니 되느니라.
13 절대 너희들의 생각으로써, 너희들의
가지고 있는 지혜로써 죄를 짓지 아니
하며 죄를 범하지 아니하며 부끄러운
삶을 살지 말아야 된다 하여 너희들이
하루에도 수십 번씩 각오를 하나,
14 어떠한 결정적인 순간에 이미 죄의
행동을 하고 있으며 너희들의 행동은
그리 끌려가고 있으며 그 길을 가고
있는 너희들을 볼 때, 너희들이 그 놀
라움이요, 괴로움이 있을 것이니라.
15 그때 너희들이 나 여호와가 존재함을
알며, 내가 모두를 보고 있으며, 내가
너희들을 다 지켜보고 있다는 그 한
가지만 생각해도,
16 이미 행동으로 죄에 대하여 옮겨 가는
그와 같은 것을 막을 수 있으며 중단
할 수 있는 것이 거기에 있으니,

17 나를 믿지 못하기에 너희들의 행동과 말이 다름을 알라, 사랑하는 나의 아들아!

10,478 번째 하나님 말씀

2004년 4월 12일 07시 12분

1 사랑하는 나의 아들아!
2 "네, 아버님! 말씀하옵소서."
3 오늘의 모든 신앙이요, 그 믿음의 길을 가는 백성들이 성경에 의하여 그 길을 가는 것이 아니요, 육적인 너희들의 그 신앙이요, 믿음으로 그 모두가 전락되어 있으니,
4 성경에 있는 상징과 비유의 그 뜻을 너희들이 모르고 외면하며 살아가는 백성들이니라.
5 하늘의 지혜가 없으니, 너희들이 문자대로만 모두를 해석하며 그 문자에만 매달리고 있는 것이 오늘의 너희들의 믿음이니라.
6 그리하여 너희들이 상징의 뜻과 비유의 뜻을 전혀 모르고 그를 외면하며 가는 백성들이니, 그리하여 지금과 같은 너희들의 성경의 해석과 잘못된 재림관을 고집하고 변화되는 삶을 살지 아니한다면,
7 너희들이 지금 흘러온 것처럼, 나의 아들 예수의 재림을 기다리고 또 기다리는 그것만을 부르짖으며 또 몇천 년 세월이 흘러가는 그와 같은 것이 될 것이니라.
8 그러나 너희들이 몇천 년의 세월이 흘러간다 해도 너희들이 성경을 잘못 해석하고 잘못된 재림관을 고집하는 그 뜻이 이루어질 수 없으며 그는 역사될 수 없는 것이니라.
9 창조주 나 여호와는 나의 아들 예수를 재림으로 다시 보내지 아니한다는 것이 나의 뜻이며 갈 수도 없는 것이 나의 뜻이니,
10 이제 나의 피조물 만백성 너희들은 깨달아야 될 것이니라.
11 모든 믿음의 신앙에서 기다리는 너희들, 예수가 재림한다는 것, 그 예수가 재림하기만을 그때를 기다리며 그것만을 인정한다는 너희들,
12 그 너희들의 고집스러운 것을 버리지 아니하며, 깨우침을 바로 보지 못한다면, 너희들은 몇천 년의 세월이 흘러가도 아무것도 이루어지는 것이 없으며,
13 오로지 너희 자신들과 너희 후손이 한 번 가면 영원히 돌이킬 수 없는 지옥의 그 길을 달려가게 된다는 것을 잊어서는 아니 될 것이니라.
14 모든 믿음의 길을 가는 백성 너희들은 지금과 같은 성경의 오류와 잘못된 해석, 그걸 가지고 몸부림치는 어리석은 백성이 되지 말라.
15 너희들이 구약 시대에 너희들의 지도자가 내려올 것이라는 것을 기다렸듯이, 지금도 2천 년 동안 너희들이 그 신약 시대는 무엇이더냐?
16 나의 아들 예수가 재림한다는 그 재림관을 가지고 너희들이 몸부림치고 그 모두도 인정하지 않으려 하니, 그러나 성령으로써 내려옴을 어찌하여 너희들이 알면서도 그를 믿으려 하지 않느냐?

17 그리하여 내가 나의 아들을 통하여
160권의 새로운 성경으로써 나 여호
와의 모두를 태워 성령으로써 세상에
내려보내나, 너희들이 이를 읽고 접하
지 아니함이니,
18 2천 년의 그 불행한 역사를 또 재현한
그들이 되고 있음이니,
19 이제 사랑하는 아들딸들아! 더 이상
너희들이 고집하지 말며, 더 이상 너
희들이 재림관에 매달리는 그와 같은
어리석은 삶에서 벗어나도록 그리하
라.
20 성령이 내려온다 하였으니, 성령이 내
려왔으니, 너희들이 이를 그대로 읽고
깨우치는 대로 그대로 행하고 그대로
삶을 살아간다면, 그 길이 바로 나에
게 오르는 길이요, 너희들이 나에게
와 거듭나는 그와 같은 영광의 은혜의
심판을 받을 수 있는 것을,
21 어찌하여 너희들이 그리 고집스럽고
우악스럽게 나의 아들 예수의 재림만
을 기다리며 그를 원하며 그것은 꼭
이루어질 것이라 하며, 그때만이 너희
들이 나에게 오를 수 있는 은혜를 입
는다 하는가?
22 이 어리석은 것에서 깨어나라.
23 지금의 종교 집단이요, 지도자요, 그
사악한 자들이 더 큰 성전이요, 더 큰
교회요, 더 아름다운 것을 짓기 위하
여 너희들을 지금 그리 이끌어 가는
것이라는 것을 내가 전하니 그를 믿으
라, 사랑하는 나의 아들딸들아!
24 그들이 하는 행위가 지금의 인간 너
희들이 육적이요, 육적인 신앙으로써
너희들이 사업적으로 활용하고 너희
들을 상품으로써 쓴다는 그 말을 절대
너희들은 그것을 들여다봐야 될 것이
며, 거기에 너희들이 상품의 역할을
더해서는 아니 될 것이니,
25 나 여호와가 내리는 내 뜻을 너희들이
믿고 따르지 아니하면 절대 아니 됨이
니라, 사랑하는 나의 아들딸들아!

10,479 번째 하나님 말씀

2004년 4월 12월 07시 18분

1 사랑하는 나의 아들아!
2 "네, 아버님! 말씀하옵소서."
3 모든 종파요, 종교 집단이요, 지도자
들이 지금 나의 피조물 만백성을 인도
하며 하늘의 뜻이요, 나로부터 기름
부음을 받은 자라 말함이니라.
4 그리고 저희들은 명받은 천사와 같은
자요, 그러기에 저희들을 비방하고 저
희들을 욕해도 안 되며 저희들과 시시
비비해서도 아니 되며,
5 저희들을 잘 받드는 것이 나 여호와를
받드는 것이요, 하늘에 오르는 길이라
그리 말하고 있음이니,
6 그게 얼마나 너희들이 그 무서운 짓을
하고 있는 것이더냐?
7 부모와 형제에게 잘할 것 없이 저희들
에게 잘하며, 그리고 저희들의 성전에
와서 바치는 것은 나 여호와를 기쁘게
하며, 나 여호와에게 하는 것이 죄가
되지 아니함이니 그리 살라 그리 가르
치니,
8 인간 세상의 모든 질서를 파괴하는 사
악한 자들이요, 그리고 저를 받드는
것, 저를 기쁘게 하는 것이 나에게 오

를 수 있는 길이요, 그것이 믿음의 길
을 가는 백성이 첫 번째 지킬 자세라
그리 말하고 가르침이니, 이들을 내가
보는 그 모습이 어떠한 줄 알겠느냐?
9 나의 성전이라는 곳, 그리고 나로부터
하늘의 선생이요, 지도자라 명한 자들
은 너희들이 하얀 옷을 입은 깨끗한
모습으로써, 그와 같은 천사의 자세로
써 모두를 가르치고, 단상에 서서 만
백성을 가르치고 그와 같은 역사를 이
루어야 되나,
10 오늘의 모든 종교 집단들의 그 자세가
무엇인 줄 알겠느냐?
11 그 인간들이 그 반쪽의 인간으로 살고
있음이니, 앞에는 하얀 옷을 입은 그
와 같은 자들이요, 그리고 뒷면에는
아주 시커먼 옷을 입고 서 있는 자들
이 바로 그들이니라.
12 반쪽은 하얀 옷을 입고 서서 나의 피
조물 만백성에게 천국에 가는 길이요,
하늘에 오르는 길이라 하여 너희들이
온갖 세 치 혓바닥으로 유혹하여 나의
백성들을 지옥으로 이끌어 가며,
13 뒤에서는 너희들이 그 시커먼 마음이
그 모든 대가를 거둬들이는 그와 같은
행위로 하니,
14 너희들이 정녕 인간도 아닌 자세이니
라.
15 너희들이 하얀 옷을 앞에 걸치고 뒤에
는 검은 옷이 입혀 있는 그 모습, 그것
이 바로 오늘의 종교 집단이요, 지도
자들이니,
16 너희들이 오늘의 단상에 서서 말하고
가르치는 것이 다 그와 같이 앞뒤가
맞지 않는 모순투성이요, 너희들이 감
당치 못하는 일을 가지고 나의 피조물
만백성을 가르치고 전도한다 하고 있
음이요, 구원한다 하고 있느니라.
17 사랑하는 나의 아들딸들아!
18 나는 너희들에게 명하여 깨우쳐 줌이
니라.
19 오늘의 모든 종교 집단이 앞은 흰옷이
요, 뒤는 검은 옷을 입으니, 그들이 가
르치는 설교 또한 너희들이 그게 맞지
아니하며 그 뜻이 맞지 않은 것을 그
저 끼워 맞추는 자들이니,
20 그 말에 현혹되어 울고불고 '아멘, 할
렐루야!' 하며 구원해 달라 울고불고
하는 어리석은 그와 같은 행위를 하지
말라, 사랑하는 나의 아들딸들아!
21 완벽한 천사와 같은 자로서 너희들이
나의 성령의 불꽃이 전하는 그 말씀이
요, 그 뜻이요, 그것을 너희들이 들으
면, 그는 곧 창조주 나의 뜻이요, 나의
말씀이라 함을 알라.
22 그러니 하얀 천사와 같은 앞과 뒤가
똑같은 그 입으로써 너희들에게 나의
참진리의 불빛을 전하는 그를 보고 너
희들이 깨우쳐 그를 따르면 될 것이니,
23 지금 나의 법전을 읽고 깨우친다면 너
희들이 그를 구분할 수 있으며, 그와
같은 자를 선별할 수 있으며,
24 너희들이 나 여호와의 뜻을 전하는 그
불빛을, 불꽃과 같은 그 가르침을 그
성령의 목소리요, 음성을 볼 수 있는
것이라는 것을 어찌하여 모른단 말이
더냐?
25 이를 보라.
26 그리하여 내가 너희들이 가슴에 안고
정독하라, 정독하라 이리도 애원함이

니 그리 가도록 하라.
27 반쪽의 앞뒤가 맞지 않는 모순투성이, 사탄이 천사의 탈을 쓰고 하는 그 설교요, 강론에 더 이상 너희들이 모순 속에서 헤매이는 그와 같은 백성의 삶을 살지 말고 뛰쳐나오는 그와 같은 백성으로서 거듭나도록 그리하라.

10,480 번째 하나님 말씀

2004년 4월 12일 09시 42분

1 사랑하는 나의 아들아!
2 "네, 아버님! 말씀하옵소서."
3 한 가정에 너희들이 살아감이니, 그 자식이 부모의 마음에 걱정을 끼치지 아니하며, 부모에게 기쁨을 주고자 하는 그와 같은 마음으로 산다 하면,
4 그 자식은 일단 그 부모에게 욕되며 부모에게 걱정을 끼치는 자식은 아님이니라.
5 그러니 그 자식이 사회생활을 함에 있어서, 또 사회에 나옴으로 인해서 그가 남에게 욕되는 그와 같은 삶을 살지는 아니할 것이니라.
6 너희들이 인간 교육 속에서 그 선생에게 사랑을 받고자 하며 선생에게 기쁨의 그 칭찬을 받고자 하는 학생은, 이미 그는 비뚤어진 학생은 아니며 바로 가는 학생이 아니더냐?
7 그리고 매사에 그는 바로 서고자 하는 것이 아니더냐?
8 가르치는 저의 스승으로부터 칭찬이요, 사랑을 받고자 하는 학생이라면 일단 기본의 자세는 되어 있던 것이 아니더냐?
9 이제 나의 아들을 따르는 제자들이요, 법전을 읽고 깨우친 만백성, 너희들은 창조주 나 여호와에게 기쁨이요, 나에게 칭찬을 받는 그와 같은 삶을 살라 하는 것이요, 그리 살면 되는 것이거늘,
10 어찌하여 너희들이 나로부터 칭찬을 받는 것을 그리 거부하며 그 칭찬을 받고자 하지 아니하는가?
11 내가 사랑하는 나의 아들 너에게 무어라 하였느냐?
12 모두를 기도로써 일관하며 모두를 묵상으로 일관하라 하였으며, 너의 제자들도 힘들고 어려울 때 고개 숙여 묵상을 하면 내가 답을 준다 하지 아니하였더냐?
13 그 묵상과 기도가 무엇이더냐?
14 나에게 칭찬받을 수 있는 것, 나를 기쁘게 할 수 있는 것, 나에게 한 점의 부끄러움이 없는 그와 같은 생각이요, 그와 같은 지혜를 얻으라 함이니라, 사랑하는 나의 아들아!
15 묵상과 기도가 무엇이더냐?
16 나로부터 칭찬을 받을 수 있는 그와 같은 길을 찾으며 그 지혜를 얻으며, 그리하여 그리 행하라 함이니라.
17 너희들이 살아가면서 생각이요, 지금 너희들의 깨달음은 높으나, 너희들의 행동은 그를 따르지 못하며 그에 미치지 못하여, 너희들의 생각은 바로 가고자 하나 너희들의 행동이 이미 무너지는 그와같은 삶을 살기에 너희들이 그를 바로잡지 못하여 몸부림친다 하였음이니,
18 그게 아직도 육의 부귀영화요, 육의

욕심의 그 고리가 남아 있기 때문이니
라.
19 이제 나의 아들을 따르는 제자들이요,
나의 법전을 읽고 깨우친 만백성, 너
희들은 하나서부터 백까지 모두 내
주관하에 이루어지지 아니하는 것이
없으며, 내 뜻 안에서 벗어나는 것이
하나도 없다는 것을 알고 있지 않으
냐?
20 그러니 너희들이 매사에 나에게 칭찬
을 받을 수 있는 그것을 생각하다 보
면, 너희들은 이미 잘못된 백성이요,
비뚤어진 백성이 아님을 알라 그리 전
하노니,
21 선생으로부터 칭찬을 받고자 하는 그
학생의 자세가 어떠하던가, 그 행동이
어떠하더냐?
22 그와 같은 자세로써 너희들이 나에게
묵상하며 기도하는 그 의미가 나로부
터 칭찬을 받는 그 길을 선택하라 함
이니,
23 그리 칭찬을 받을 수 있는 그와 같은
마음 자세요, 그 행동으로써 살아가도
록 그리하라.
24 그러면 너희들이 아무런 걱정이 없으
며 무너짐이 없으며 흐트러짐이 없으
며, 너희들이 구원하고 원하는 그 모
두를 얻을 수 있음이니라.
25 내가 너희들에게 기도와 묵상으로써
모두를 일관하라 했으나, 기도와 묵상
으로써 너희들이 나에게 칭찬받는 것
을 생각하지 아니하며 나에게 칭찬받
지 않는 거역된 일을 생각한다면, 바
로 너희들은 아무것도 얻을 수 없으며
이룰 수 없으며 역사할 수 없음이니,
26 묵상과 기도는 나로부터 칭찬받는 일
을 선택하여 행하라 함이 그 뜻이 있
으니,
27 나로부터 칭찬을 받을 수 있는 그 길
을 찾아 그대로 너희들이 행하고 간다
면, 너희들은 모두를 다 볼 수 있으며
모두를 다 얻을 수 있으며 모두가 다
이루어진다는 것을 알라 그리 전하라.
28 칭찬받는 그 길만을 바라보며 칭찬받
는 백성으로서 거듭남에 최선을 다하
라.
29 그리고 칭찬받는 삶으로써 변화되는
삶을 살라 그리 가르치라.

10,481 번째 하나님 말씀

2004년 4월 12일 09시 52분

1 사랑하는 나의 아들아!
2 모든 나의 백성들이 하늘의 지혜요,
깨달음을 얻지 못하며 진정한 참진리
요, 하늘의 뜻을 보지 못하며 가지 못
하는 것이 무엇인 줄 알겠느냐?
3 창조주 나 여호와의 뜻이요, 내가 내
린 그 모두는 다 이 세상의 무엇과도
바꿀 수 없는 그 위대하고 방대하며
소중한 나의 그 가르침을 성경에 기록
하여 너희들에게 전했으며, 나의 법전
에 기록하여 너희들에게 지금 전하는
그 역사가 이루어지고 있음이니라.
4 그러나 구약과 신약의 시대에 살아온
백성들이요, 또한 지금 제3의 시대에
살아가는 백성, 너희들이 그 방대하고
소중한 나의 성경이요, 그걸 하늘의
뜻에 의하여 너희들이 비추어 깨우치
는 것이 아니라,

5 너희들의 눈으로 보고 귀로 듣고 하는
그 너희들의 손아귀에 잡힐 수 있는
인간의 삶이요, 인간적인 면에서만 바
라보고, 모든 그 방대한 성서를, 그 귀
한 것을 인간적인 너희들의 생각에다
결부시키며,
6 그리하여 작고 작은 것에 너희들이 다
축소시키고 또 축소시켜 성서의 그 뜻
을 이해하고 너희 것으로 만들려는 그
와 같은 삶을 사는 것이 오늘이니, 나
의 성경이요, 나의 성서는 하늘의 뜻
이니라.
7 그러니 하늘의 뜻에 의하여 너희들이
그를 보지 아니하며 그를 듣지 못한다
면 결코 아무것도 알 수 없느니라.
8 그러니 너희들이 작은 것에 의하여 모
두를 해석하며 그리 가는 것은 욕심이
라는 것을 생각하며 욕심을 버리지 못
하기 때문이니라.
9 그리하여 너희들이 하늘의 뜻을 알지
못하는 오류를 범하고 있으며, 참진리
모두를 갖다가 내 뜻에 의한 그 진리
요, 밀봉되어 있는 그 비밀의 뜻을 아
는 것이 아니요,
10 그저 적혀 있는 문자적으로 행동하며
그 문자적으로 해석하며 그리 너희들
이 가기 때문에, 인간의 생각으로써
너희들이 모두를 해석하다 보니,
11 너희들이 믿음의 길을 간다 하는 것,
하늘에 오른 백성이라 하여 달려오는
그 속에서 너희들은 계속 무너져 가는
그와 같은 삶을 사느니라.
12 앞에서는 너희들이 아무리 모래성을
쌓는다 해도, 밑에서는 무너지는 그
모래성이요, 물길에 모래가 흘러가듯
이 너희들이 지금의 오늘의 믿음이요,
하늘에 오르는 길이요, 구원이요, 영
광의 축복이라는 그 쌓아 가는 믿음의
신앙이 너희들은 한 쪽에서 계속 무너
지며 무너지고 흐트러진 그와 같은 그
속에 있음이니,
13 너희들이 뿌리가 없으며 받쳐 주는 밑
이 없으며 받쳐 주는 근본이 없음이
니, 너희들이 허공에 대고 허황된 그
꿈이요, 그리고 구원이요, 그 목소리
만을 부르짖고 있다는 것을 알라.
14 밑으로는 다 흩어지고 무너져 쓸려 내
려가는 그와 같은 너희들의 그 문자의
해석이요, 그리고 너희들이 행함이 없
는 그 믿음이요,
15 그리고 너희들이 인간의 작은 것에 모
든 방대하고 소중한 그 성서를 결부시
켜 너희들의 욕심에 맞추려는 그와 같
은 것,
16 그리하여 너희들이 한 쪽에서 다 무너
지고 부서지는 것은 모르고 있는 것이
니라.
17 무너지고 부서지며 일그러지며 그리
고 그와 같은 것에 너희들의 삶의 결
과는 무엇이더냐?
18 인간 세상에서 무너지는 삶을 살고 그
무너지는 것에 허덕이고 또 쌓아 올리
고 쌓아 올리는 너희들은 결국은 지옥
으로 달려가는 그와 같은 삶이 되는
것이며, 나에게 구원을 받을 수 없는
것임을 알라.
19 그리하여 너희들이 그와 같은 믿음이
요, 그와 같은 생활로써 왔기에 수많
은 종파가 생겼으며 지파가 생겼으며,
20 그 수를 헤아릴 수 없는 자들이 저희

가 나에게 기름 부음을 받은 자들이라
하여 지금 제각기 다른 목소리를 내며
서로 울부짖는 그와 같은 행위를 하느
니라.
21 나의 아들이요, 나의 성령은 한 곳이
며 내 뜻은 하나이거늘, 너희들이 제
각기 다른 소리를 내며 서로 제 주장
만을 앞세우는 너희들의 그 모습이 어
떠한 줄 알겠느냐?
22 작은 인간 세상에서 저희를 길러 주고
낳아 준 그 부모가 죽음이니, 그 부모
의 죽음 앞에서 저희들이 슬픔을 애도
하며 그 뜻을 기리며 그 부모가 남기
고자 하는 그 유업에 따라 저희들이
무엇을 이루고자 하여 자식이 한마음
으로써 그 뜻을 따르는 것이 아니라,
23 저희들이 각자 생각이 다르니, 죽은
그 부모 앞에 너희들이 무어라 하느냐?
24 그 남겨 놓고 간 작은 재산이라는 부
질없는 것을 가지고 큰 떡을 제 앞에
쌓아 놓고자 너희들이 서로 죽은 부모
의 뜻이라 싸우는 그와 같은 형제의
추한 모습보다도 더한 것이 너희들이
니라.
25 부모의 그 죽음 앞에 애도요, 슬픔이
요, 그 뜻에 따라 역사하는 것이 아니
라,
26 저희들이 더 큰 재물이요, 더 많은 것
을 제 앞에 쌓아 놓고자 하는 것이 죽
은 부모의 뜻이요, 부모가 원하는 것
이라 그리 윽박지르며 서로 싸우고 울
부짖는 그와 같은 형국의 그 모습보다
도 더 추하고 더러운 것이 오늘의 나
의 피조물 만백성 너희들이 잘못 가르
치며 잘못 아는 오류를 범하고 가는
그 믿음의 형국임을 알아야 될 것이니
라.
27 너희들은 다른 백성들을 지금 너희 스
스로 죽이며 지옥으로 이끌어 가는
그와 같은 행위를 한다는 것,
28 너뿐만 아니라 다른 백성까지도 너희
들이 죽게 하는 그와 같은 형국을 하
고 있는 것이 오늘의 너희들의 믿음이
요, 너희들이 가고 있는 길이라는 것
을 알라.
29 이것이 무엇인 줄 알겠느냐?
30 모두를 문자적으로 해석하며, 그리고
방대한 나 여호와의 뜻이요, 그 소중
한 성경의 가르침을 너희들이 인간의
그 작은 욕심에 맞추며,
31 그 작은 욕심에 의하여 거기서 너희들
이 모든 것을 다 제 비위에 맞추며, 제
취향에 맞으며 제 뜻에 맞도록 모두
를 해석하고 판단한 그 오류 때문에
이와 같은 험악한 꼴이 되었음을 알
라 전하느니라.

10,482 번째 하나님 말씀

2004년 4월 12일 09시 55분

1 사랑하는 나의 아들아!
2 "네, 아버님! 말씀하옵소서."
3 모든 너희들의 삶은 하나에서부터 백
까지 그 모두가 나 여호와의 성령 안
에서 모두가 이루어지도록 그와 같은
삶을 살며,
4 그를 벗어나서는 아니 되며 그를 벗어
나서는 역사할 수 없으며, 나의 성령
을 벗어나서 나의 법전에 기록된 내용
을 벗어나서 너희들이 행하고 사는 것

은 나 여호와의 뜻이 아니요,
5 너희들이 사탄의 의지요, 사탄의 뜻에
의해 사는 것이며 사탄에게 힘을 실어
주는 그 무서운 오류를 범한다는 것을
너희들은 깨우치도록 그리하라, 사랑
하는 나의 아들딸들아!
6 그러니 너희들은 나로부터 칭찬을 받
는 삶이요, 칭찬을 받는 그와 같은 삶
을 위하여 너희들이 모두를 바치고 와
야 됨을 절대 잊지 말라 그리 전하라.
7 성령만이 참뜻이요, 성령만이 너희들
의 그 모두를 진리의 길로 인도함이
니, 성령만이 참뜻이 그 속에 있음이
니,
8 그러니 그를 깨우쳐 만백성 너희들이
바로 갈 수 있도록 그리 전하라.
9 너희가 그 길을 모르며 진정한 방법의
길을 모르며, 하늘에 오르는 길이 무
엇이며, 성령 안에 사는 것이 무엇이
며, 성령의 그 뜻이 무엇을 요구하는
것인가 그것을 모르고 너희들이 오늘
에 이와 같이 살아오기에,
10 내가 나의 아들을 통하여 이 어렵고
힘든 대장정의 그 역사를 이루니, 그
리하여 내가 새로운 성경을 내려보냄
이니라.
11 그리하여 그 성경 속에 너희들이 이를
읽고 또 읽어 정독한다면 너희들이 성
령 안에서 사는 삶이요, 나 여호와의
성령의 참뜻이 무엇이며 내가 역사하
는 것이 무엇인지를 알게 됨이니, 이
를 접하지 아니하면 아니 된다 함이니
라.
12 너희들은 이와 같이 전하는 나의 뜻을
그대로 흘려보내서는 아니 되며,
13 이는 나의 성령이요, 귀하고 소중한
것을 너희들에게 인식시키며 너희들
에게 심어 주는 것이 아니라, 너희들
이 그를 보지 아니하고 그를 깨닫지
아니하면 아니 되기에 그를 믿으라 함
이니,
14 너희들의 그 가르침이 여기에 있는 내
깊은 뜻을 알도록 그리하라, 사랑하는
나의 아들딸들아!

10,483 번째 하나님 말씀

2004년 4월 12일 10시 12분

1 사랑하는 나의 아들아!
2 "네, 아버님! 말씀하옵소서."
3 지금의 믿음을 길을 가는 그 백성들이
나의 친필인 십계명을 이는 지나간 것
이요, 율법 시대에 적용되는 것이며,
4 그리하여 신약 시대가 왔으니, 이는
다 폐해져야 되며 지워져야 되며 버려
야 된다 그들은 그리 말하며,
5 이는 지키지 못할 것을 내렸으며, 이
를 지키기 위하여 너희들이 오류를 범
하니, 이를 지키고 살아가는 삶을 살
필요가 없다 그리 말하느니라.
6 그러니 나의 아들 너의 생각은 과연
어떠하더냐?
7 "네, 아버님! 저는 감히 그리 생각되
옵나이다.
8 그들이 지금 십계명은 구약 시대요,
율법 시대의 것이기 때문에 그는 다
폐해져야 되고 그는 덮어져야 되며 그
는 없어져야 한다는 것, 그들의 주장
이 맞다고 생각하며, 그 뜻은 그들이
부르짖는 것이 맞다고 생각하옵나이

다.
9 그러나 그들은 그것을 알지 못하고 있사옵나이다.
10 아버님께서 내려 주신 이 십계명이 언제쯤 폐해지며, 어떤 때 없어져야 되며, 그리고 그는 변화되며 그리고 정녕 이 세상에 존재하지 않는 십계명이 되어야 된다는 것을, 그 백성들이 그를 모르고 있사옵나이다.
11 그리하여 저희들이 그와 같은 말을 하며 원뜻이요, 그 깊이를 모르고 저희들은 없어져야 되는 것, 그리고 지킬 수 없다는 것, 그리고 편의주의로 그리 생각하옵나이다.
12 그러나 아버님이 물으시니, 제 생각도 그러하옵나이다.
13 그들과 제 생각이 일치하는 부분이 있으나 그 근본의 뜻이 다르다 저는 그리 생각되옵나이다.
14 반드시 십계명은 없어져야 되며, 십계명은 지워져야 되며, 십계명은 변화되어야 하는 그와 같은 것으로써 모두가 역사해야 된다 저도 그리 생각하옵나이다.
15 그러나 그들의 생각과 저의 생각은 차이가 있다 그리 생각하옵나이다.
16 지금의 믿음의 길을 가는 모든 백성들이 아버님의 참뜻을 모르고 있으며, 그 십계명이 변화되어야 되고 없어지며 지워져야 된다는 것, 그리고 지기는 것을 생각하지 아니하며, 그를 의식하지 아니하며 그와 같이 살아가야 된다는 것을 그들은 알지 못하며,
17 그것이 무엇 때문에 그리되어야 되는 것인가를 모르며, 무조건 폐해지고 없어진다 그리 말하옵나이다.
18 그러니 아버님의 뜻을 모르고 그들이 폐해지고 없어지고 지킬 수 없다 부르짖는 것이 저 자신의 가슴도 이리 아프며 답답하오니, 아버님의 그 마음이요, 가슴이 어떠하겠사옵나이까, 아버님!
19 아버님의 그 아픈 마음을 그들이 어찌 알겠사옵나이까?
20 아버님, 새로운 성경을 내려보내시는 아버님께서 그리 말씀하셨사옵나이다.
21 안식일이라는 것은 의식하지 말며 안식일은 지금 지워야 된다는 것, 그는 바로 무엇인가 하면 아버님께서 지금 역사하시는 새로운 법전이요, 새로운 성경을 내려보내시는 것은 안식일이 시작되며 안식일이 지켜지고 있는 그와 같은 현실이기에 그 안식일은 없어져도 되는 것이라 저는 그리 생각되옵나이다.
22 모든 백성들이 안식일을 철저히 지키고 안식일을 역사한다면, 결코 안식일을 지키라 할 필요가 없지 않나 그리 생각되며 부르짖을 필요도 없다 그리 생각되옵나이다.
23 아버님께서 그 십계명에 기록한 안식일을 지키라는 것은 천 년에 걸쳐서 지금 안식일의 그 역사를 이루고 아버님의 뜻이 지금 세상에 내려와서 그 모두를 역사하니,
24 안식일이라는 것은 자동적 폐해지는 것이며, 인간의 그 안식일은 존재할 필요가 없다 저는 그리 생각하옵나이다.

25 그러니 만백성이 아버님이 내리신 그
십계명을 지킬 필요가 없으며, 그 십
계명은 폐해지며 그 십계명은 필요
없는 때가 되어야만 된다 그리 생각
되옵나이다, 아버님!
26 안식일이 지금 시작되었으니, 그 안식
일라는 것이 필요 없듯이 지금 모든
백성들에게 전하고 싶은 그 뜻은 안식
일은 폐지되어야 하는 것이라 저는
생각하옵나이다.
27 아버님의 새로운 성경이요, 아버님의
말씀이 내려와 천 년에 걸쳐서 안식일
의 역사가 시작되었으니 그 안식일은
결코 필요 없다 생각되옵나이다.
28 그리하여 저는 십계명은 없어져야 되
며, 십계명은 지워져야 되며, 그 지금
의 종교 집단이요, 지도자, 잘못 가는
자들이 부르짖는 그 말이 맞다 생각하
옵나이다.
29 다만, 그러나 그들은 그 진의를 모르
기 때문에 제가 아버님께 드리는 말씀
과 뜻이 다르다 그리 생각하옵나이
다."
30 사랑하는 나의 아들아!
31 네가 십계명대로 살아야 되며 십계명
을 지켜야 하며, 그대로 살아야 된다
하며,
32 네가 십계명은 변화되어야 하고 없어
져야 되며, 폐지되어야 하며, 이 세상
에 십계명을 찾는 백성이 없어야 된다
그리 말함이니,
33 네가 과연 그러고도 모든 백성들 앞에
할 말이 있다 생각하느냐?
34 사랑하는 나의 아들아! 네가 생각하
는 것이 무엇이기에 네가 감히 그들과
뜻이 같으며 그들과 같이 그리 된다
말하느냐?
35 "네, 아버님의 마음이요, 아버님의 뜻
이 그러할 것이며 아버님의 생각이 그
러하시다 저는 생각되옵나이다."
36 사랑하는 나의 아들아!
37 과연 네가 너의 제자들에게 십계명은
생명을 바쳐 지키라 했으며 그대로 사
는 것이 하늘에 오르는 길이라 나의
법전에 수천수만 번 기록하여 전했거
늘, 어찌하여 네가 폐지한다 그 말을
할 수 있느냐?
38 네 뜻이 무엇이더냐, 사랑하는 나의
아들아!
39 "네, 아버님! 그렇사옵나이다.
40 저는 그것이 그리되어야 한다고 생각
하는 것뿐이옵나이다.
41 그래서 그리되라 생각하는 것은 감히
하지 아니하나, 그와 같은 때가 오기
를 바라는 것이 제 마음이옵나이다,
아버님!
42 '제일은, 너는 나 외에는 다른 신을 네
게 있게 하지 말라.' 하셨사옵나이다.
43 그러니 제1계명에 모든 저희들이 아
버님 외에는 다른 신을 마음에 두지
아니하며 그리 살아가는 백성이 전체
가 그리되었을 때 이 대목이요, 제1계
명이 무엇이 필요하겠나이까?
44 그 계명이 존재할 이유가 없으며, 폐
지될 것이며, 그는 뒤로 물러날 것이
며, 저희들의 기억에 없어져야 되며
그는 변화된다 그리 생각하옵나이다.
45 '제이는, 너를 위하여 새긴 우상을 만
들지 말고 또 위로 하늘에 있는 것이
나 아래로 땅에 있는 것이나 땅 아래

물속에 있는 것의 아무 형상이든지 만들지 말며 그것들에게 절하지 말라.' 그리 말씀하셨으며 그를 섬기지 말라 하셨사옵나이다.

46 아버님! 제 가슴이 저려 오는 것만큼 아버님의 가슴이 천배 만배 더 저려 올 것이며, 아버님께서는 이 십계명을 폐해야 되며 존재하지 않는 세상이 되어야 한다는 아버님의 애절한 뜻이라 하여 제가 이를 저의 제자들이요, 법전에 기록하여 말씀에 따라 전하옵나이다.

47 '너를 위하여 새긴 우상'을 만들지 않는 백성들이 다 이 세상에 존재하며, 위로 하늘에 있는 것이나 아래로 땅에 있는 것이나 땅 아래 물속에 있는 아무 형상이든지 저희들이 절대 만들지 아니하고 그들이 지킨다면,

48 그리고 다른 신에게 절하지 아니하며 그를 섬기지 않는 백성들로서 모두가 이 세상에 살아간다면, 어찌 제2계명이 존재할 가치가 있으며 그 뜻이 있겠사옵나이까?

49 그저 저희들의 마음속에 남는 하나의 염원으로써만 존재할 것이라 생각하며, 그와 같이 사는 그 백성들에게는 그것이 필요 없다 생각하옵나이다.

50 아버님께 백배 고개 숙여 아버님께 몸을 숙여 빌고 비옵나이다.

51 계명이 없어지며 변해야 된다는 그 죄를 어찌 감당하겠사옵나이까?

52 그러나 제 생각이 그러하오며, 아버님의 뜻이 그러하리라 생각하옵나이다.

53 법이라는 것은 죄를 짓고 사는 백성에게 필요한 것이며,

54 법을 지키는 백성이요, 법이 없어도 사는 사람들만이 산다면, 정녕 아버님, 그 법 조항이 없어야 될 것이라 그리 생각하오며,

55 감히 저는 아버님께서 내리신 그 귀하고 소중한 십계명도 저희들이 한 사람도 어기는 사람 없이 그 수십억 인구가 완벽하게 지키고 간다면 그는 지키지 아니하여도 될 것이옵나이다.

56 이것이 제 생각이옵나이다, 아버님!

57 그러나 모든 믿음의 길을 가는 백성들은 그와 같은 세상이 왔을 때 이를 지키지 아니하고 폐하고 접어 두면 된다는 그 뜻을 가지고,

58 지금은 인간이기 때문에 지킬 수 없으며 행할 수 없으며 역사할 수 없기 때문에 그저 지워 버리고 없애 버리며 던져 버려야 된다 그리 말하니,

59 그를 듣는 아버님의 가슴이 얼마나 아프실 것인가를 생각하면 저 또한 가슴이 아프며, 어찌 드릴 말씀이 없사옵나이다, 아버님!

60 아버님의 계명에 이르기를 '제삼은, 너는 너의 하나님 여호와의 이름을 망령되이 일컫지 말라.' 하셨사옵나이다.

61 모든 백성들이 아버님의 이름을 망령되이 일컫지 아니하며 곧고 바르게 산다면 제3계명이 어찌 필요하겠사옵나이까, 아버님!"

62 사랑하는 나의 아들아! 그러니라.

63 그것을 아는 자가 없으며 그 뜻을 아는 자가 없으며, 그리고 나의 계명대로 살 수 없다 하여 이를 찢어 버리고 태워 버리며 구약의 것이니 폐지하라는 그 백성들, 그들이 울부짖는 짓이

얼마나 사악한 짓이며 잘못된 것이며,
하늘의 뜻을 모른단 말이더냐?
64 너희들이 한 사람도 거역하는 자가 없
어서 이를 가지고 깨우칠 백성이 없을
때, 과연 네 말대로 이 모두는 존재할
이유가 없으며, 여기에 있을 필요가
없다는 네 말이 맞느니라, 사랑하는
나의 아들아!
65 그러니 너의 제자들이요, 나의 법전을
읽고 깨우친 백성, 그들의 가슴에 심
어 주라.
66 '제사는, 안식일을 기억하여 거룩히
지키라.' 하였느니라.
67 지금 바로 나의 성령이 세상에 내려가
너희들이 모두를 역사함이니라.
68 구약의 모세의 출발의 시대요, 신약의
예수의 그 중간의 시대, 그 모두가 지
나 이제는 너희들이 그 안식일에 돌입
하였으니,
69 나의 성령이 세상에 내려와, 나의 법
전이 세상에 내려와 너희들을 깨우치
는 것이 안식일이 시작되었음이니,
70 그러니 안식일이 시작되었으니, 그 안
식일을 내가 폐지해도 되며, 안식일을
의식하지 말고 살아야 될 것이니라.
71 그러니 안식을 기억하여 거룩히 지키
라는 이 뜻을, 너희들이 안식일이 시
작되었으며, 나의 아들딸 너희들이 이
를 지키고 내 뜻에 따라 새로운 세상
이요, 아름다운 세상을 이루며,
72 나 여호와의 성령이 세상에 내려왔으
니, 그 안식일은 너희들이 지키지 않
아도 된다 하는 나의 뜻임을 알라.
73 '제오는, 네 부모를 공경하라.' 하였음
이니라.
74 이 세상에 나의 피조물 만백성이 길러
주고 낳아 준 부모가 노쇠하다 하여
그를 버리고 그 목숨까지 끊는 것,
75 그리고 심지어 자식들까지 너희들이
감히 목숨을 끊어 내가 내린 그 생명
을 단죄하며 같이 죽어 가는 그와 같
은 험악한 백성들이 이 세상에 존재하
고 살아가기 때문에, 네 부모를 공경
하라 함이니라.
76 수십억 인구 너희들이 한 사람도 이
뜻을 거역하지 아니하며 부모를 공경
하며 부모에게 효성스러운 삶을 산다
면, 제5계명 또한 이 세상에 있을 가
치가 없지 않더냐, 사랑하는 나의 아
들아! 이를 그들에게 깨우쳐 주어야
될 것이니라.
77 제육은 무엇이더냐?
78 '살인하지 말라.' 하였음이니라.
79 그러니 이 세상에 나의 피조물 만백성
이 금화요, 은화요, 그리고 그 욕심에
의하여 살인하지 아니하며, 너희들의
감정을 이기지 못하여 살인하지 아니
하며,
80 자국의 이익을 위하여, 너희들이 제
위치요, 제 영광이요, 제 이름을 위하
여 전쟁이라는 걸 불사하여 수많은 생
명을 죽이고 죽는 그와 같은 형국을
하지 아니하며,
81 그리고 지금의 믿음의 길을 간다는 그
백성들이 진정한 믿음의 길이 아니요,
내 뜻을 거역하며 나의 피조물 만백성
을 지옥으로 수없이 지금 이끌어 가
니, 그 살인을 하는 것을,
82 그 살인을 하지 않는 백성들로 이 세
상에 존재한다면, 제육의 계명은 필요

치 아니하니, 이 또한 변해야 되고 지
워져야 될 것이니라, 사랑하는 나의
아들아!
83 '제칠은, 간음하지 말라.' 하였느니라.
84 모든 백성들이 너희들이 간음하지 않
는 백성, 그리고 이웃을 넘보지 않는
백성, 그와 같은 마음으로 너희 자신
을 다스리고 나간다면, 이 간음하지
말라는 그 말이 무색하며 그 뜻이 우
습지 않겠는가?
85 그와 같이 가르치는 나 여호와가 얼마
나 초라하고 우스운 모습이 되겠느냐?
86 그러나 너희들이 간음하는 백성이 세
상을 덮고 있으며, 그 간음을 즐겨 하
며 그를 너희들이 삶의 즐거움으로 살
아가기 때문에, 이 간음이라는 제7계
명이 존재하며 필요한 것이니,
87 그리 지키고 가면 이가 필요 없느니라.
88 '제팔은, 도둑질하지 말라.' 하였음이
니라.
89 너희들이 도둑질하는 자가 없으며, 남
의 것을 탐내지 아니하는 그와 같은
삶을 산다면, 제 8계명 또한 존재 가
치가 없으며 역사할 가치가 없음이니,
90 너희들은 그 뜻을 모르고 무조건 너희
들이 지키고 살아가는 것이 어렵고 힘
들기에 폐지해야 되며 구약의 것이요,
지나간 것이라 그리하니,
91 그것이 나의 아들 너와 그들의 생각하
는 차이이니,
92 이게 하늘과 땅보다도 더 멀며, 죽은
자와 산 자의 그 관계보다도 더 너희
들이 지금 벌어져 있는 것이며,
93 뜻을 왜곡하여 가르치며 내 뜻을 모르
는 백성들이 하고 있는 짓이니라.
94 '제구는, 네 이웃에 거짓 증거하지 말
라.' 하였느니라.
95 그리고 너희들이 바로 무엇이더냐?
96 너희들이 속이고 거짓 증거하며 진실
은 매도되며 거짓이 승리하는 이와 같
은 험악한 세상이요,
97 모든 재판을 하며 결정을 짓는 수천
년 전에 종교 집단이요, 지도자들이
뇌물로써 거래했으며,
98 뇌물로써 증거하여 너희들이 질 자,
이길 자와, 진실과 거짓을 구분하지
아니하고,
99 뇌물을 많이 바치는 자, 저희들에게
아부하는 자의 손을 들어 주는 그와
같은 심판의 형국이 생겼으니,
100 그리하여 너희들이 거짓 하지 말라,
거짓 증거하지 말라 하는 그 계명이
필요하며,
101 너희들이 바르게 심판하며 바르게 증
거하는 백성만 있다면, 이 대목 또한
내가 너희들에게 지키라 함이 무의미
한 것이 아니더냐?
102 '제십은, 네 이웃의 집을 탐내지 말라.'
하였으니, 너희들이 남의 재물을 탐내
며 남의 것을 네 것으로 만들기 위하
여 밤낮을 가리지 않고 연구하고 너희
들이 사악한 방법으로써 간교한 방법
으로써 살아감이니,
103 그것이 너희들이 바로 살며 남의 것을
탐내지 아니하며 남의 것을 시켜 줄
수 있는 그 마음을 가졌다면, 어찌하
여 내가 이 계명을 내려보냈겠느냐?
104 다 무의미한 것이니라.
105 그러니 네가 보는 십계명은 없어져야
되며 폐해져야 되며 지워져야 되며,

그리고 변화 되어야 한다는 것은 네가
그와 같은 뜻을 알고 말하기에,
106 그것이 나 여호와의 뜻이요, 네가 잘
못된 것이 아니니, 네가 나에게 눈물
로써 사죄할 것이 없느니라.
107 다만, 그 의미를 모르고 지워 버리고
태워 버려야 된다고 부르짖는 그들이
얼마나 간악한 자며 잘못된 자며,
108 하늘의 뜻을 모르고 가르치는 것이 얼
마나 오류를 만드는 것인가를 알면 될
것이니라.
109 하늘을 향하여 한 점의 부끄러움이 없
는 삶을 살라는 것, '나의 법전을 가슴
에 안고 정독하는 자, 반석 위에 서서
하늘에 오르는 찬란한 빛을 본다.' 하
였음이니, 바로 너희들이 이와 같은
행위를 하지 아니하면 볼 수 없음이니
라.
110 그리하여 너희들이 그리 지키고 지켜
구원의 길을 얻으라 하는 것이 나의
뜻이요, 그리하여 없어지고 지워지는
것이 바로 내가 만든 어렵고 힘든 그
법이요, 그리고 계명이요, 나의 성경
에 기록되어 있는 것, 새로운 성경에
기록되어 있는 어렵고 힘든 것을 너희
들이 지키는 그 모두는 무가치한 것이
며 그 존재 가치가 없다는 것을 알라.
111 내가 여기서 너희들에게 이를 깨우침
은 나 여호와의 성령이요, 새로운 성
경이 세상에 내려옴이니,
112 바로 너희들이 6천 년의 그 역사한 세
월이 지나 지금 안식일의 천 년에 들
어가기 시작하였으니, 안식일이라는
것을 폐하며 안식일을 의식하지 말고
살라.
113 인간이 만든 안식일에 매달리지 말라.
114 너희들의 계산법에 의하여 만들어진
그와 같은 너희들의 그 요일에 따른
안식일을 하늘의 안식일이요, 나에게
오는 것이라 하지 말라.
115 필요할 때 쉬는 안식일이요, 너희들은
재물을 거둬들이는 사악한 방법으로
그리 엮어 감이니, 필요할 때 쉬도록
그리하라, 사랑하는 나의 아들딸들아!
116 하늘의 안식일은 다 끝났으며 이 안식
일은 집행되고 있음이니, 이제 그 안
식일은 필요 없음이니 그리 알라, 사
랑하는 나의 아들딸들아!

10,484 번째 하나님 말씀

2004년 4월 12일 10시 16분

1 사랑하는 나의 아들아!
2 "네, 아버님! 말씀하옵소서."
3 너희들이 은혜를 받았다는 것은 나의
체벌이요, 그리고 내가 기적을 너희들
에게 보여 주고 역사하는 그 백성은
너희들이 축복이요, 선택된 백성이 아
니요,
4 나를 모르며 믿음을 모르는 자들이요,
기초의 믿음에서 벗어나지 못하기에
너희들이 한 계단 더 높이 뜰 수 있고
볼 수 있도록 나를 믿도록 하여 내 모
두를 역사한다 하였음이니,
5 이제 너희들은 내가 십계명의 그 뜻을
하나하나 풀어 나의 아들을 통하여 너
희들에게 전했음이니, 과연 지금 나의
법전 속에 너희들이 지키는 그 규범이
많이 내려오는 것이 무엇이더냐?
6 그 모두는 나의 고통이요, 나의 시련

임을 너희들은 알아야 될 것이니라.
7 너희들이 그와 같은 삶을 살며 너희들
이 내가 내려 준 인간의 본성의 마음
으로 산다면, 너희들이 지금 나의 160
권의 법전이 세상에 내려가 너희들을
이리 살라, 저리 살라 할 필요가 없지
않더냐?
8 그러니 너희들이 그와 같은 것을 듣지
아니하며, 그와 같은 것을 내가 내리
지 아니하는 그와 같은 너희들의 집단
이요, 사회요, 세상을 이룩하도록 그
리하라, 사랑하는 나의 아들딸들아!
9 160권이 세상에 나오니, 만백성 너희
들이 이를 보고 깨우쳐 살아가고자 한
다면, 나의 아들이 죽을 때까지 하늘
의 뜻을 기록하여 전하는 일은 내가
모두를 중단할 것이며, 너희들은 이것
으로써 모두의 은혜요, 영광의 축복을
받을 것이니라.
10 그러니 160권이 세상에 나와 세상을
덮고 모든 백성들이 이를 믿고 따를
때, 어렵고 힘든 너희들의 그 규제는
내려가지 아니할 것이니라.
11 지금의 나의 법전을 너희들이 지키기
가 힘들며 이대로 가기가 어렵고 힘든
것은 너희들이 그만큼 사악해졌으며,
그만큼 무너졌으며, 타락되어 있는 너
희들의 모습이라는 걸 알라, 사랑하는
나의 아들딸들아!
12 너희들이 손가락의 작은 가시가 박혔
을 때 빼내기 쉬우니라.
13 그러나 너희들이 손가락의 마디가 나
갔을 때는 그 아픔의 진통이 얼마나
크더냐?
14 그리고 너희들은 그를 원상 복구시킬
수 없음이니, 그리하여 너희들이 팔다
리가 하나씩 떨어지며 너희들이 가장
중요한 부분들이 무너진다면 그것을
원상 복구시키고 그를 만들기 위해서
는 대수술을 해야 될 것이 아니더냐?
15 너희들이 사고를 당하는 것도 경미한
사고를 당하는 것은 간단한 치료로 할
수 있으나, 너희들이 중하고 경한 그
환자에 따라서 경하면 경한 대로 너희
들이 단순함이 있을 것이며, 중한 것
은 중한 대로 너희들이 그를 원상 복
구시키기에 얼마나 힘들고 어려운 고
통이더냐?
16 그러니 이 세상이 일그러질 대로 다
일그러지고 뭉개진 것이 너희들의 마
음이요, 너희들의 생각이요, 삶이 그
러하니,
17 너희들이 그 무너지고 망가진 것을 다
바로 세우고 바로 역사하게 하니, 많
은 나의 고통이 따르는 것이며, 많은
성령의 뜻이 세상에 전해지며,
18 160권 속에 기록되어 있는 나의 법전
이 뭉그러지고 뭉그러진 너희들을 바
로 세우기 위한 처방이라는 것을 명심
해서 너희들이 듣도록 하라.
19 이를 지키지 아니할 때 나의 아들이
죽을 때까지 너희들에게 더 어려운 극
약 처방이요, 더 어려운 것이 너희들
에게 내려짐이니, 과연 너희들이 그를
지키고 올 수 있나 생각하느냐?
20 지금의 나의 법전을 가슴에 안고 정독
하여, 여기에서 모든 교통함이 끝나도
록 그리 만들라, 사랑하는 나의 아들
딸들아!

10,485 번째 하나님 말씀

2004년 4월 12일 10시 21분

1 사랑하는 나의 아들아!
2 "네, 아버님! 말씀하옵소서."
3 새로운 하늘나라가 새로운 지상에 건
설된다면,
4 너희들은 정녕 구약이요, 신약이요,
그리고 나의 새로운 법전이요, 이 새
로운 성경이 세상에 내려갈 이유가 없
으며, 존재 가치가 없으며, 너희들이
그를 보고 깨우칠 이유가 없음이니라.
5 너희들이 하늘에서 이루어진 것같이
지상의 낙원을 이루지 못하였기 때문
에 너희들이 구약이 필요하며 신약이
필요하며, 제3의 시대에 새로운 법전
이요, 새로운 성경이 내려오는 이와
같은 것이 필요한 이치니,
6 이는 모두 너희들을 깨우치기 위한 것
이 아니더냐?
7 그러니 너희들은 그 의미를 깊이 새겨
두라.
8 오직 성령으로 사랑으로 하늘의 지혜
속에서 사는 백성들이 이 세상에 살고
존재한다면 무슨 죄악을 저지르며, 너
희들이 지키고 행해야 할 것을 그리
많이도 내려보낼 필요성이 있겠느냐?
9 아무 의미가 없는 것이니라.
10 그리고 규제가 필요 없는 것이니라.
11 지금 너희들이 그 모든 주어진 여건
에서 어찌 살아가느냐 하는 것이 가
장 중요한 것이니라.
12 너희들이 나의 구약이요, 신약의 성서
요, 예수의 그 모두가 너희들을 구원
해 주는 길이라 그리 말하나,
13 나는 그것이 아니고 너희들이 그 구원
의 길을 볼 수 있는 것, 그 길을 안내
하는 것이라 하지 아니하였더냐?
14 너희들이 지금 바로 기준 미달인 백성
이요, 그와 같은 삶을 살기에 너희들
에게 구약과 신약의 성서가 필요함이
니,
15 기준 미달인 너희들을 깨우치는 것에
만 그리 필요한 것이라 하는 것을 이
제 알겠느냐?
16 너희들이 기준 미달이 아니라면 구약
과 신약의 성서가 필요없으며, 오로지
성령으로 임하여 사랑을 행하는 백성
들만 산다면 그 모두가 필요 없다 하
지 않더냐?
17 그러니 너희들이 기준의 미달이요, 아
직 깨달음이 없으며 바로 서지 못하기
때문에, 너희들을 그 기준점까지 올려
놓을 수 있도록 필요한 것이 구약이
요, 신약이요, 나의 새로운 성경이요,
18 그러니 이것이 너희들이 기준 미달인
자를 정상으로 올려놓는 것이지, 너희
들을 구원하는 것은 아니니라.
19 그 출발선에까지 오는 것이요,
20 출발선서부터 너희들이 어찌 역사하
고 노력해야만 하늘에 오르는지 알겠
느냐?
21 이 이치를 너희들이 깨달았다면 구약
이요, 신약이요, 그 모두는 너희들이
하늘에 오르는 구원의 역사하는 것이
아니요,
22 나의 새로운 성경도 너희들이 구원하
는 것이 아니요, 구원의 길에 들어설
수 있는 출발선까지 모두가 역사함이
니, 너희들이 미달된 것을 채워 주는

역할만 하는 것이니라.
23 그때서부터 너희들이 이제 성령으로
임한 백성이요, 그리고 사랑을 베풀며
하늘의 삶을 살고 안 살아 나에게 오
르고 못 오르는 것은 출발선에 설 때
부터 역사하는 것이라는 걸 절대 잊지
말라.
24 너희가 바로 알지 못하고 바로 지키지
못하며 바로 깨닫지 못하기 때문에 너
희들이 어떠한 삶을 사는 것이더냐?
25 오늘의 믿음이요, 신앙이요, 울고불고
재물을 바치며 너희들이 광란의 짓을
하는 것은 너희들이 스스로 고생을 사
서 하는 짓이며, 너희들이 스스로 만
들어서 하는 짓이니라.
26 나와는 관계없음이니, 스스로 고생을
사서 하는 짓들이요, 그리고 스스로
만들어서 제 무덤을 제가 파는 짓을
하고 있는 것이라는 것을 너희들은 명
심해서 들으라.
27 나 여호와가 너희들이 네 손으로 지금
무덤을 파는 자라는 그 두렵고 무서운
말을 하며, 그리고 너희들이 스스로
고생을 사서 하며 자초해서 만든 그
길을 가고 있다 함이니,
28 지금의 믿음이요, 그 신앙이 너희들을
그리 유도하며 그리 끌고 가는 것이니,
29 그들을 단죄하지 아니하면 너희들은
나에게 구원을 받을 수 없음이니라.
30 이제 사랑하는 나의 아들딸 너희들이
나의 법전을 읽고 깨우치고 또 깨우
쳐, 오늘 한 사람이 변하며, 내일은 두
사람이 변하며, 세 사람, 네 사람이 변
하는 그와 같은 역사 속에서,
31 제 스스로 고생길을 선택하여 가는 자
요, 제 스스로 무덤을 파는 그 불쌍하
고 가련한 백성들에게, 이제 제 무덤
을 파지 말라 그리 깨우쳐 주라, 사랑
하는 나의 아들아!

10,486 번째 하나님 말씀

2004년 4월 12일 10시 32분

1 사랑하는 나의 아들아!
2 "네, 아버님! 말씀하옵소서."
3 나 여호와가 이 세상에 내가 거할 성
전이 하나도 없다면, 사랑하는 나의
아들 네 생각은 어떠하며 네 마음은
어떠하더냐?
4 "네, 아버님!
5 아버님께서 그 많은 백성들을 세상에
내보내셨으며, 이 자연의 아름다운 것
을 내려보내셨으며, 그곳에서 취하고
편안하게 자유를 누리며 행복하게 살
라 하여 모든 상을 다 내려 주셨거늘,
6 아버님께서 거할 수 있는 그 성전이
하나도 없다 함은, 아버님의 마음이
천 갈래 만 갈래 찢어지는 그 아픔을
제가 느끼고 있사오며,
7 만 분의 일이라도 제 가슴이 아파 제
모두를 다 태워 그를 역사할 수 있다
면 그 길을 가겠사옵나이다.
8 2천 년 전, 예수께서 그 목숨을 바쳐
아버님의 성령을 깨닫고 만백성에게
전하는 길을 원해서 그 모두를 바쳤
듯이,
9 저도 그와 같은 아버님의 성전이 이
세상에 바로 설 수 있는 곳, 아버님께
서 거하실 수 있는 곳, 아버님의 권능
이 같이할 수 있는 성전 하나를 반듯

이 만들어 놓을 수 있다면, 제 목숨을
바치는 것이 두렵지 아니하옵나이다."
10 사랑하는 나의 아들아!
11 이 세상에 나의 아들 네가 있으며, 그
리고 너의 제자들과 더불어 내가 내
리는 강론을 들으며 나의 법전을 가지
고 공부하는 그곳이 이 세상에 성전
이요, 내가 거할 수 있는 성전이니라.
12 그러니 그곳을 제외하고는 한 곳도
성전이 없다 하면, 과연 너는 믿겠느
냐, 그리고 그를 믿는 자들이 있겠느
냐?
13 너의 제자들도 두려워할 것이며 모든
믿음의 길을 가는 자들은 너보고 정신
나간 자요, 썩은 자요, 인간이 아니요,
사탄이요, 마귀라 그리 말할 것이니라.
14 사랑하는 나의 아들아!
15 "네, 아버님!"
16 성전이란 무엇이더냐?
17 "네, 아버님! 그렇사옵나이다.
18 아버님의 뜻을 받들어 아버님의 뜻을
깨닫고자 노력하며, 아버님께서 역사
하시는 것을 들여다보고자 하며,
19 순수한 마음으로써 아버님께서 이루
고자 하시는 그 뜻을 행동으로 옮겨
살아가는 곳, 성령이 충만한 곳이요,
사랑이 충만한 곳이 바로 성전이 되어
야 하며, 그곳만이 성전이라 그리 말
할 수 있사옵나이다.
20 아버님! 그러나 불행히도 아버님께서
주신 모든 백성들이요, 지도자라는 자
들, 그리고 만백성이 이처럼 자연의
아름다운 속에서 살면서 성전이요, 교
회라 지은 곳이 아버님의 뜻에 따라
역사하는 것이 아니요,
21 인간의 사업장이요, 사업하는 장소로
모두가 변질되어 썩은 냄새가 남이니,
22 그리하여 그 교회요, 성막이요, 그것
이 성전이 아니요, 오로지 아버님 몸
에 상처만 내는 것이며, 아버님께 고
통만 주는 그와 같은 곳으로 되어 있
음이니,
23 그리하여 성전이 하나도 없다 그리 말
씀하시는 뜻을 알겠사옵나이다."
24 모든 자들이 나의 아들이 죽어 간 그
고통스러운 십자가에 불을 켜 밤마다
나를 고문하는 자들, 그 하나만 봐도
저희들이 얼마나 욕심에 차 있는 자들
이며,
25 저희들의 사업이요, 제 뜻을 인간의
육을 채우기 위해서 얼마나 간악한
짓을 하는가?
26 감히 너희들이 나를 따르며 나의 뜻을
따르며 내 뜻을 따르는 너희들이라면,
그 십자가라는 것을 불을 켜 밤마다
나를 고문할 수는 없을 것이니라.
27 그것이 너희들의 사업장으로 변한 증
거요, 사업을 하기 위한 장소로 타락
한 것이니,
28 그리하여 교회라는 곳에 하나도 내가
머물 곳이 없으며, 성막이라는 곳에
내가 머물 곳이 없으며, 성전이라 부
르는 곳에 내가 머물 곳이 하나도 이
세상에 없다 함이니,
29 오로지 나의 법전을 강론하며 나의 아
들을 따르는 제자들이요, 내 뜻을 가
르치고 듣는 그곳 한 곳만이 내가 성
전이라 하면, 과연 이를 누가 믿으며
누가 이를 인정하겠느냐?
30 그러나 나 여호와의 명이며 내가 그리

함이니,

31 너희들이 인간 세상 속에서 부모를 그 자식이 핍박하는 자, 그 며느리가 부모에게 상처 주는 자, 그리고 부모를 무시하는 자, 부모에게 치받는 자,

32 그곳에 과연 그 부모가 가고 싶으며 갈 수 있겠단 말이더냐?

33 그 부모는 도살장에 끌려가는 짐승보다도 그 며느리요, 그 자식 앞에 가기가 싫을 것이니,

34 바로 나 여호와는 그보다 천배 만배 더 고통스러운 것이 오늘의 마음이니,

35 그 많은 나의 피조물 만백성들이 이루고 있는 교회요, 성전이요, 그리고 이 대자연 속에 이루어 놓은 곳에 내가 거할 수 있는 내 성전이 하나도 없다는 것이 얼마나 아픈 마음인 줄 알겠느냐, 사랑하는 나의 아들아!

36 그러니 너희들이 만백성의 마음을 다스려야 될 것이며, 만백성을 깨우쳐야 될 것이며, 성령으로 임하는 백성이요, 사랑으로 충만된 백성의 그 마음을 이루어 다스려 나가는 곳이 나의 성전이니,

37 오늘에 그래도 나의 아들을 따르는 제자 너희들이 인간의 욕심을 버리며, 자기가 양보하며 자기보다는 남을 먼저 생각하는 그와 같은 깨달음의 변화로 가니,

38 그래도 이곳에 내가 나의 권능이 임할 수 있는 곳이 있음이니, 이는 나의 기쁨이요,

39 이와 같은 것을 너희들이 몸과 마음을 다 바쳐 역사하도록 그리하라, 사랑하는 나의 아들딸들아!

10,487 번째 하나님 말씀

2004년 4월 12일 10시 35분

1 사랑하는 나의 아들아!

2 "네, 아버님! 말씀하옵소서."

3 이 세상에 너희들이 어떠한 대제사장이요, 그리고 선지자요, 예언을 하는 자요, 그와 같은 종교 집단이요, 지도자라는 그 백성들, 그리고 기름 부음을 받았으며 은혜를 받았으며 나에게 선택을 받았다 하는 자, 그 누구라 해도 너희들이 하늘의 빛이 될 수는 없느니라.

4 오늘의 160권을 전하며, 나의 새로운 성경을 세상에 내려보내며, 내 뜻에 의하여 모두를 역사하는 나의 아들 너도 하늘의 빛이 네가 될 수 없다 내가 그리 말함이니,

5 어떠한 것도 하늘의 빛이 될 수 있는 백성은 이 세상에 없다 함을 너희들은 알라 그리 전하라.

6 하늘의 빛이 될 수는 없음이니라.

7 그러나 지금의 종교 집단의 지도자 너희들이 하늘의 빛이 된 것처럼 착각 속에 있는 자들이요, 그리고 나의 피조물 만백성을 너희들이 하늘의 빛으로 인도하는 자요,

8 너희들은 빛이 되었으니 너희들의 설교를 들으며 너희들을 따라오면 구원을 받는 것이라 하여 나의 피조물 만백성에게 그리 너희들이 사기극의 짓을 하며 재물을 거둬들이며,

9 그리고 나의 피조물 만백성을 세뇌시켜 평생 동안 너희들이 그 우물 안에 가두고 종처럼 부리고 사는 것이 아니

더냐?
10 모든 선택된 백성 너희들은 하늘의 빛
이 되는 것이 아니니라.
11 나의 아들 네가 지금 법전을 기록하여
만듦이니, 너 또한 세상에 존재하여
증거하는 것도 하늘의 빛이 있으며 하
늘의 빛이 존재하는 것을 증언하며 증
거하는 그와 같은 것으로써 네 임무
요, 네 역사를 모두 다 함이니라.
12 그러니 너희들이 하늘에 오르는 그 빛
이 될 수는 없는 것이요,
13 그 모두는 다 나 외에 그 누구도 빛을
발할 수 없는 것이라는 것을 알라.
14 그러니 이것이 하늘의 법도이거늘, 어
찌하여 너희들이 이를 어기며 너희들
이 하늘의 빛이 될 수 있다 그리 말하
는가?
15 그러니 이와 같이 말하는 자, 거짓 삯
꾼이니라.
16 그 거짓 삯꾼들에게 현혹되어 너희들
의 귀하고 귀중한 그 생명을 버리지
말라.
17 너희들은 직접 자신이 빛이 될 수는
없는 것이니라.
18 다만, 하늘의 빛이 있으며 하늘의 빛
을 너희들이 증거하며 하늘의 빛을 증
언하는 것이요, 하늘의 빛이 존재함을
일깨워 주고 가르치는 것이니라.
19 성경의 구약과 신약이요, 나의 새로운
성경도 너희들을 구원하는 것이 아니
요, 너희들이 하늘에 오르는 그 출발
선까지 오게 함이니,
20 그가 빛이 되어 너희들을 구원하고 못
하는 그와 같은 역사는 이룰 수 없다
는 그 엄연한 하늘의 법도를 너희들이
깨우쳐 행하도록 그리하라.
21 그러니 모든 종교 집단이요, 지도자,
제가 기름 부음을 받은 자요, 제가 빛
이요, 제가 구세주같이 착각하여 그와
같이 제가 가르치고 말하는 것이 구원
이 되는 것이며, 구원되는 그 모든 가
르침이 거기 있다는 그 착각 속에서
벗어나며,
22 그를 듣고 너희들이 구원을 받았으며
은혜를 받았다 하는 그 세뇌된 속에서
깨우치지 아니하면 아니 될 것이라 그
리 전하라.

10,488 번째 하나님 말씀

2004년 4월 12일 10시 37분

1 사랑하는 나의 아들아!
2 "네, 아버님! 말씀하옵소서."
3 어떠한 지도자도, 어떠한 능력을 가진
자라 하여도 너희들은 이 세상의 나의
피조물 만백성을 인도하는 그 빛 자체
가 될 수는 없다 하였음이니라.
4 너희들은 이 세상의 모두를 증거하는
것이니, 빛이 될 수 있는 것은 나의 성
령이요, 그것밖에는 없음이니라.
5 성령으로써 너희들이 모든 백성을 인
도하고 깨우치는 것이요,
6 너희들 스스로 깨우치는 것이 아니요,
너희들이 인도하는 것이 아니라는 것
을, 너희들은 이 한계를 반드시 알고
가야 될 것이니라.
7 이를 지금 착각하며 이를 혼동하는 것
이 오늘의 종교 집단이요, 믿음의 길
을 가는 백성들이니라.
8 저희들이 바로 빛이 된 줄 알며 빛이

라 그리 생각하나, 빛은 아니니라.
9 그 빛은 오로지 나의 성령 그 자체가
하늘에 오르는 빛이요, 하늘의 빛이니,
10 이와 같은 이치도 모르고 저희들이 빛
인 양 모든 착각 속에서 나의 피조물
만백성을 우롱하는 그와 같은 삯꾼들
의 행위에 너희들이 절대 속지 말라.
11 너희들이 그것을 증거하며 성령이 있
으며 내가 존재하며 그 모두를 입증하
는 것으로써 너희들의 역할이 끝나는
것이요, 그것도 지금의 종교 집단이
요, 지도자 너희들로서는 할 수는 없
는 것이니라.
12 나의 아들을 따르는 제자들이요, 나의
법전을 읽고 깨우친 자, 그리고 성령
의 빛이 무엇이며, 하늘의 뜻이 무엇
이며, 성령으로 임하는 것이 무엇인가
를 깨우쳐 가는 그 백성들,
13 너희들만이 그 성령의 빛을 볼 수 있
을 것이며, 너희들이 그와 같이 변화
될 수 있는 것이요,
14 지금의 그들로서는 절대 아무것도 이
룰 수 없으며 역사할 수 없다는 것을
그들에게 가르쳐 주라.

10,489 번째 하나님 말씀

2004년 4월 12일 10시 43분

1 사랑하는 나의 아들아!
2 "네, 아버님! 말씀하옵소서."
3 이 세상에 믿음의 길을 가는 그 종파
요, 그 광분하는 신도들이 그리 말하
느니라.
4 나의 아들 예수는 나 여호와의 독생자
요, 그리고 오로지 나의 한 아들이라
그리 말하느니라.
5 그리하여 그는 나 여호와로부터 보내
진 자라 너희들이 그리 말하느니라.
6 그러면서 너희들은 또 그 한 입으로
무어라 말하며 나의 백성들을 우롱하
느냐?
7 나의 아들과 나 여호와가 똑같은 자라
그리 말하는 것이 너희들이 그리하는
것이 아니더냐?
8 그러니 오늘의 종교 집단이요, 지도자
너희들의 그 형태가 어떠한 형국의 모
습인 줄 알겠느냐?
9 사랑하는 나의 아들딸들아, 그리고 나
의 아들을 따르는 제자 너희들은 오늘
의 종교 지도자들의 그 모습을 내가
너희들에게 보여 줌이니,
10 이 한 장의 그림을 너희들 머릿속에
그려 그를 상상하도록 그리하라.
11 앞에는 하얀 옷을 입은 자들이요, 그
리고 반쪽인 뒤는 검은 옷을 입은 자
들이 오늘의 종교 집단이요, 지도자들
이니라.
12 앞에는 천사와 같은 행위를 하고 있으
며, 뒤에는 사탄이 웅크리고 앉아 그
를 조종하는 그와 같은 사악한 몰골이
니,
13 반의 앞모습은 너희들이 하얀 옷을 입
은 자요, 뒷모습은 검정 옷으로 둘러
똘똘 뭉쳐져 있는 자들이니라.
14 그러니 너희들이 이와 같은 그림을 상
상하며, 오늘의 종교 집단이요, 지도
자들이 하고 있는 행위를 들여다보도
록 그리하라.
15 이것이 오늘의 모든 종교 집단이요,
지도자요, 그리고 구원을 받았다 말하

는 그 어리석은 백성들의 형태이니,
앞에는 하얗고 뒤는 검으니라.
16 그러나 나의 법전을 읽고 깨우치는 나
의 아들을 따르는 백성 너희들은 그와
같은 것이 아니니라.
17 너희들은 하나의 형태로써 지금 변해
져 가느니라.
18 그와 같은 과정에 있는 것이 그들과
너희들의 차별화임을 알아야 될 것이
니라.
19 이 이중적인 행위에서 너희들이 나의
피조물 만백성을 구원하도록 해야 되
는 것이니라.
20 앞에는 너희들이 바로 무엇이더냐?
21 하얀 옷을 입은 천사와 같은 자요, 그
를 보고 따라가는 백성들이 그를 따르
는 순간에 뒤에 있는 그 검은 사탄이
그들을 삼켜 버리며, 그들을 제 종으
로 만들어 저희들이 그를 다스리는 그
와 같은 형국이 되어 있음이니,
22 앞에 보이는 천사의 문에 의하여 그
들이 빨려 들어가 그를 보고 죽음의
길로 가는 그 가련하고 불쌍한 백성들
을 구원해야 될 것이며,
23 이제 너희들이 나의 법전을 세상에 전
하여, 그 이중적인 행위를 하는 그와
같은 사탄의 후예들을 단죄해야 될
것이며, 그 모습을 보여 주어야 될 것
이니, 그 모습을 어찌 보이겠단 말이
더냐?
24 그들은 앞에 보이는 그 천사의 모습만
보고 그것이 천사라 울고불고하니, 그
뒤를 보지 못하는 자에게 어찌 그를
보여 준단 말이더냐?
25 그러니 나의 법전을 가지고 너희들이
그를 보여 줄 수가 없음이니라.
26 그들이 하늘의 지혜를 얻음으로 인하
여, 너희들이 성령이 임함으로 인하
여, 너희들이 앞에서 가르치고 있는
그 얇은 천사와 같은 모습을 볼 수 있
으며 그를 투명하게 비춰 그 모두를
뚫고 가 볼 수 있는 것이니,
27 그 투명함을 보는 지혜가 없으면 너
희들은 결코 그들의 먹이 사슬에 얽혀
먹이가 됨을 알라 그리 전하라.
28 이를 너희들이 듣고 읽으면서도 어찌
하여 너희들이 성경의 그 뜻을 모르며
거기에 전해져 있는 내 뜻을 모른단
말이더냐?
29 이제 나의 뜻을 너희들에게 깨우쳐 주
기 위하여 내가 나의 아들을 통하여
160권의 법전에 알기 쉽고 듣기 쉽도
록 하나하나 풀어 너희들에게 보내니,
30 이 뜻을 네 가슴에 안고 정독하여 깨
우쳐 너희들이 그 이중적인 그와 같은
오늘의 종교 집단이요, 지도자요, 광
신도들의 그 사악한 모습이요, 그 무
서운 형국을 보라.
31 이제 내가 나의 아들을 따르는 제자들
과 나의 법전을 읽는 백성, 너희들에
게 이 검고 흰 그림을 보여 주니,
32 그 그림의 한 장을 보며 오늘의 모든
종교 집단이요, 지도자들이 그와 같은
형국이라는 것을 알라.

10,490 번째 하나님 말씀

2004년 4월 12일 10시 49분

1 사랑하는 나의 아들아!
2 "네, 아버님! 말씀하옵소서."

3 지금 나의 아들을 따르는 그 제자들이 나의 아들에세 묻느니라.

4 그리고 너희들이 그 의혹의 마음을 나의 아들에게 물을 때, 나의 아들은 너희들에게 그 대답을 줌이니, 그 대답의 의미가 과연 너희들은 무엇이라 깨닫느냐?

5 너희들이 나의 아들에게 무엇인가를 질문했을 때, 나의 아들이 너희들에게 그 대답을 줌이니,

6 그 대답의 의미가 무엇인가를 알지 못하면 너희들이 하늘의 뜻이요, 내가 역사하는 것을 전혀 알 수 없는 백성임을 알라.

7 그 제자들이 나의 아들에게 묻느니라.

8 '선지자여! 정녕 이 법전은 새로운 성경이요, 하나님의 뜻이며, 하나님께서 당신에게 내리시는 것인가?' 그리 물었을 때, 나의 아들의 대답은 어떠하겠느냐?

9 '그렇다, 그러하니라.' 그리 대답을 할 것이니라. 그리고 '그것은 틀림없는 것이라' 그리 대답할 것이니라.

10 그리고 '당신은 정녕 하나님과 교통을 하며 그리고 창조주 그분의 뜻에 따라 모두를 이루는 것이요, 그리고 정녕 당신은 그분의 아들이오?' 너희들은 그리 물으니,

11 나의 아들이 '그렇다' 또 대답할 것이니라.

12 그리고 '당신이 우리에게 가르치는 이것은 아버님께서 내리시는 성령이요, 그리고 당신이 우리에게 미래요, 현재요, 과거요, 우리 운명을 알려 주는 것, 또한 정녕 하나님의 뜻이며 하늘의 뜻이요, 그리고 내가 그와 같은 은혜를 입을 수 있는 백성이오?'그리 물을 때,

13 나의 아들은 너희들에게 '그렇다' 그리 대답할 것이니라.

14 그리고 어떠한 것을 너희들이 물을 때, '이 법전이 정녕 생명수요, 만백성을 구하는 길이요, 이를 읽지 아니하면 구원을 받지 못하며, 이를 읽는 자만이 구원을 받는다는 그 말을 믿어도 되겠소? 그리고 모든 법전이 10년에 걸쳐 이 세상을 다 덮는다는 것, 그것도 과연 믿어도 되겠소?'

15 그리하여 너희들이 나의 아들에게 수많은 질문을 함이니,

16 나의 아들은 '그렇다, 그리 된다.' 그리 대답하느니라.

17 그러니 나의 아들이 그 대답하는 의미를 너희들은 어찌 생각하는가?

18 나의 아들이 자신이 높고자, 자신은 선택된 자요, 나의 아들이요, 그와 같은 너희들과 동등한 자가 아니요, 더 높은 자라 하여 나의 아들이 그렇다 대답하겠느냐?

19 나의 아들이 그리 대답하는 것은 그것이 아님이니라.

20 너희들이 차별화되고 그와 같이 너희들의 마음을 다스려 주는 것이며,

21 너희들이 믿음이라는 것을 정녕 믿으며 나 여호와가 존재하는 것을 믿어야 될 것이며, 이 모두는 사실이라는 걸 너희들에게 입증시켜 주며,

22 너희들의 생각을 바꾸며 너희들이 믿도록 하기 위해서 나의 아들이 그와 같은 사실을 그대로 대답하는 것이지,

23 나의 아들이 높고자, 나의 아들이 너
희들을 통제하고자, 나의 아들을 너희
들이 따르도록, 너희들을 종과 같은
백성으로 만들기 위하여 나의 아들은
'그와 같다, 그렇다.' 그 대답을 그리
하지 아니하는 의미를 너희들은 알아
야 될 것이니라.
24 너희들이 모두를 믿도록 하기 위하여
나의 아들은 그리 대답하느니라.
25 그러니 성서에 기록된 2천 년 전에 나
의 아들 예수가 세상에 와, 그에게 수
없이 물었으며 그가 수없이 가르쳤음
이니, 그 예수가 대답한 것이 또한 무
엇이더냐?
26 나의 아들 예수를 너희들이 그리 신격
화하며 신처럼 받들며, 오늘처럼 '주
여, 주여!' 하며 구원받고자 매달리며,
오로지 예수를 찾는 것만으로써 구원
을 받게 된다는 것을 나의 아들 예수
가 너희들에게 심어 주며, 자신을 우
상화하기 위하여 그 모두를 대답했단
말이더냐?
27 보내진 자로서 보내신 분의 뜻이 있기
에 그 뜻을 믿고 따르라 하여 나의 아
들 예수는 그리 대답하였음이니, 그게
모두 성서의 비유요, 비밀의 대화니라.
28 그러니 성서의 비유요, 비밀의 대화
를 너희들이 잘 깨우쳐 너희 것으로
만들어야 될 것이며,
29 그를 너희 것으로 만들지 못하는 자,
아무것도 변화될 수가 없음이니라.
30 너희들이 성서에 기록되어 '나의 진리
는 생명수요, 나는 생명의 빵이라' 나
의 아들 예수가 그리 말했으며, '나는
세상의 빛이요, 모두의 진리라' 나의
아들이 그리 말하지 아니하였더냐?
31 그리고 '나는 양들이 드나드는 문이
요, 천국에 들어가는 문이라' 그리 말
했음이니라.
32 '나는 부활이요, 생명이요' 이와 같은
등등 아름다운 이야기를 했으며, '진
정한 과일을 여는 것이 나요, 그리고
너희들이 깨달은 자로서 고개를 숙이
는 것이요',
33 '하나님의 뜻을 따라 네가 역사하며
네가 하나님의 아들이오?' 그리 물었
을 때, 그 모두를 대답한 예수가 너희
들에게 군림하기 위해서 대답한 것이
라 그리 생각하느냐?
34 그 모두는 너희들을 믿게 하기 위하
여, 너희들을 깨닫게 하기 위하여 그
모두를 역사하고 대답한 것이라는 그
의미를 안다면,
35 성서에 기록된 내용들을 너희들이 다
시 보고 다시 깨우치고 다시 공부하지
아니하면 참진리의 뜻을 볼 수 없음이
니,
36 그를 알려거든 너희들이 나의 법전을
읽고 정독하라.
37 그러면 쉽게 그 모두를 거기서 찾을
수 있을 것이니라.
38 사랑하는 나의 아들딸들아! 너희에게
내리는 상이요, 은혜요, 영광이니라.

10,491 번째 하나님 말씀

2004년 4월 12일 10시 58분

1 사랑하는 나의 아들아!
2 "네, 아버님! 말씀하옵소서."
3 성서에 기록되어 있어 전하는 것, 너

희들이 그를 알고 깨우치기 위해서는
너희들의 마음이 천사같이 변하지 아
니하면 아니 됨이니라.
4 성서에는 상징적인 예를 들어서 이른
것이 있으며, 또한 너희들을 깨우치기
위한 그 가르침의 뜻으로써 그 역사하
는 것들이 거기에 모두가 기록되어 있
음이니,
5 그 뜻을 너희들이 구분하기 위해서는
너희들이 나의 아들 예수와 같은 마음
이요, 천사와 같은 마음으로 되지 아
니하면 그를 알 수 없다 하였으니, 내
마음이 답답함을 너희들은 알라.
6 너희들이 잘못된 자가 그 뜻을 알고
그의 뜻을 알아 너희들이 잘못 행한다
면 이는 너희들이 감당키 어려운 파장
이 생김이니라.
7 오늘의 잘못된 지도자요, 그 종교 집
단이요, 그 신도들로 하여금 이 세상
이 이렇게 험악해졌음이니,
8 과연 너희들이 그와 같은 자들이 이를
알지 못하고 뜻을 모르는 자가, 또 잘
못 갈 수 있는 자가 이를 깨달아 악용
하며 뒤집어씌우기 시작한다면, 감당
할 수 없는 무서운 파장이 이니,
9 나의 법전이 내려가도 감히 그를 다스
릴 수가 없음이니라.
10 사탄이요, 악한 자가 말하는 것이 나
의 뜻을 그대로 전하고 말한다면 그를
믿을 것이 아니던가?
11 그러니 사악한 자가 이를 전하면 아니
되며, 이를 알 수 없음이니라.
12 그러니 내가 깨닫지 아니하며 변화되
지 못한 너희들에게 성서에 상징적으
로 내리는 것이요, 내가 너희들을 깨
우치기 위한 그 내용을 알려 줄 수가
없는 것이며 너희들이 보지 못하게 함
이니라.
13 완벽히 천사와 같이 변해지는 그 마음
이 되어 있는 백성이 그를 보고 깨우
쳤을 때는 하늘의 뜻이요, 참진리요,
나 여호와의 뜻이 되나,
14 내가 너희들이 불쌍하고 가련하다 하
여 깨우쳐 주며, 바로 서지 못한 백성
에게 내가 깨우칠 수 있는 지혜요, 성
서의 비유요, 그 모두를 가르쳐 준다
면,
15 그가 세상에 나와 이를 뒤엎을 때, 누
구도 감당할 수 없는 무서운 지경으로
파국을 이룸이니, 그리하여 그리할 수
도 없는 것이니,
16 그리하여 내 마음이 답답하다 함이니,
너희들은 그리 알라.
17 그리고 너희들이 믿음을 갖게 하고자
하는 뜻을 알아야 될 것이며, 너희들
은 그리하여 그와 같은 것을 구분하지
못하느니라.
18 내가 나의 아들을 통하여 조금 전에
너희들에게 가르쳤느니라.
19 '나는 생명수요, 나는 생명의 빵이요,
나는 곧 진리요, 길이요' 너희들이 그
리 말하는 것, 그가 가르치는 것은, 너
희들은 그 가르침 뒤에는 무엇이 있느
냐?
20 반드시 너희들이 그를 행해야 되는 그
조건이 거기 있으며, 먼저 행하는 것
이 다 따라붙어 있는 것을 너희들은
알아야 될 것이니라.
21 그러니 이와 같은 것을 전하는 것은
나의 아들이요, 그리고 그 권위를 세

우며 그가 존재하는 가치요, 그가 모
두를 이루는 것처럼 너희들이 보여 주
기 위한 것이 아니라, 너희들을 깨우
쳐 주고자 함이니라.
22 그리고 너희들이 진정한 믿음이요, 깨
우침을 볼 수 있도록 그 모두를 예를
들어서 너희들의 마음을 다스려 주는
것임을 알라.
23 나의 아들 그 자신의 권익을 위함이
아니라, 너희들을 깨우쳐 주고 너희들
의 믿음을 바로 가게 하기 위하여 그
모두의 상징적이요, 비유로써 너희들
에게 가르치고 전하는 뜻임을 알아야
될 것이니라, 사랑하는 나의 아들딸들
아!

10,492 번째 하나님 말씀

2004년 4월 12일 11시 04분

1 사랑하는 나의 아들아!
2 구약이요, 신약이요, 그리고 나의 법
전, 그 모두는 하나의 맥으로써 이루
어지며,
3 너희들이 앞뒤가 그 모두가 맞으며 그
예언이요, 또한 증언한 것이 다 이루
어지고 맞는 것으로써 너희들이 그것
이 나의 뜻이라는 것을 알아야 될 것
이니라.
4 너희들은 알아야 되느니라, 나의 성령
이 변질되고 고쳐진 부분이 너무 많이
있다는 것, 그리하여 그와 같이 변화
가 이루어졌다는 것을.
5 그것을 너희들은 부인하며 그는 절대
있을 수 없다 고집을 피우며, 그와 같
이 말하는 자, 이단이요, 사탄이라 너
희들이 그리 말하나,
6 내가 너희들에게 그 이유요, 그리될
수밖에 없었던 것을, 그리하여 부분적
인 것을 가지고 너희들이 깨우치는 것
을 완전한 것이 오면 그 모두를 폐기
처분해야 된다는 것, 너희들이 그를
다 너희들이 덮어야 된다는 그 의미의
뜻이 왜 그리되는가?
7 나의 아들 예수가 세상에 나왔음이니,
예수가 직접 지금의 나의 아들처럼 나
의 성령을 받아 기록하고 만든 것이
아니며 또 전하여진 것이 아니기 때문
이니라.
8 그러니 또한 그리하여 그 제자요, 제
자들이 구전으로 듣고 듣던 것을 너희
들이 모아서 이룬 것도 어느 한 시기
요, 세월이 지난 다음에 그를 이루고
만든 것이 아니더냐?
9 그러니 구전으로 전하고 전하는 것이
너희들이 그대로 전해졌다 그리 생각
할 수 있겠느냐?
10 절대 너희들은 그리 생각할 수도 없는
것이니라.
11 또한 예수가 죽음으로써 너희들이 그
모든 악순환이요, 핍박의 세월이 끝나
는 것이 아니요, 나의 아들 예수가 죽
은 뒤에도 너희들이 끝없이 그 핍박의
세월이 흐르고 흘렀으니, 그 핍박의
세월이 너무나 길고 길고 길게 흘렀음
이니,
12 그리고 그 길에 너희들이 그와 같은
곳에서 바로잡을 수가 없었던 것이며,
그대로 구전으로써는 전할 수 없었다
는 것을 너희들은 알라.
13 나의 아들의 그 뜻이 구전에서 구전으

로, 음지에서 음지로써만 존재하고 흘
러갔음이니,
14 그것을 세상밖에 내보내어 만백성을
깨우치며 그 진리를 전하고자 하는 그
열의 있는 백성들이 바로 이를 만들고
자 했던 것이 무엇이더냐?
15 그 세상에 너희들이 나 여호와의 진리
를 알며 권력 있는 자들이요, 그리고
힘 있는 자들이 이를 깨우쳤음이니라.
16 그리하여 실력 있고 권력 있는 자들이
음지에서 음지로 전해지는 나의 아들
예수가 전한 그 가르침을 듣고 들어
보니, 그가 타당하다는 것을 몇백 년
세월이 지난 다음에 그 후손들이 그를
알게 되었음이니,
17 그리하여 너희들이 그 권력 있는 자가
음지에 있는 것을 꺼내어 그것을 밝은
세상에 나의 아들 예수의 뜻을 전하다
보니,
18 그 시대에 너희들이 권력 있는 자요,
물리적인 힘을 가지고 있는 자, 그리
고 지배층에 있는 자와 타협을 하지
아니하면 결코 이를 역사할 수가 없었
음이니라.
19 지식인들이 나의 아들 예수의 진리를
깨우쳐 그를 세상에 내보내자니, 그
반대급부의 권력 있는 자와 타협을 하
다 보니, 그들과 조율하고 또 조율하
여 전해진 것이 바로 지금이며, 그 또
한 지식층들이 그리 만든 것이니라.
20 그러니 그것이 모두 지식층들이 타협
과 권력이요, 물질적인 힘을 가진 자
와 음지에 있는 것이 얼마나 위대하고
귀중한 것인가를 깨달은 그 백성들이
타협과 타협점에서 모두가 이루어진
그와 같은 역사임을 알라.
21 그리하여 다듬어지고 고쳐지고, 서로
가 반박이 생기지 않는 그 선에서 그
를 타협하여 만들었으니,
22 그것이 변질되고 변질되지 아니하였
다 너희들이 어찌 말할 수 있더냐?
23 그리하여 부분적인 것이 무너졌으며,
부분적인 것이 잘못되었으며, 완전한
것이 오게 되면 그 모두는 거둬들이며
지워 버린다 했으니,
24 그러니 너희들이 나의 아들 예수의 그
진리를 깨우친 그 지도층에 있는 자
들과 그리고 그를 지배하는 자들과,
그리고 물질이나 그 힘으로써 다스리
고자 하는 자, 서로가 너희들이 타협
하며 화합하여 그를 만들었기에,
25 부분적인 진리를 너희들이 깨우친다
했음이니라.
26 너희들이 부분적인 것으로 전해져 깨
우치니, 완전한 것이 내려오면 파기다
는 것이 무엇이더냐?
27 지금 성경이 바로 부분적인 것을 가르
치며 부분적인 것을 역사함이니라.
28 권력 있는 자들이 음지에서 꺼내서 화
합하고 타협하여 만들 때, 너희들이
뺄 것은 빼고 더할 것은 더하여 손질
하였음이니, 내 뜻이 남아 있는 것도
있으나, 전혀 내 뜻이 아닌 것도 기록
되어 있음이니, 그것이 바로 부분적인
것이요,
29 너희들이 이룬 부분적인 것은 완전한
것이 오면 모두를 다 폐하며 버려야
된다 하였으니,
30 지금 나의 법전이 과연 무엇이더냐?
31 나의 아들이 직접 받아 너희들에게 전

함이니, 너희들이 나의 아들이 존재하
고 살아 있는 속에서 이 법전이 세상
에 만들어짐이니,
32 2천 년 전에는 이와 같은 역사를 할
수가 없음이니라.
33 지식인이요, 지배층에 의하여 너희들
이 그 사형수가 되었을 것이며, 고통
스럽게 죽어 가는 그와 같은 형국이
되었을 것이니,
34 그게 바로 완전하게 만들어지지 못한
증거라는 것을 알라, 사랑하는 나의
아들딸들아!

10,493 번째 하나님 말씀

2004년 4월 12일 11시 09분

1 사랑하는 나의 아들아!
2 "네, 아버님! 말씀하옵소서."
3 오늘의 믿음이 얼마나 잘못되었으며,
그 믿음이 어찌 변질되어 온 것인지
너희들은 알겠느냐?
4 너희들이 큰 그릇에 생수를 담아 놓았
다 하자.
5 그러니 그 물은 너희들이 먹을 수 있
으며 너희들의 목숨을 지탱할 수 있을
것이니라.
6 그러니 거기에 좁쌀만 한 오물 하나가
들어감이니라.
7 그러니 그때는 그 흔적이 없으며 그것
이 별거 아니니라.
8 그러나 그 좁쌀을 또 던지고 또 던지
고 또 붓다 보면, 결국은 좁쌀만 한 그
오물이 그 모든 물을 지배하게 되며,
9 그는 결국 생수로서 그 가치를 지킬
수 없으며 그를 지탱할 수 없는 것이
아니더냐?
10 좁쌀만 한 그 오물이 하나가 들어가고
두 개가 들어가 계속 붓다 보니, 그는
희석되는 그와 같은 결과가 되느니라.
11 오늘의 너희들의 그 믿음이요, 너희들
종교 집단이 가고 있는 형국이 무엇이
더냐?
12 나의 아들 예수가 세상에 와 전했으
니, 그 생수에게 너희들이 변질되고
변질된 오물을 집어넣고 또 집어넣고
집어넣다 보니,
13 그 생수는 온 데 간 데 없고, 지금은
모두 변질되어 썩어진 것이 세상을 지
배하고 세상을 덮고 있는 이와 같은
형국이 오늘의 종교 집단이요, 지도자
들이 가는 길의 역사하는 것이라면,
그게 정답임을 너희들은 알아야 될 것
이니라.
14 사랑하는 나의 아들아!
15 너희들이 음식을 먹음에 소금으로 간
을 맞추며 그 양념의 맛을 내는 것이
니라.
16 그러나 너희들이 한 주먹의 소금으로
써 거기에 적당한 음식을 만들었을
때, 그는 제 맛을 그대로 발휘할 수 있
으며 그 맛을 유지할 수 있으며 많은
백성들이 그를 즐겨 먹을 것이니라.
17 그러나 그 한 주먹의 소금에 너희들이
음식을 더 넣고 더 붓고 하여 그것으
로써 너희들이 그 아름다운 음식이요,
간을 맞춘다면,
18 그 소금의 양은 한계가 있으니, 그는
약해지고 또 약해지니, 그 소금의 능
력을 발휘 못 하고, 음식은 그 맛을 내
지 못하며 너희들이 먹지 못하는 형국

이 되지 않겠느냐?
19 이와 같은 형국이 바로 오늘의 종교
집단이요, 믿음이요, 너희들이 그리되
었으니라.
20 처음에는 제 맛을 내는 소금이었으며
그 빛이었으나, 거기에다 너희들이 악
한 것을 계속 부어 넣고 계속 집어넣
음이니,
21 결국 음식을 집어넣어 소금 맛을 잃
듯이, 참진리요, 나 여호와의 뜻이요,
하늘의 뜻을 다 무너트렸으며 그것을
찾지 못하도록 만든 것이 오늘의 종교
집단이요, 지도자니라.
22 그러니 그를 다시 만들고 다시 붓기
위해서 어찌해야 되더냐?
23 그러니 너희들이 적은 소금에 대해서
많은 음식을 넣어 그 맛을 잃었으니,
24 너희들이 가장 급한 것은 무엇이더냐?
25 거기에 버금가는 그 음식의 맛을 낼
수 있는 소금을 부어야 되는 것이 아
니더냐?
26 그러니 지금 다 썩어져 가고 지금 변
질되어 가는 그와 같은 나의 믿음이
요, 신앙생활 하는 나의 백성 너희들
에게, 너희들을 바로 깨우치고 바로
세우기 위해서는 새로운 성령이요,
참진리요, 나 여호와의 뜻을 다시 부
어 넣어 그를 맞춰야 되고 조정해야
되며,
27 그를 버릴 것은 버리고 취할 것은 취
하는 역사가 아니고는 이루어질 수가
없기에, 그것이 지금 이루어지는 것임
을 너희들은 알아야 될 것이니라, 사
랑하는 나의 아들아!
28 지금 무너질 대로 무너지고 퇴색될 대
로 퇴색된 것을 바로 세우고 바로 역
사하는 것이니,
29 내가 음식의 소금의 비유를 들어 너
희들에게 말해 줬으며, 생수에 오물이
들어가는 것을 비유하여 말했음이니,
30 그 모두가 오늘의 종교 집단이요, 지
도자들이 가는 길이요, 행하고 있는
너희들의 그 추한 모습이 더 이상 볼
수 없는 형국이요, 본질을 너희들이
잃었음이니라.
31 그저 적은 소금에 많은 음식을 넣고
그게 세월이 지나면 썩어지며 변질되
는 것이 아니더냐?
32 그와 같은 이치요, 짠맛의 양이 부족
하여 그 기능을 하지 못하며 음식이
썩어 가고 상해 가는 것을 막으려면
너희들이 그 소금을 투여시키는 것밖
에 없지 않더냐?
33 그러니 그것이 나의 새로운 성경이며
나의 법전이니라.
34 그리하여 그를 지탱하며 그를 썩지 아
니하며 제 맛을 낼 수 있도록 역사하
고자 하는 것이 나의 뜻이니,
35 나의 성령이요, 나의 새로운 성경을
읽고 깨닫지 아니하면 아무것도 이룰
수 없으며 거듭날 수 없는 것이 너희
들이라는 것을 알라, 사랑하는 나의
아들딸들아!

10,494 번째 하나님 말씀

2004년 4월 12일 11시 42분

1 사랑하는 나의 아들아!
2 **"네, 아버님! 말씀하옵소서."**
3 나 여호와가 성서에 기록하여 너희들

에게 간곡히 전했느니라.
4 '네 이웃을 네 몸처럼 사랑하라.' 성경
에 기록하여 너희들에게 전하지 아니
하였더냐?
5 그러니 너희가 그를 행하지 아니하고
지키지 아니하면 너희들은 과연 무엇
이란 말이더냐?
6 그것은 너희가 나의 계명을 지키지 않
은 백성이니라.
7 그러니 너희들이 내 뜻을 따라 네 이
웃을 네 몸처럼 사랑하면 내 뜻을 행
하는 자요, 그리 지키는 자 나에게 올
수 있는 그 간단한 길이요, 그 길을 놔
두고 너희들이 어찌하여 그와 같이 행
하지 아니하며 지키지 아니한단 말이
더냐?
8 너희들은 여기서 알아야 될 것이니라.
9 너희들이 그를 행하지 아니하고 지키
지 아니하면, 그것은 너희들이 나의
계명을 지키지 않은 백성이라는 것을
알라.
10 너희들은 그 명령이 무엇인 줄 알겠느
냐?
11 나 여호와의 최고의 명령임을 알라.
12 나 여호와가 최고의 명령을 내린 것을
지키지 아니하면, 너희는 스스로 죄를
짓는 것이라는 것을 어찌 모른단 말이
더냐?
13 너희들이 이 세상에 살아가면서 나의
백성이요, 나로부터 생명을 보냄을 받
은 너희들이 내가 지상의 최고의 명령
인 '네 이웃을 네 몸처럼 사랑하라' 하
는 것,
14 그것을 너희들이 지키지 아니하면 지
키지 아니하는 것으로 너희들이 끝나
는 것이며, 그리 행하지 아니하면 아
무것도 아니며 그저 그런 것이라 그리
생각하나,
15 이는 나 여호와의 최고의 명령이라는
것을 너의 제자들과 나의 법전을 읽는
백성, 너희들은 알라.
16 나의 최고의 지상의 명령을 너희들이
지키지 아니하는 것은 바로 너희들이
지키지 아니함으로써 그냥 끝나는 것
이 아니라,
17 너희들을 보내 준 나 여호와에 대해
죄를 짓는 것이라는 것을 알아야 될
것이니라.
18 나의 계명이요, 나의 명령을 너희들이
어기면 그 죄에 대한 심판을 반드시
받는다는 그 두려움을 알라.
19 성서에 기록한 것, 나의 법전에 기록
한 것, 너희들에게 이리 지키고 살며
이리 행하고 살라 내가 명한 부분들을
너희들은 지키지 아니하고, 그저 대충
대충 살아가도 될 것이며, 그 계명 하
나하나가 너희들과 관계없는 것이라
생각하고 그 착각 속에 사느니라.
20 그러나 너희들은 알라.
21 이제 나의 아들을 따르는 제자들이요,
나의 법전을 읽고 깨우친 만백성, 너
희들은 구약이요, 신약의 성서에 기
록되어 있는 것,
22 그리고 제3의 시대에 마지막 내가 모
든 부분적으로 내려온 것을 덮으며,
이제 새로운 성경이요, 새로운 나의
뜻으로써 모두를 역사하는 것,
23 여기에서 내가 명한 것을 너희들이 지
키지 아니하는 것은 곧 바로 너희들
이 내 뜻을 거역하며 죄를 짓는다는

것, 그리고 너희들이 그 죄의 대가를
치른다는 것을,
24 그 무서운 하늘의 뜻의 이치를 알아야
될 것이니라.
25 내가 성서에 명한 것, 나의 법전에 명
한 것을 지키지 아니하고 대충대충 살
아가면 그것은 죄가 되지 아니하는 것
이요, 그냥 넘어가는 것이며, 너희들
과 관계없다는 그 착각에서 벗어나라.
26 내가 명한 것을 지키지 아니하면 너희
들은 그 죄의 대가를 치른다는 것을
알라.
27 그리하여 내가 '네 이웃을 네 몸처럼
사랑하라.'는 것은 내 지상의 가장 최
고의 명령이라 함을 너희들에게 전함
이니, 너희가 알아서 행하도록 하라.
28 그를 지키지 아니한 것으로 그대로 묻
어 두며 지나가는 것이 아니라, 그리
행하지 아니할 때 그 죄목이 너희들에
게 쌓임이니,
29 네 이웃을 네 몸처럼 한번 생각할 때,
너희들은 사랑을 쌓는 것이요, 한 번
지키지 아니하면 너희들이 그 죄를 쌓
임이니,
30 모든 나의 법전에 기록된 것을 읽고
깨우친 백성 너희들이 바로 가고 바로
설 수 있는 것은 무엇이더냐?
31 그를 지키고 행하지 아니하면 죄가 된
다는 걸 깨닫고 가는 너희들이기 때문
에 그러한 것이요,
32 그게 죄가 되지 아니한다고 생각하며
죄가 되는 줄 모르고 그저 나의 아들
예수의 보혈로써 구원받으며 울고불
고 '주여, 주여!' 하며 찬양하면 구원
을 받는다는 그 꿈에서 헤매는 백성들
과 너희들의 차이임이니라.
33 내가 너희들에게 무어라 역사했느냐?
34 나는 가난한 자요, 어려운 자를 깨우
쳐 그들을 인도하며 사랑으로써 베풀
어, 나의 백성 그들이 하늘에 오를 수
있는 그 길을 보도록 내가 그들을 선
택했으며 그들을 사랑한다 하였음이
니,
35 이 세상에 부유한 자, 권력 있는 자,
힘 있는 자, 그리고 종교 집단이요, 지
도자 너희들이 나 여호와처럼 가난하
고 어렵고 불쌍한 백성들을 사랑하지
아니하며, 그들을 차별화하는 그와 같
은 믿음으로 간다 하면,
36 그것은 나의 뜻을 거역하는 것이요,
그것도 또한 내 명령을 따르지 아니하
며 내 뜻을 따르지 아니함이니,
37 그가 어찌 나를 볼 수 있으며 나에게
올 수 있단 말이더냐?
38 아무리 울고불고해도 그것은 다 필요
없는 것이며, 아무리 너희들이 광란의
기도를 해도 필요 없는 것이요,
39 다만 내가 가난한 자, 어려운 자를 사
랑하며 그들을 깨우쳐 하늘에 오르도
록 인도한다는 것, 그러니 내가 그들
을 사랑하니,
40 나의 백성 너희들이 가진 자, 권력 있
는 자, 힘 있는 자, 종교 지도자들이
그들을 사랑하고 그들을 먼저 깨우치
지 아니하면, 너희들 또한 나의 명령
이요, 내 뜻을 거역하는 자이니,
41 너희들이 살아가면서 짓는 죄가 얼마
나 많고 무서운 것인가를 이제 나의
아들을 따르는 제자 너희들은 알라.
42 너희가 이 말을 들으면서 오늘 깨우치

고 있으며, 너희가 이 말을 들으면서
'아! 그렇구나.' 하는 그 제자가 또한
있을 것이니,
43 그가 바로 서 구원을 받는 백성이 되
라 그리 전하고 깨우쳐 주라.

10,495 번째 하나님 말씀

2004년 4월 12일 11시 46분

1 사랑하는 나의 아들아!
2 "네, 아버님! 말씀하옵소서."
3 오늘의 종교 집단과 그 신도들, 헌금
을 많이 내는 백성이요, 부자의 백성
이요, 가난한 백성들과 과연 차별이
없이 너희들이 그 모든 백성을 사랑하
는 것이 오늘의 종교 지도자들이더냐?
4 내가 내려다보는 너희들이 가난한 자,
도움이 필요한 자, 그들을 과연 사랑
하며 그들을 똑같이 대우하는가?
5 너희가 그리했다 생각할 수 있으며 그
리 너희들이 믿고 가고 있으나, 그리
행동한다 너희들이 말할 수 있느냐?
6 내가 바라보는 너희들은 정녕 상상할
수 없을 만큼 믿지 못할 정도로, 내가
입에 담지 못할 정도로 너희들은 권력
있는 자와 능력 있는 자, 그들과 너희
들이 차별화되는 그 모습을 볼 때,
7 종교 지도자의 추하고 그 흉악한 모습
을 나는 나의 법전에 감히 기록하여
담고 싶지 아니함이니라.
8 지금의 믿음의 길을 가는 지도자 너희
들이 과연 어떠한가?
9 가난하며 불쌍한 자, 그리고 헌금이
요, 각종 십일조요, 그 모두를 바치지
못하며 너희들에게 손을 내미는 그와
같은 가난한 신도가 있다면, 너희들은
그를 어찌하나?
10 '너는 저리 앉으시오, 저리 비키시오,
그리고 한쪽에 앉으시오, 뒤켠에 앉으
시오.' 하며 그저 구석진 곳에 그 자리
를 내줄까 말까 하는 것이 너희들의
오늘의 믿음이 아니라 과연 말할 수
있느냐?
11 부자인 자, 권력 있는 자, 능력 있는
자가 왔을 때, 너희들은 저리 앉으시
오, 구석에 앉으라 그리 말할 수 있느
냐?
12 오늘의 종교 집단이요, 지도자 너희들
이 설교 중에도 그자의 자리를 만들어
주기를 원할 것이며, 그자를 편하게
만들어 주기를 바랄 것이며,
13 더 좋은 자리요, 더 잘 보이는 위치요,
더 권위 있는 자리에 그들이 앉도록
해 주기를 바랄 것이며, 그와 같이 안
내하고 인도하는 종교 지도자는 없는
가?
14 내가 보는 모든 믿음의 길을 가는 지
도자 너희들이 과연 그렇지 않다 할
수 있는가?
15 과연 너희들이 차별화를 두지 아니하
고 가는 지도자이던가?
16 나는 가난하고 불쌍한 자, 낮은 곳을
사랑한다 하였거늘, 너희들이 내 뜻에
의해 살아가는 자들인가, 너희들이 하
는 행위를 너희 스스로 보라.
17 내가 보는 너희들에게는 전혀 너희들
이 상상할 수 없는 것, 생각할 수 없는
그와 같은 차별화를 하는 자들이요,
18 더 이상 너희들이 가난한 자를 멸시하
고 천대할 수 없는 그 한계까지 내려

왔으며,
19 너희들이 있는 자에게 아부하며, 너희
들에게 어떠한 도움이요, 힘이 될까
하여 바라는 추한 기대심리는 너희들
이 풀벌레만도 못한 사악한 자들이라
내가 전함이니 그리 알라.

10,496 번째 하나님 말씀

2004년 4월 12일 11시 51분

1 사랑하는 나의 아들아!
2 "네, 아버님! 말씀하옵소서."
3 내가 세상을 내려다보는 것이 너무
썩었고 썩었으며, 나의 피조물 만백성
들이 사탄보다도 더 사악한 자들이요,
앞에는 흰 옷을 입었으나 뒤는 검은
옷을 입어 철저히 그 천사의 탈을 쓰
고 있는 자들이라 하였음이니,
4 너희들이 그게 아니며 그와 같은 자
가 아니요, 나 여호와의 뜻이요, 하늘
의 뜻에 의해 절대적으로 살아가는
너희들이라 그리 말할 것이니라.
5 그러나 내가 너희들에게 부유한 자와
가난한 자에게 너희들이 대하고 차별
화를 두는 그것을 비추어 주었음이니,
내가 너희들에게 다시 한 번 물어보고
자 하느니라.
6 너희들이 부유하고 재물을 많이 바치
는 자가 있을 때, 너희들은 그 자리를
양보하며, 그리고 서로가 양보하는 그
와 같은 모습으로 가지 않는가?
7 그러나 가난하고 불쌍한 자에게도 과
연 너희들이 권력 있는 자에게 서로가
자리를 양보하고 내주듯이 그리 가는
가?
8 아름다운 옷을 입은 자, 찬란한 옷을
입은 자, 깨끗하게 차려 입은 자에게
자리를 양보하는 자,
9 너희들이 추하고 어려운 모습으로 와
있는 자, 남들 앞에 고개를 들지 못하
는 자들에게도 자리를 양보하며 그리
자리를 권유하는가?
10 나는 너희들에게 그를 물어보고자 함
이니라.
11 가난한 사람이 들어오니, 자리가 없다
하면 너희들이 장로요, 권사요, 전도
사요, 집사요, 너희들이 돈으로 산 명
칭을 가진 자들이 스스로 일어나 그
자리를 양보하며,
12 거기에 너희들은 바닥에 앉으며 낮은
자리에 앉으며 뒷전에 앉더라도 가난
하고 불쌍한 자가 잘 듣고 깨우칠 수
있도록 너희들이 앉아 있던 그 자리를
과연 양보하는가?
13 나는 그것을 너희들에게 묻고 싶으니
라.
14 설교하다 말고 그들이 자리를 내주기
를 바라는 자가 있는가?
15 너희들의 그 마음이 어디 있으며 너
희들의 행동이 어디 있느냐?
16 부자요, 권력 있는 자가 왔을 때 너희
가 자리를 서로 양보하려 하지 않던
가?
17 그 추한 모습이 하늘의 뜻이며, 나 여
호와의 진리를 가르치는 백성이요, 사
랑을 근본으로 하는 백성들이라 너희
들이 말할 수 있느냐?
18 너희들이 그 뜻대로 사는 백성이더냐?
19 인간의 한계를 벗어나지 못한 자들이
니라.

20 이를 바로잡고 이끌어 가고자 하는 것
이 지금 나의 법전을 세상에 내려보내
는 것이요,
21 나의 법전을 읽고 깨우쳐 너희들이 바
로 서고자 하는 것이 나의 아들을 선
택한 백성들이요, 나의 뜻을 따라가는
백성들이요,
22 나의 법전을 선택한 백성들이요, 창조
주 나 여호와를 선택한 너희들이 아니
더냐?
23 그와 같이 가는 백성들을 그들은 뭐
라 말하느냐, 그를 인도하고 이끌어
가는 나의 아들을 그들이 무어라 말
하느냐?
24 사탄이요, 마귀라 그들이 그리 말하
느니라.
25 그러니 재물 앞에는 인간의 존엄성도
파괴되었으며, 너희들이 인간의 가치
도 없어졌으며,
26 너희들이 짐승과 같이 나의 아들딸들
을 팔고 사고 하는 그와 같은 오늘의
종교 집단이요, 지도자의 마음 자세
요, 행위이니,
27 이것이 너희들의 추한 것이니, 노예를
파는 것이요, 짐승을 파는 것이요, 미
물을 팔아먹고 사는 그것과 무엇이 다
르단 말이더냐?
28 너희들이 나의 이름으로 이룬 그 교회
라는 것은 내 것이거늘, 너희들이 팔
아먹을 때 나에게 물어보며 나에게 무
엇의 대가를 주는가?
29 그러면서 나의 사랑하는 백성들의 머
릿수를 가지고 너희들이 계산함이니,
30 노예를 팔아먹는 자들이요, 그리고 동
물을 팔아먹는 자요, 미물을 팔아먹는
그와 같은 사악한 자들이니,
31 인간의 존엄성까지 모두 무너트린 것
이 너희들이니라.
32 그 속에 진정한 나의 뜻이 거기 있으
며, 거기서 너희들이 가르치는 자가
진정한 목자요, 목사라 말하며,
33 너희들이 하는 짓을 따지고 묻고 늘어
지면 지옥 가며 지옥 불에 떨어진다,
유황 불에 떨어진다 하며 공갈이요,
협박으로써 나의 피조물 만백성들을
그리 사지로 몰고 가는 것이 너희들의
그 모습이 아닌가?
34 나는 이것을 너희들에게 물어보느니
라.
35 이를 너희들 스스로 생각하여 답을 얻
으라.

10,497 번째 하나님 말씀

2004년 4월 12일 11시 54분

1 사랑하는 나의 아들아!
2 하늘의 뜻을 모르며 인간의 한계를 벗
어나지 못하고 가는 그 백성들을 바
로잡고자 하여 나의 아들딸 너희들이
지금 오늘의 그 역경의 길을 가고 있
음이니라.
3 그리하여 내가 지금의 나의 새로운 성
경이요, 이가 무엇이라 말하였느냐?
4 종교 혁명으로써만 모두를 이룰 수
없으며, 또한 사회의 혁명으로써만 이
룰 수가 없기에,
5 너희들이 양손에 종교의 혁명이요, 사
회의 혁명이요, 그 어려운 일을 다 행
하는 것이 너희들이라 하지 아니하였
더냐?

6 지금의 종파와 그 신도들, 그들의 행
위가 과연 진정한 나 여호와 창조주
의 뜻이요, 나에 대한 그 믿음으로 가
는 길이라 너희들이 그리 말할 수 있
겠느냐?
7 그리고 그들이 그리 가지 못하며 그
들이 썩고 무너진 그것이요, 이 세상
을 오염시켜 하늘까지 오염을 시키고
자 도전하는 그들을 혁명이요, 개혁으
로써 너희들이 바로잡지 아니하면 아
니 될 것이니라.
8 인간 세상에 살아가면서 너희들이 사
람이 사람을 만나는 것을 두려워하며,
아래 윗사람이 없는 이와 같이 험악한
세상이 되었으니,
9 너희들이 사회에 아래위도 없는 것은
부모와 자식 사이도 없는 만큼, 그 모
두가 다 무너질 날이 머지않은 이와
같은 형국이 되어 있음이니,
10 사회의 혁명과 종교의 혁명, 두 개를
한 번에 묶어서 이루지 아니하면 아니
되는 것이 오늘의 형국이니라.
11 그러니 그것을 역사하는 것은 나 여호
와뿐이요, 그것을 역사하는 것은 나의
아들을 따르는 제자들이요, 나의 법전
을 읽고 거듭난 백성, 너희들만이 할
수 있는 일이니라.
12 그 누구도 생각할 수 없으며 그 누구
도 감히 거기에 도전할 자가 이 세상
에 아무도 없음이니라.
13 나의 성령이요, 믿음이라는 것은 변화
되어야 하며, 변화되지 아니하면 절대
너희들이 알 수 없는 것이 믿음이니라.
14 그러니 그를 깨닫고 믿음의 변화가 되
고자 하는 자, 변하는 믿음을 갖고자
하는 자, 그 백성들에게,
15 오로지 너희들이 변하는 것은 지옥이
요, 죽음이라 하여 지금 그들을 쇠사
슬을 묶어 탈출하지 못하며 나가지 못
하게 하는 것이 오늘의 종교 집단이
요, 그들의 행위이니,
16 그 모두를 바로잡는 것은 너희들이 대
혁명밖에 없음을 알라, 사랑하는 나의
아들딸들아!
17 변하고자, 앞에 가고자 하는 그 백성
들까지 묶는 그들에게 이제는 혁명이
라는 그 힘으로써 그들을 너희들이
다스리지 아니하면 아니 되는 형국이
되어 있음이니라, 사랑하는 나의 아들
딸들아!

10,498 번째 하나님 말씀

2004년 4월 12일 12시

1 사랑하는 나의 아들아!
2 "네, 아버님! 말씀하옵소서."
3 너희들이 어찌하여 부유한 자의 권력
있는 자, 재물 있는 자, 가진 자, 그들
에게 그리 친절히 웃음을 띄우며 웃
음을 파는가?
4 그리고 너희들이 그들에게 어찌하여
가까이하고자 하는 그 마음속에서 살
아가는가?
5 내가 너희들에게 물어보고자 하느니
라.
6 과연 그들이 무상으로써 너희들에게
무엇을 이루어 주며 너희들에게 무엇
을 역사해 주던가?
7 그러니 너희들이 그 마음의 근본이요,
그 생각이 어디 있는가?

8 그 자체가 너희들이 잘못된 것이며 삐
뚤어진 죄이니라.
9 그러니 이와 같은 너희들 마음의 근
본이요, 근원이 어디에서 나왔는가?
10 너희들은 그러면서도 가난한 자에게
는 사랑의 말, 친절한 행동, 그 모두를
닫아 버리는 것이요, 너희들의 재물
에 손해 가지 않는 것까지도 베풀지
않는 것이 오늘의 형국이 아니더냐?
11 그러니 재물을 많이 내는 자, 헌금을
많이 내는 자, 우대하며 너희들이 자
리를 양보하는 그와 같은 종교 집단에
서 이와 같은 형국이 이루어지지 아
니하였더냐?
12 너희들이 설교 중이라도 능력 있는 자
에게는 자리를 내어 주며 아부하는
것, 그와 같은 모든 근성이요, 그 행동
이 바로 너희들이 그와 같은 행위 속
에서 이 세상 모두가 병들어졌느니라.
13 너희들이 뇌물을 받고 뇌물을 바치는
것, 그 모든 죄악의 뿌리요, 그 죄의
온상이 바로 너희들 교회서부터 시작
하였으며, 거기서부터 모두가 유래된
것이라면 너희들은 믿겠는가?
14 거기가 가장 많이 썩었으며, 썩은 부
위가 가장 크니, 너희들부터 시작되었
다 함이니라.
15 너희들이 권력 있는 자에게 모두를 바
치는, 그리고 아부하는 그와 같은 형
국이 거기에서 뇌물을 바치는 것이 생
겼으며, 너희들이 가진 자와 없는 자
의 차별하는 것이 거기에서 생겼음이
니,
16 그 모두가 너희들이 원죄라는 것을 알
아야 될 것이니라.
17 권력 있는 자, 재물 있는 자, 그가 나
타나면 저희들이 가고 있는 종교 집단
이요, 저희가 이끌어 가는 그 모두에
크나큰 힘이요, 영광이 있을 것이라
생각하는 그 측은하고 가련한 생각을
가지고 있는 것이 오늘의 종교 집단이
요, 지도자요, 너희들이라면,
18 인간을 보기 전에, 인간의 깨우침을
보기 전에, 너희들이 그저 그와 같이
외형만으로, 속에 어떠한 능력이 있는
지 그 가치를 모르면서,
19 그저 있는 것같이 부유한 자가 나타나
기만 해도 너희들의 집단이요, 너희들
이 가는 길에 큰 역사함이요, 힘이 될
것이라는 그 가련하고 측은한 생각에
서 벗어나지 못하는 것이 종교 집단이
요, 지도자이니,
20 거기가 인간의 사업장이지, 어찌하여
나의 뜻을 전하는 곳이라 하겠느냐?
21 너희들이 그 비굴하고 추한 모습, 그
집단 속에서 모든 악행이 이루어진다
는 것을 알라.
22 특히 내가 선택한 동양의 이 작은 나
라의 백성 너희들이 무엇인 줄 알겠느
냐?
23 너희들의 믿음이요, 종교 집단의 형태
가 이와같이 가장 잘못되었음이니라.
24 그리하여 이와 같이 동양의 작은 나라
가 잘못될 것을 내가 미리 알고 있었
음이니,
25 그리하여 이 동양의 작은 나라서부터
그 모두를 내가 다시 잡으며 다시 시
작하게 됨이니라.
26 그러니 이 동양의 작은 나라에서 믿음
의 길을 가는 너희들보다 이 세상에

더 아부하며, 있는 자에게 고개 숙이
며 없는 자를 짓밟는 이와 같은 종교
집단은 없으며,
27 동양의 작은 나라 외에는 어디에도 이
와 같이 험악한 형국은 없음을 알라.
28 그리하여 여기서부터 내가 모든 썩은
뿌리를 뽑아내고 바로잡기 시작하여,
동양의 작은 나라가 선택되었으며 시
작됨을 알라 그리 전하라.

10,499 번째 하나님 말씀

2004년 4월 12일 18시

1 사랑하는 나의 아들아!
2 "네, 아버님! 말씀하옵소서."
3 나의 법전을 읽고 깨우친 너희들이요,
그리고 너를 따르는 그 제자들이요,
그와 같은 백성들과 너희들이 살아가
는 지금의 그 백성들과의 그 차이점이
무엇이던가?
4 이제 나의 법전을 읽고 깨우쳤으며 나
에게 한 발짝 한 발짝 다가온 백성 너
희들은 이 세상의 그 모두를 다 끌어
안고 가는 그와 같은 백성이 되어야
함을 절대 잊어서는 아니 되느니라.
5 내가 하늘의 나 여호와에게는 뭐가 없
다 하였느냐?
6 사탄이요, 천사의 그 모두를 다 나는
구분하지 아니하며, 모두를 다 나 여
호와가 내려 주며 통제한다 하지 아니
하였더냐?
7 그리하여 나 여호와는 시험을 하지 아
니하며, 시험을 당하지 아니함이니,
내가 시험을 당하지 아니한다는 것은
나 여호와를 시험할 자가 이 세상에
이 하늘과 땅 사이에 그 누구도 없다
는 의미가 아니더냐?
8 그러니 나의 성경이요, 나의 법전을
읽고 깨우친 만백성 너희들은 이제 악
과 선이라는 그 자체요, 미운 자요, 고
운 자요, 시기하고 질투하며 살아가는
자요, 그 모두가 또한 너희들의 가슴
에 없는 그와 같은 백성으로서 되어야
함을 알라.
9 너희들이 그와 같은 마음을 가지고 사
는 것이 나에게 오르는 길이니라.
10 너희들이 삶을 살다 나에게 와 심판하
는 자는 누구더냐?
11 최후의 그 심판은 나 여호와의 고유의
권한이며, 너희들이 구원을 받고 못
받는 그 모두 또한 나의 고유의 권한
이니라.
12 그러나 너희들이 악이요, 선이요, 그
리고 너희들이 죄지은 자요, 예쁜 자
요, 미운 자요, 사랑하는 자요, 사랑하
지 아니하는 자요, 너희들이 나의 피
조물 만백성을 그리 평가하며 그리 점
수를 매긴다는 것은 무엇이더냐?
13 너희들이 지금 심판관이요, 재판을 하
고 있는 자라는 것을 모르니,
14 너희들이 얼마나 오만한 행위를 하고
있으며, 나 여호와만이 할 수 있는 그
고유의 권한의 행사를 너희들이 하고
있는가?
15 이와 같은 이치를 너희들이 깨달아야
될 것이니라.
16 그 깨닫는 의미를 모르면 너희들이 아
니 됨이니라.
17 내가 나의 아들을 통하여 너희들에게
가르쳤느니라.

18 십계명이라는 그 모두는 무엇이더냐?
19 너희들이 믿음의 길을 가는 그와 같은
지금의 종교 집단이요, 백성들이 지킬
수가 없으며 그대로 갈 수 없으며, 그
는 폐지된다 하였으니,
20 그게 네가 맞다 나에게 그리 말하지
아니하였느냐?
21 그가 왜 폐지되고 그가 왜 없어져야
되는가를 그들은 모른다 했으니, 그것
이 깨우치지 않은 백성이니라.
22 내가 너희들에게 십계명은 없어져야
되며 변화되며 존재하지 아니해야 한
다는 그 뜻을 나의 아들을 따르는 제
자들이요, 나의 강론을 듣는 백성이
요, 나의 법전을 읽는 백성, 너희들은
아나,
23 오늘의 수천 년 동안 구원의 길이요,
하늘에 오르는 길이라 하여 울고불고
하는 그 모두를 바친 백성들은 왜 십
계명이 저희들에게 지킬 수 없으며,
그는 왜 존재해서는 아니 되는지 모르
며, 다만 구약 시대의 것이기 때문에
모두가 끝난 것이라 그리 말하나, 그
말하는 의미요, 그 뜻을 모른다 하지
아니하였더냐?
24 너희들이 무엇이더냐?
25 내가 너희들에게 깨우쳐 주었듯이 너
희들이 네 부모를 공경하는 백성이
이 세상을 다 지배한다면, 너희들은
정녕 '네 부모를 공경하라.'는 십계명
의 그 대목이 필요 없다 하지 않더냐?
26 도둑질하지 않는 백성들이 이 세상에
다 살며 도둑질하는 자 하나도 없다
면, 그 '도둑질하지 말라.'는 십계명의
그 계명이 필요 없으며 존재 가치가
없으며, 도둑질하지 않는 백성들에게
계명을 지키라 말하는 나 여호와가 우
스우며 내가 잘못된 것이라 하지 아니
하였더냐?
27 그러니 그 차이를 모르는 것이니라.
28 그것이 하늘의 뜻을 아는 지도자 밑에
서 깨우치는 자와, 너희들이 가는 길
의 그 차이점이라는 것을 이제는 알아
야 될 것이니라.
29 그러니 너희들이 진정한 길을 가는 그
백성들이 가야 할 길이 무엇이라 내가
말하였느냐?
30 하늘에는 사탄과 천사가 없으며, 그
모두는 내가 양식을 주어서 모두를 육
성한다 하였으며 내가 관리한다 하지
않았더냐?
31 그러니 나의 법전을 읽고 깨우친 백성
이요, 하늘의 선생이요, 만백성을 구
원하는 그 대명을 받은 너희들은 이
세상에서 미운 것, 고운 것, 시기하고
질투하는 것, 그리고 너희들이 사랑하
지 않는 것, 사랑하는 것, 그 모두를
다 초월하는 사람이 되어야 하며, 그
와 같은 것을 너희들이 평가해도 아니
된다 함이니라.
32 저 사람은 나쁜 자요, 저 사람은 좋은
자요, 저 사람은 사랑할 가치가 있는
자요, 가치가 없는 자요, 그리 나의 사
랑하는 백성들을 너희들이 구분하고
마음속으로 평가하여 행동한다면,
33 그것이 나 여호와의 권한인 나의 뜻에
도전하는 자요, 내 권한에 도전하는
자요,
34 그러니 심판할 자격이 없는 너희들이
심판하는 행위는 잘못된 것이라는 나

의 깊은 뜻을 깨닫도록 그리하라, 사
랑하는 나의 아들딸들아!

10,500 번째 하나님 말씀

2004년 4월 12일 18시 06분

1 사랑하는 나의 아들아!
2 "네, 아버님! 말씀하옵소서."
3 오늘의 나의 법전을 공부하는 나의 아
들을 따르는 백성이요, 그리고 그 제
자들, 너희들이 얼마나 힘들고 어려운
길을 가는가?
4 오늘의 너희들이 가는 그 길이 얼마나
고통스럽고 힘든가를 아느니라.
5 차라리 너희들이 재물로써 고통을 견
디는 길은 갈 수 있으나,
6 너희들 자신이 나의 법전대로 살지 못
하며 변하지 못하며, 그리고 너희들을
모든 사람이 이단이요, 사탄이라, 잘
못된 자라 공격하는 그 소리가 너희
마음에 걸리며 너희 가슴에 걸리며,
7 너희들이 모두를 다 바쳐 가는 길이
정녕 잘못된 길이 아닌가 하는 불안함
이요, 그리되었을 때 너희들이 얼마나
허망할 것인가, 그와 같은 생각을 하
고 살아갈 것이니라.
8 그러나 그와 같은 마음을 가져서는 아
니 되며 두마음을 가져서는 결코 아니
됨이니라.
9 나의 아들을 따르는 제자 너희들은 들
으라.
10 너희들이 학업에 열중하는 그 학생이
요, 공부만을 즐겨 하는 학생 속에서
공부하지 아니하고 놀고 즐기는 그 사
람이 어찌 되더냐?
11 그는 바보가 되느니라.
12 그러니 공부하지 않는 속에서 또한 너
희들이 공부를 열심히 하며 선생의 말
을 들어 착하게 살아가는 백성이 있다
면, 공부하지 않고 놀기를 즐겨 하는
그 속에서 공부하는 학생이 바보 같이
보일 것이며 잘못된 것처럼 보이지 않
겠느냐?
13 세상의 이치가 다 그렇게 되며 그리
흘러가느니라.
14 너희들이 정말 도둑질만 해서 먹고사
는 자, 도둑질이 생업으로 된 자들 속
에서 도둑질하지 않는 백성이 있다면,
15 그가 비정상이요, 바보로 보이는 것이
세상의 이치요, 당연한 것이 아니더냐?
16 이와 같은 것이 너희들의 오늘의 삶
의 길이니라.
17 너희가 무어라 하더냐, 까마귀 노는
곳에 하얀 백로가 노니, 그 백로가 잘
못된 것이라 말한다 하지 아니하던가?
18 그 이치요, 의미를 알라.
19 술을 즐겨 마시는 자들이요, 알코올에
젖어 사는 자, 인사불성 속에서 그저
혼란 상태에서 사는 것을 즐기는 자
속에 정신 바른 자요, 술을 마시지 않
는 그와 같은 사람이 바보요, 잘못된
사람이라 취급받는 세상이 오늘의 삶
이 아니더냐?
20 너희들은 많은 백성들이 바로 살려고
노력하는 자, 그리고 죄를 짓지 아니
하며 작은 악도 행하지 아니하고 살아
가는 그 백성들이 바로 어리석은 자
요, 바보 같은 세상이 되었음이니,
21 오늘의 내가 내린 이 아름다운 세상이
죄악으로 덮여 있으며, 너희들이 악으

로 덮여 있으니,
22 그 속에서 너희들이 선한 백성이요,
아름다운 백성이요, 착한 일을 하며
고운 삶을 살아가고자 노력하는 너희
들이 바보요, 어리석은 자의 취급을
받는 것은 당연한 것이 아니더냐?
23 그렇다 하여 너희들의 마음이 흔들리
지 말라.
24 지금의 믿음으로써 너희들이 그리 가
니, 그 길은 지금 너희들이 부족한 것
이요, 너희들을 따르는 자가 얼마 없
으며,
25 참진리의 길이요, 하늘에 오르는 정도
의 길을 가나, 너희들을 추종하는 자
가 없으며 그 제자들이 적으니,
26 너희들이 지금 사탄이요, 잘못된 자들
에게 이단이요, 마귀라 그리 불리며,
그리고 나의 아들을 따라가는 모든 백
성들이 고통과 핍박을 받는 것은 당연
한 것이며, 그를 받을 수밖에 없는 것
이니라.
27 그러나 너희들은 알고 따르라.
28 선한 길을 가는 자, 정도의 길을 가는
자, 그 백성들이 하나가 깨우치고 둘
이 깨우쳐 너희들이 서서히 늘어 가기
시작하여,
29 너희들의 뜻과 같이하는 선하고 아름
답게 살아가는 백성, 나의 법전대로
살아가는 백성, 그리고 십계명을 지키
는 백성들이 늘어났을 때,
30 그때는 바로 이게 참진리요, 하늘에
오르는 길이라는 것을 모두가 알게 될
것이며 너희들도 알게 될 것이니라.
31 그러나 오늘의 너희들이 핍박과 고통
의 그 길이 어찌할 수 없는 것이니라.
32 비정상적인 속에서 정상인 사람이 바
보가 되듯이, 너희들이 오늘의 그와
같은 형국이니,
33 흔들리지 말며 두마음을 먹지 말며,
오로지 나의 법전을 만들어 만백성을
구하는 데 최선을 다하도록 하라.
34 언젠가는 너희들이 승자가 되는 날이
있을 것이며, 그때 가서 너희들이 오
늘의 수고로움의 상을 받는 영광을 얻
게 될 것이니라.

10,501 번째 하나님 말씀

2004년 4월 12일 18시 10분

1 사랑하는 나의 아들아!
2 "네, 아버님! 말씀하옵소서."
3 나의 아들을 따르는 선택된 제자들이
요, 나의 법전을 읽고 깨우친 만백성,
너희들이 있어 이 세상이 재앙을 당하
지 아니하며, 내가 모두를 인내하며
기다리는 것을 너희들은 알고 있지 않
으냐?
4 너희들은 나 여호와가 6천 년 동안 이
많은 세월을 인내하고 참고 견디는 그
의미요, 아픔을 돌이켜 보았느냐?
5 너희들이 말하는 길고 긴 이 6천 년이
라는 세월 동안을 나 여호와가 지금의
오늘의 너희들이 있기를 바라며,
6 나의 법전이 세상에 나가 하얀 눈처럼
덮어 만백성이 거듭나는 그 역사의 오
늘을 위하여 너희들이 말하는 6천 년
이라는 그 길고 긴 세월을 나 여호와
가 참고 인내함을 아니,
7 오늘의 선택된 너희들은 다음과 같은
마음 자세를 갖고 살아서는 아니 될

것이니 그리 전하라.
8 너희들은 남의 악한 것은 크게 보며
그것은 큰 죄악으로 보고 받아들이느
니라.
9 그러나 너희들이 행한 그 악함은 아무
리 크다 해도 그것을 축소시키려 하
며, 작은 악함은 너희들이 없는 것처
럼 너희 자신을 합리화시키며 그리 너
희 자신에게 유리한 쪽으로 덮어 가고
자 하는 그와 같은 마음을 가지고 살
아간다면,
10 나의 아들을 따르는 제자들이 아니요,
나의 법전을 읽고 깨우친 백성, 너희
들이 살아가는 그 본질의 뜻이 아니라
는 것을 알라 그리 전하라.
11 그리고 너희들이 행한 선함이요, 착한
일을 한 것은 너희들이 다 하늘에 닿
기를 바라며, 나 여호와가 기억해 주
기를 바라며, 내가 거둬 주기를 너희
들이 바라면서,
12 남이 한 아름다움이요, 선행은 너희들
이 깎아 버리며 그를 묻어 버리려 하
며, 하늘에 전해지는 것까지 너희들이
방해하고자 하는 그와 같은 마음을 가
지고 사는 백성이 되어서는 절대 안
됨이니 그리 알라.
13 사랑하는 나의 아들아!
14 사랑을 베풀며 산다는 모든 지금의 믿
음의 길을 가는 그 백성들이 내가 너
희들에게 하지 말라 하는 그와 같은
행위를 하고 사는 것이 오늘의 현실이
니,
15 그 속에서 어찌 진리가 있으며 그 백
성을 어찌 깨우쳐야 한단 말이더냐?
16 나 여호와가 6천 년 동안 기다리고 인
내한 오늘의 너희들의 삶의 현주소가
이와 같으니, 이를 어찌하겠느냐?
17 그러니 너희들은 그리 따르라.
18 너희들은 '나'를 위주로 하는 생각을
하지 말며, 너희 자신이 우선이요, 자
기 중심적인 그와 같은 삶을 살지 말
도록 그리하라.
19 너희들이 지금 나의 법전을 만들며 나
의 새로운 성령이요, 나의 뜻을 알아
만백성을 구하는 전사로서, 선생으로
서 너희들이 지금 높이 와 있으나,
20 너희들이 지금이라도 너희 자신을 위
주로 생각하며 자기 중심적으로 생각
하는 그와 같은 삶을 산다면,
21 너희들 또한 지금의 나와 멀어진 백성
처럼 점점 멀어질 것이며, 나를 볼 수
없으며 나에게 오를 수 없는 백성이
된다는 것을 명심하고 또 명심하도록
그리 가르치라, 사랑하는 나의 아들아!

10,502 번째 하나님 말씀

2004년 4월 12일 18시 17분

1 사랑하는 나의 아들아!
2 "네, 아버님! 말씀하옵소서."
3 너희들이 지금의 살아 있는 이 세상에
서 나를 아버지라 찾을 수 있으며, 너
희들의 죄에 대한 그 용서를 받을 수
있는 바른 삶을 살 수 있으며 변화된
삶을 살 수 있다 하였느니라.
4 그리하여 너희들이 변해지지 못하여
지옥에 와 그 대가를 치를 때, 너희들
의 그 고통이 얼마나 고통스럽고 무섭
고 심한 것인가를 상상할 수 없다 하
였음이니,

5 너희들이 인간의 실패자가 어떠한 모
습인 줄 알겠느냐?
6 너희들이 지금 나에게 오르는 길이라
하여 오는 그 믿음이요, 신앙이 정녕
어찌하여 지옥으로 가며, 너희들이 그
리 가는가?
7 그는 바로 너희들이 믿음이라는 것을
삯꾼의 종교 지도자에게 사기당한 것
이며, 거짓된 자들에게 너희들이 송두
리째 모두를 다 사기당하는 그와 같
은 오늘의 믿음이기 때문이니라.
8 그러니 너희들이 믿음이라는 것을 사
기당한 것, 구원을 받고자 하는 것을
사기당한 것, 하늘에 오르고자 하는
거듭나는 것을 모두를 사기당한 것,
9 그것이야말로 너희들이 그 사기당한
것으로 하여 지옥 불에 가 얼마나 너
희들이 상상할 수 없는 고통과 그 시
련을 영원히 그 속에서 견디는가?
10 그것이 너희들이 사기당함이 얼마나
억울하고 얼마나 분한 일이며 얼마나
무서운 사실인 줄 알겠느냐?
11 내가 너희들에게 깨우쳐 전하고자 하
느니라.
12 너희들이 이 세상에서 살아감이니라.
13 그리고 너희들이 모든 직장이요, 너희
들이 생업을 하며 사업을 하여 재산
을 모음이니,
14 그와 같은 재산이 있는 것을 알고 너
희들에게 거짓된 자가 접근하여 너희
들을 감언이설로써 유혹하여, 또한 너
희들이 더 늘리고자, 더 갖고자 하는
그 욕심에 의하여 그 거짓된 자에게
사기를 당한다면, 너희들이 그 분하고
참담하고 억울함을 어찌하겠는가?
15 인간 세상에서 너희들이 영원히 가질
수도 없으며 영원히 존재할 수도 없으
며, 죽어 나에게 올 때 너희들이 가지
고 올 수 없는 그 재물을 너희들이 거
짓된 자에게 사기당했을 때,
16 너희들은 자살하는 자가 있으며, 그리
고 너희들의 인생이 폐인이 되며 패
자가 되어 세상에 흘러가는 대로 저
자신을 맡기며, 너희들이 말하는 길거
리에서 잠자는 그와 같은 불쌍한 백성
으로 고통의 길을 가고 있지 않으냐?
17 그리고 돌이킬 수 없는 고통의 그 나
날을 살아가며, 알코올이라는 것에 젖
어 있으며, 세상사에 바른 눈으로 보
기가 싫으며, 죽음을 기다리며 죽기만
을 바라며, 그리하여 차라리 사는 것
보다 죽음을 선택하는 것이 낫다 하니,
18 너희들이 그 재물을 사기당한 고통이
그러하니라.
19 더욱이 너희들이 사랑하는 형제요, 그
리고 처자식과 모두가 뿔뿔이 헤어져
남과 같이 살며, 서로가 전하지 못하
며 알지 못하며 살아가는 이 험악하고
무서운 그 고통을 겪는 것이니라.
20 그것이 너희들이 영원히 갖지도 못하
며 존재하지도 못하며, 너희들이 나에
게 올 때 가지고 오지도 못하는, 내가
말하는 낙엽과 같이 버릴 수 있는 그
재물을 너희들이 거짓된 자에게 사기
를 당했을 때, 너희들이 육의 세상에
서도 그와 같은 처참한 고통을 당한다
하였음이니라.
21 그러나 그보다 더한 것을 너희들이 지
금 사기를 당하고 있으며, 그 사기꾼
에 걸려서 너희들이 끌려가고 있으며,

넘어져 가면서 너희들이 끌려가는 그
와 같은 형국을 어찌하여 너희들이
그를 보지 못하며 돌아다보지 못한단
말이더냐?
22 너희들이 거듭나는 것이요, 영원히 사
는 너희들의 영혼의 그 모두를 거짓
된 사기꾼이요, 거짓된 목자에게 송두
리째 지금 사기당하고 있음을 알라.
23 사기당하여 너희들의 모두를 다 영혼
의 그 기회를 잃었으며 거듭나는 기회
를 잃은 것이 오늘의 종교 집단에서
구원을 받았다 말하는 그 백성들이니
라.
24 그러니 너희들이 작은 육의 세상에 재
물을 사기당했을 때, 사기라는 것이
얼마나 무서운 것이며, 그를 당함으로
얼마나 너희들이 비참하더냐?
25 그러니 너희들이 거듭나는 것이요, 영
원히 사는 그 세상에 너희들이 그 모
두를 지금 사기당하니, 그 사기당한
것으로 겪는 지옥의 그 고통이 오늘
의 육에서 견디기 어려운 것보다 천배
만배 더 고통스러운 것이며,
26 너희들이 몇십 년의 육의 세상에서는
고통을 지우면 지울 수 있으나, 너희
들이 지옥 불에 가 받는 고통은 영원
한 그 고통이니, 너희들이 어찌해야
되겠는가?
27 그러니 너희들이 모두를 송두리째 사
기당하는 오늘의 종교 집단이요, 그
모두를 들여다보라.
28 내가 모두가 다 잘못되었다 함은 아니
니라.
29 그중에 너희들이 바로 가르치는 자도
있으며 바로 가는 자도 있을 것이니,
너희들이 선별하여 그와 같은 자를 선
택하라.
30 '우리 교회는 만원이니, 다른 교회를
가 보시오. 성서는 다 같으니, 이웃에
가서 배우시오.' 그리고 어렵고 힘든
교회에 신도를 보내 그 교회부터 먼저
부흥시키는 그와 같은 곳이 있으면,
너희들이 가서 배울 것이 있으며 들을
것이 있으며,
31 그와 같은 종교 지도자에게 너희들이
배움을 받아도 괜찮다 내가 전한 그와
같은 자들을 선택하라.
32 지금의 너희들이 삯꾼으로써 모두가
넘어지니라.
33 그러니 신앙생활 하고 있는 너희들이
지금 어떠한 처지며 어떠한 형국인가
를 나의 법전에 전하여 그들이 깨우치
도록 그리하라.
34 영원히 바꿀 수 없는 것, 돌이킬 수 없
는 가장 소중한 것을 너희들이 지금
거짓 삯꾼에게 사기당하여 너희들이
지금 끌려가고 있는 그 행위를 너희들
이 깨우치며, 바로 서지 아니하면 아
니 된다 하여,
35 모든 종교 집단에서 구원을 받았다 울
고불고 가는 그 백성들에게 그들의 현
실을 보도록 그리하라.
36 오늘의 저희들의 사기꾼에게 모두를
송두리째 사기당하여 저희들이 지금
지옥 불로 끌려가고 있는 그 형국이
오늘의 믿음의 길을 가는 백성들의 현
주소라는 것을 전하라.

10,503 번째 하나님 말씀

2004년 4월 12일 18시 22분

1 사랑하는 나의 아들아!
2 "네, 아버님! 말씀하옵소서."
3 수천 년 동안 믿음의 길을 온 그 백성
들이요, 너희들이 사랑으로써 살며 사
랑으로써 일관하여 나에게 구원을 받
을 수 있다 하는 백성, 너희들이 지금
의 심성이 어떠하더냐?
4 너희들은 사랑으로 충만되었으며, 성
령으로 충만된 백성이요, 너희들 말대
로 구원을 받을 수 있는 그와 같은 백
성이라 하나,
5 내가 바라보는 너희들의 심성이요, 너
희들의 마음이 어떠한 줄 알겠느냐?
6 너희들 자신은 그러하느니라.
7 너희들이 너그러운 자요, 용서를 하는
자요, 그리고 베풀며 사는 자요, 그리
고 너희들 자신에게는 무서운 가죽 채
로써 휘둘러 너희들의 악습을 버리며
폐습을 버리며 거듭나는 삶을 살아가
는 백성이라 너희들이 그리 말하느니
라.
8 그러나 나 여호와가 내려다보는 너희
들은 정녕 그러한 자가 없음이니라.
9 너희들의 마음속에는 너희들이 잘못
한 것에 대해서는, 너희들 자신에 대
해서는 너희들이 관대한 자요, 그리고
너희들이 너희 자신의 단점에 대해서
는 그 모두를 다 덮어 주며,
10 그리고 그를 너희들이 그대로 넘어가
려 하는 것이며, 그 모두를 축소시키
려 하며,
11 또한 너희들이 죄를 저질렀다 해도 그
죄를 축소시키며, 그를 관대히 용서하
는 그와 같은 마음을 버리지 못하였음
이니라.
12 더욱이 지금 너희들의 마음이 어떠한
줄 알겠느냐?
13 사랑하고 소중한 것을 너희들이 간직
하고 지키고 살아가는 삶을 살아야 될
것이거늘,
14 너희들의 단점이요, 그 너희들이 죄지
은 것이요, 너희들이 잘못한 것, 그것
도 너희들은 버리기를 아까워하는 자
들이요,
15 그것도 너희들이 소중히 간직하려 하
며, 그것을 사랑하고자 하며, 그것을
너희들이 합리화시키고자 하며,
16 그리고 그것을 너희들 것으로 만들어
서 너희들이 승자가 되고자 하는 그와
같은 사악한 마음을 가지고 있는 것이
며, 그와 같은 마음을 버리지 못하고
있는 것이 오늘의 너희들이니,
17 과연 이를 보는 나 여호와가 어찌 너
희들을 나의 백성이요, 내 뜻에 의해
살아가는 백성이라 그리 말할 수 있겠
느냐?
18 그러니 지금의 모든 믿음의 길을 가는
백성이요, 그 종교 집단이요, 그들은
그리 간다 해도, 나의 아들을 따르는
제자들과 나의 법전을 읽고 깨우친 백
성, 너희들은 절대 그리되어서는 아니
되느니라.
19 너희들의 단점이요, 너희들의 그 죄는
너희들이 무섭게 그를 힐책해야 될 것
이며, 그 대가를 기다리는 자의 그 두
렵고 무서움을 알아야 될 것이며,
20 그리고 너희들 자신에 대해서는 어떠

한 것도 용서요, 타협이 있어서는 아
니 되느니라.
21 그러나 너희들은 남의 단점을 감싸 주
고 용서하며 남의 죄를 용서해 줄 수
있는 그와 같은 반대의 마음으로 살아
가야 되느니라.
22 너희 자신의 것은 어떠한 것도 용서하
지 말며, 남의 허물이요, 남의 단점은
다 용서할 수 있는 그와 같은 마음을
가지라.
23 남의 것을 먼저 용서하며 남을 이해하
는 그와 같은 삶을 사는 것이 나의 아
들을 따르는 제자들이요, 지금 법전을
읽고 깨우친 만백성, 너희들이 가야
할 길이고 역사할 길이니라.
24 지금 내가 너희들에게 가라 명한 그
길이 나의 백성들이 살아가는 길이요,
근본인데,
25 너희들이 그 근본이요, 기초를 지키지
못하며 그 모두가 무너져, 저 자신에
게는 관대하며 제가 지은 죄는 관대하
며, 그것까지도 사랑하고자 하며 그것
을 합리화하고자 하며,
26 그것을 너희들이 모든 것은 너희들이
잘못한 것이 아니요, 너희들이 하고
싶어서 한 것이 아니요,
27 어쩔 수 없는 환경이요, 어쩔 수 없는
사정이라 너희들이 그리 갔다 변명하
며,
28 그리하여 그것도 소중히 너희 것으로
만들고자 하는 것이 지금 사악한 너희
들의 마음이니, 기준의 미달에도 한참
미달된 것이니,
29 나의 법전이 세상에 내려가는 것은 그
기준 미달된 너희들을 정상적인 자리
요, 위치에 돌려놓고자 하는 것이 구
약 성서요, 신약 성서요, 나의 제3의
시대의 새로운 성경이라는 것을 명심
하고 명심하라.
30 그 이상의 것을 역사할 수 없다 함을
알라.
31 너희들이 그로써 구원을 받으며 나에
게 오를 수 있는 것이 아니요,
32 너희들이 정상적인 그 정위치에 오는,
그리고 정상적인 기준에 오르는 그와
같은 모두를 역사하는 것이 지금 이
세상에 내려가고 전해진 것이라 함을
너희들은 알라, 사랑하는 나의 아들딸
들아!

10,504 번째 하나님 말씀

2004년 4월 12일 18시 29분

1 사랑하는 나의 아들아!
2 "네, 아버님! 말씀하옵소서."
3 나의 아들을 따르는 종교 집단과 그리
고 나의 아들을 배척하는 종교 집단,
이제는 그 모두가 양분되는 그 세상이
올 것이니라.
4 너희들이 깨우친 자는 나의 아들을 따
르는 종교 집단으로 변화될 것이며,
그리고 나의 아들을 배척하며 따르지
아니하는 자는 영원히 너희들이 나의
아들을 핍박하는 그와 같은 종교 집단
으로서 양분되는 것은 당연한 것이며,
5 그 시점에 너희들의 그 회오리는 감당
키 어려울 것이니라.
6 그러나 너희들은 모두를 다 알아야 될
것이니라.
7 나의 아들을 따르는 그 종교 집단이

요, 그들은 나의 법전을 읽으며 마음
이 비워져 있는 자요, 하늘의 높은 뜻
을 아는 자들이니라.
8 그렇지 않은 그 백성들은 저희들이 거
짓된 짓이요, 삯꾼이라는 것을 잘 알
고 있기에, 저희들이 그를 목숨을 바
쳐 지키고 사수하려는 자들이 될 것
이니 그리 알라.
9 지금 모든 종교 집단이요, 지도자요,
그리고 돌아서지 못하는 그들은 저희
들이야말로 나로부터 기름 부음을 받
은 자요, 은총을 받은 자요, 명받은 자
요, 선택된 목자라 그리 말하며,
10 저희들만이 지도자요, 저희들이 역사
하는 것, 저희들이 설교하는 것, 그를
들으며 저희들이 이끌어 가는 교회라
는 곳에 와 재물과 헌금을 바침으로써
너희들이 구원을 받는다 그리 말하며,
11 오기만 하면 그 순간에 너희들이 구원
을 받는 은혜를 입는다 그리 가르치고
전하는 그 백성들,
12 그들이 그와 같이 말로써 위장하고
호화로운 화술로써 나의 피조물 만백
성을 이끌어 가는 그 행위를 하는 것
이 무엇이더냐?
13 진정한 보석을 갖지 아니한 자가 그
가짜의 보석을 가지고 진정한 진짜의
보석으로 둔갑시키려 하니, 저희들이
그와 같은 오늘의 형식이요, 외형적인
것에 매달려 가는 것이요,
14 말도 되지 않는 것으로써 앞뒤가 다른
그와 같은 설교와 행위로써 나의 피조
물 만백성을 쇠사슬에 묶어 끌고 가
는 그와 같은 자들임을 알라.
15 그러니 그들이 잘 알고 있음이니라.
16 그러나 그들은 누구보다도 저 자신이
나로부터 관계없는 백성이라는 것을
너무나 잘 알고 있느니라.
17 그들은 저 자신이 위선된 삯꾼으로서
그 행위를 하고 있다는 것을 누구보
다도 잘 알고 있느니라.
18 그리고 그들은 나의 뜻에 의하여 그
목숨을 바쳐 나의 진리요, 참뜻을 지
켜 나가는 데 저 자신의 목숨을 바쳐
갈 수 있는 지도자도 아님이니라.
19 저희들이 지금 확신이 없으며 저희들
이 그 진실한 믿음이 아니요, 제가 거
짓된 자이기 때문에, 거기에 그 목숨
을 바쳐 역사할 수 있는 자질이 없으
며 그와 같은 각오도 없는 자들이요,
20 그리고 나의 뜻을 따라서 모두를 역
사할 수 있는 그와 같은 자신도 없는
자들이니라.
21 너무나 그들이 잘 알고 있느니라.
22 일반 신도보다도 저희가 죄를 더 많이
짓고 있으며, 그리고 저희들이 얼마나
더 혼탁한 백성인지를 그들은 잘 알
고 있느니라.
23 그러면서 그들이 말로써 모두를 덮어
나가는 그와 같은 행위를 하고 있음이
니라.
24 오늘의 종교 집단이요, 그리고 지도자
요, 구원을 받았다 울고불고하는 그
백성, 저희들이 청결하지 못하며 다른
사람보다 청결하지 못한 삶을 산다는
걸 알고 있느니라.
25 사랑을 하지 못하며, 사랑으로 충만되
지 못한 것도 저희들은 알고 있느니라.
26 성령으로써 충만되지 못함도 저희들
은 알고 있느니라.

27 그리고 그들은 또 어떠한 자들이냐?
28 나의 목사로서 명받은 사실이 없으며,
그와 같은 역사를 부여받은 것이 없다
는 걸 저 자신이 너무나 잘 알고 있음
이니라.
29 그러니 제가 나의 뜻을 받아 행하는
그 행함의 자격도 없다는 것을 그들이
너무 잘 알고 있으며, 저 자신은 너희
들이 유리로 들여다보며 거울로 비쳐
보는 것보다도 더 확실하고 정확하게
확신하고 있으니, 저희들이 거짓 삯꾼
이라는 것을 알고 있음이니라.
30 그러면서도 저희들이 그렇지 아니하
다 말하니, 그것이 바로 사기꾼이요,
거짓된 삯꾼이라는 것을 너희들은 알
아야 될 것이니라.
31 이제 너희들이 나의 법전을 읽고 깨우
쳐, 정녕 어떠한 지도자가 진정한 지
도자요, 어떠한 길을 가는 것이 나 여
호와의 뜻에 의하여 가는 것이요, 어
떠한 설교요, 강론이 나 여호와의 뜻
에 의한 것인가를 알고,
32 제 주관으로 저 자신을 위주로 끌고
가는 자들, 그리고 재물에 모두를 던
지고 팔고 가는 자들과, 저 자신을 버
리며 구원의 자리까지도 양보하라 가
르치는 자들 중에 어느 누가 진정한
지도자요, 나의 뜻에 역사하는 것인가
를 알라.
33 하늘의 지혜를 얻어 하늘의 뜻을 통달
하라 하는 것과 육의 세상의 지혜를
얻어 너희들이 육에서 부귀영화를 누
리고 사는 것에 모두를 다 바치라는
것, 그것을 너희들이 선별할 수 있는
지혜는 충분히 있는 것이 나의 백성들
이니라.
34 그러나 너희들이 세뇌되어 있으며, 너
희들이 광분하고 있으며, 너희들이 거
기에 빠져 있기 때문에 그를 모르는
것뿐이니,
35 어리석은 나의 백성 너희들이, 세상
것은 나의 뜻에 의하여 모두가 역사함
이니, 이것도 너희들이 깨우치며 저것
도 읽어 보며 저것도 뒤져 봐 너희들
이 바른 눈을 뜨도록 그리하는 길밖에
없음이니 그리 전하라.

10,505 번째 하나님 말씀

2004년 4월 12일 18시 35분

1 사랑하는 나의 아들아!
2 "네, 아버님! 말씀하옵소서."
3 이 세상에 살아가는 그 많은 백성 중
에 너희들은 가장 불행하고 슬픈 백성
이 무엇이더냐?
4 남에게 사기당하여 무엇을 잃은 자,
실패한 자, 그리고 젊음을 함부로 낭
비한 자, 그리고 노후가 되어 안식처
가 없는 그와 같은 것, 어려운 삶에서
허덕이는 것,
5 그리고 자신이 역사하고자 하며 자신
이 펴고자 한 그 모두를 이루지 못하
고 살아가는 그 백성들이 너희들의 육
에서 보기에는 가장 불행하고 가장 억
울한 백성의 삶을 산 자라 너희들이
그리 말할 것이니라.
6 그러나 이제 나의 아들을 따르는 제자
너희들은 들으라.
7 이 세상의 나의 피조물 만백성 중에서
가장 불행한 백성이 과연 누구이더냐?

8 이는 너희들이 참진리의 길이라 하여
지금 달려가고 있는 그 믿음이요, 모
두를 바쳐 가는 그 믿음이 나와 관계
없는 것이요, 비진리의 길이요, 너희
들이 하늘에 오르는 길이 아닌 길을
달려가는 백성, 그보다 더 불행하고
가련한 백성은 없음이니라.
9 더욱이 너희들이 오늘의 가는 그 믿음
이요, 그것이 하늘에 오르는 길이라
하여, 너희들이 그를 사기 위해 부귀
와 명예를 다 버리고 그 길을 좇아가
는 자, 그 길을 달려가는 백성들이 또
있음이니라.
10 그러니 그 백성들이 그 부귀와 영화
요, 제 모든 인생을 다 바쳐 달려가는
그 길이 참진리의 길이 아니요, 나에
게 오르는 길이 아니라 할 때, 그 비참
하고 허무함은 과연 그 보상을 어찌
받을 것이며,
11 너희들이 나에게 와 심판의 그 명령은
'나는 너를 모름이니라.' 그리하여 내
가 지옥 불의 길을 가라 할 때 너희들
이 과연 어떠하겠는가?
12 나는 너희들에게 물어보고자 함이니
라.
13 지금의 종교 집단이요, 지도자, 그 모
두가 지금 거듭나지 아니하며 깨우치
지 아니하면 아니 됨이니라.
14 그리하여 나의 아들을 따르는 제자 너
희들은 나의 법전을 만들어 그것을 만
백성에게 전하며,
15 모든 백성들이 그를 읽고 정독하여 깨
우치는 그와 같은 길을 가도록 그리해
야 될 것이니라.
16 사랑하는 나의 아들아!
17 믿음의 길이요, 그리고 나 여호와가
존재하는 것을 인식시키며 진정한 믿
음의 길을 간다 하여 너희들이 순교자
의 길을 선택하며 그 귀중한 생명을
버리며,
18 예수는 나 창조주의 아들이요, 그리고
나 여호와는 존재한다 하며 너희들이
그와 같이 부르짖으며, 그를 인정하고
지키기 위하여 순교자의 길을 간다 하
나,
19 너희들이 참진리를 가르치는 지도자
요, 선택된 나의 목자요, 내가 선택한
그 종이 아닌 자 앞에서 그와 같은 행
위를 하며 그와 같은 역사를 한다 할
때,
20 너희들의 그 처참하고 뼈아픈 아픔을
어찌하겠단 말이더냐?
21 너희들이 어떠한 마음을 가지고 어떤
말을 하느냐, 행동을 하느냐가 가장
중요하다 하지 않았느냐?
22 너희들이 똑같은 말을 하더라도 상대
방을 이용하려 하는 것은 사탄의 말이
요, 상대방을 즐겁게 하고 진실된 얘
기는 똑같은 말이라도 그건 천사의 말
이라 했음이니,
23 너희들이 순교자의 길을 과연 그 모두
를 바치고 그 목숨을 던져 그 길을 가
느냐, 그것이 너희들이 얼마나 중하고
귀한 것인가를 알겠느냐?
24 나 여호와가 원하는 길이요, 내가 선
택한 지도자의 그 길을 같이 가기 위
한 그와 같은 순교의 길이 아니라면
얼마나 뼈아픈 후회요, 얼마나 통곡
할 일이더냐?
25 그러니 너희들이 이와 같은 것을 깨우

쳐야 될 것이며, 이를 바로 보도록 그
리하라.
26 모두를 다 바쳐 너희들이 가는 그 길
이 나와 관계없는 길이라 하여 너희들
이 그 길을 달려왔다면,
27 너희들이 심판대에 서서 내가 너희들
을 모른다 할 때, 그 누구도 너희를 이
끌어 주는 자가 없으며, 네 편이 없으
며, 네 소원을 들어주는 자가 없으며,
너에게 단 1초의 용서를 빌 수 있는
기회를 주지 않으니,
28 너희들이 지금의 많은 세월 속에서 내
뜻을 거역하고 살아가는 것이며, 얼마
나 너희들이 잘못된 것에 모두를 바치
고 가는 그것이 얼마나 너희들에게 슬
프며 너희들에게 잘못된 길인가를 알
날이 머지아니하였음이니, 나의 법전
을 읽고 깨우치도록 그리하라.
29 정녕 너희들이 나의 법전을 읽고 깨우
치며 그것이 두렵거든, 이 세상의 모
두는 나 여호와의 뜻에 의해 존재한다
는 너희들이 결단성 있는 마음을 가지
고 나의 법전의 뚜껑을 열면, 너희들
이 그곳에서 모두를 얻을 것이며 모두
를 보게 될 것이며,
30 그리했을 때 너희들이 성서를 볼 수
있으며 성서의 비밀이요, 성서의 인봉
된 것까지도 볼 수 있음이니,
31 그때 너희들이 평가해도 늦지 않을 것
이니라, 사랑하는 나의 아들딸들아!

10,506 번째 하나님 말씀

2004년 4월 12일 23시 41분

1 사랑하는 나의 아들아!
2 예수 또한 세상에 육을 가지고 나갔음
이니, 네가 겪고 있는 것, 네가 역사하
는 그 모두도 똑같이 그와 같은 환경
이요, 그 생활이요, 그와 같은 모두를
인내하고 갔음이니라.
3 사탄과의 그 시험이요, 사탄과의 그
싸움에서 그가 견디고 이길 수 있는
그와 같은 싸움을, 과연 나의 아들 네
가 그를 이기고 그와 같이 견딜 수 있
는 너의 그 믿음이요, 네 마음 자세가
되어 있는가, 너를 한번 돌이켜 생각
해 봐야 될 것이니라.
4 광야에서 그 사탄과의 싸움에서 고통
을 인내함이 너희들이 상상하는 그 모
두를 다 초월하였음이니라.
5 그 초월하는 싸움에서 이겼기에 예수
는 그 목숨을 또 바쳐 만백성에게 성
령을 전하는 그 역사를 이루고자 했으
며 그러한 길을 갔음이니라.
6 그러니 지금의 나의 아들 네가 그와
같은 길을 갈 수 있는가, 너 자신을 돌
이켜 봐야 될 것이니라.
7 다만, 너도 사탄과 싸워서 광야에서
이길 수 있도록 너 자신이요, 네 마음
속에 있는 그 사탄의 마음과 싸워 이
겨야 되는 것이니, 이것이 이제 네가
일어서야 될 길이니라.
8 그리고 예수가 목숨을 바쳐 모두를 이
루었듯이, 나의 법전 160권을 가지고
세상의 만백성을 구하는 그 역사를 위
하여 네가 모두를 바칠 수 있는 그와
같은 마음 자세로 가지 아니하면,
9 정녕 너는 영원히 남는 나의 아들이
요, 그리고 만백성의 지도자요, 그리
고 그들을 이끌어 가는 것으로써 네가

그 직분을 다하지 못함을 알아야 될
것이니라.
10 내가 이 깊은 밤 너에게 이제 명하느
니, 너는 예수가 사탄과 싸워서 이겼
던 그와 같은 너 자신의 마음이요, 너
자신의 그 사탄과 같은 마음의 모두를
싸워 네가 스스로 이겨,
11 어떠한 여건이나 어떠한 환경에서도
네가 무너지는 그와 같은 자가 되어서
는 아니 될 것이니라.
12 감정이 앞장서며 감정을 폭발하며 생
각 없이 네가 행동하는 그와 같은 것
은 이제는 아니 될 것이니라.
13 그리고 예수가 사탄과 싸워 이기는 그
고통과 훈련을 견뎠듯이, 너는 너 자
신의 모두를 다스리며, 하나서부터 백
까지 한 점의 부끄러움이 없는 그와
같이 다스려지는 네 모습으로 살아야
될 것이며,
14 그리했을 때 너도 예수와 같이 그 목
숨이요, 그 모두도 다 던질 수 있으며,
던져서 모두를 이룰 수 있는 그와 같
은 너로 거듭나게 됨이니, 그를 명심
하여 행하도록 하라, 사랑하는 나의
아들아!
15 이제 머지않아 160권의 법전이 세상
에 나올 것이며, 많은 백성들이 이를
보고 따르며 그 역사가 이루어질 날이
머지않았음이니,
16 네가 완벽하게 서지 아니하면 아니 됨
이니라.
17 네가 완벽히 서야 되며 너의 제자들
또한 완벽히 서야 됨을 잊지 말라 그
리 전하라.

10,507 번째 하나님 말씀

2004년 4월 12일 23시 45분

1 사랑하는 나의 아들아!
2 "네, 아버님! 말씀하옵소서."
3 이제 너를 따르는 제자들이요, 선택된
백성, 그들을 깨우치고 가르침에 있어
서 네가 어찌 그들을 잘 다스리고 깨
우쳐야 되는가를 알고 있는가?
4 "네, 아버님! 저는 그리 생각하옵나이
다.
5 저를 따르는 백성들이 똑같은 시간에
똑같은 공부를 하며 그 강론을 들으며
깨우쳐 간다 해도, 같은 뜻이라 해도
그들이 듣는 자에 따라 다르며 생각하
는 자에 따라서 다르옵나이다.
6 그러니 그들이 또한 생각이 다르며 수
준이 다르며 그들의 습성이 또한 다르
옵나이다.
7 그것을 하나하나 분석하여 하나하나
따로따로 그들을 깨우쳐 주는 그와 같
은 교육 방법으로써 제가 가야 된다
그리 생각되옵나이다."
8 그러니라, 사랑하는 나의 아들아!
9 같은 시간에 같이 공부를 하며 같이
성령이요, 나의 뜻을 공부한다 해도,
새로운 성경을 공부하고 연구한다 해
도, 네가 그들을 가르치는 것은 다 사
람의 개성마다 다름이니라.
10 그러니 건강이 아주 나쁜 제자에게는
건강을 다스리고 제 몸을 건강하게 하
는 것이 우선이라 네가 그리 가르쳐야
될 것이며,
11 언행이 거친 백성은 언행이 거친 것을
가르쳐 줘야 될 것이며,

12 말이 앞서는 그 제자는 네가 말을 앞
섬을 먼저 고치도록 그와 같이 가르쳐
야 될 것이니라.
13 그리하여 네가 그들에게 그리 가르쳐
너를 따르도록 해야 될 것이며, 그들
이 변해 가도록 그와 같이 지도하는
것이 네가 가야 할 길이며, 네 제자들
을 다스리고 깨우치고 가르치는 길임
을 알라 그리 전하라.
14 이제 너를 따르는 제자들이 선생으로
서 세상에 나감이니, 그들이 또한 가
르치고 행함에 있어서 그리 다스려야
됨을 잊지 말라 그리하라.
15 너희들이 그 백성에게 필요한 것, 그
백성의 단점이요, 그리고 그 제자가
고쳐야 될 것이요, 그와 같은 것을 개
별적으로 지도하며 깨우치는 방법으
로 다스려 나가도록 그리하여,
16 너의 제자가 제자를 육성하는 방법이
요, 교육 방법을 그리하라 전하라.
17 일괄적으로 똑같은 것을 요구하며 똑
같은 방법으로써 가르치며 똑같은 것
으로써 따라오도록 그리 가르쳐서는
아니 됨이니,
18 너의 제자들이 다르듯이 그 제자들 또
한 각자가 천태만상이니, 그에게 필요
한 것, 그가 우선 처리할 것, 그리고
먼저 그가 다스릴 것, 그와 같은 것을
찾아 그 백성들을 바로잡아 준다면,
19 그들은 스승의 말을 따라 고칠 수 있
으며 변화될 수 있을 것이니, 그를 하
나하나씩 그리 가르치도록 하라, 사랑
하는 나의 아들아!
20 이제 너를 따르는 제자들이 하늘의 뜻
을 알며, 법전의 뜻을 알며, 법전의 위
대함을 알며 너를 아나니,
21 이제 그들이 고치지 못하는 악습을 하
나하나 네가 그들에게 지적하고 그들
에게 깨우쳐서 바로 다스리도록 그리
하라.
22 그리하여 그의 큰 잘못이요, 큰 너희
들이 고치지 못하는 것을 하나씩 잡아
줘 고쳐 나갔을 때, 그 모두를 따를 수
있으며 모두를 고쳐 나갈 수 있으며
거듭날 수 있는 백성이 될 수 있음이
니 그리 알라.

10,508 번째 하나님 말씀

2004년 4월 12일 23시 48분

1 사랑하는 나의 아들아!
2 "네, 아버님! 말씀하옵소서."
3 모든 백성들이 구약성서를 공부하며
신약성서를 공부하며, 그리고 내가 지
금 새로 내리는 제3의 시대, 마지막
시대의 새로운 성경 그 모두를 너희들
이 왜 공부하고 그를 연구하며 그를
가지고 너희들이 모두를 다 바쳐 가는
가?
4 그것은 바로 참진리요, 나 여호와의
뜻을 알기 위함이 아니더냐?
5 내 뜻이요, 내가 역사하는 것을 알기
위하여 너희들이 구약이요, 신약이요,
제3의 시대에 새로 나온 성경을 연구
하고 또한 그를 공부하는 것이니라.
6 그러면 너희들은 왜 알려고 그리하는
것이더냐?
7 너희들이 무엇 때문에 알려고 하며 무
엇 때문에 깨우치려 하는가?
8 그것은 너희가 새로 태어남이요, 그리

고 너희들이 새로 태어나는 그 행함을
알고자 하는 것이 아니더냐?
9 그러니 너희들이 나의 성경이요, 그를
공부하는 것은 너희들이 알기 위함이
요, 알기 위한 것은 바로 너희들이 거
듭나는 새로운 삶을 위하여, 그를 준
비하기 위하여, 그 행동을 하기 위하
여, 그 행동의 역사하는 삶을 살고 그
길을 가기 위해서 그를 공부하는 것이
아니더냐?
10 그러니 너희들은 그 공부를 함으로써
그 행함을 너희들이 소중히 생각해야
될 것이며, 그 행함을 너희들이 바르
게 하기 위하여 지금의 너희들이 공부
하며 알려고 하며 연구하는 것이라는
것을 알아야 될 것이니,
11 그러니 가장 중요한 그 행함이 바르지
못하며 그 행함이 바로 서지 못할 때,
너희들은 아무런 의미가 없는 것이라
함을 알아야 될 것이니라.
12 행함이 바르지 못하면 너희들이 알려
할 필요도 없으며 공부할 필요도 없으
며 연구할 필요도 없는 것이 나의 성
경이요, 새로운 성경임을 알라.
13 알려고 공부할 필요성이 없는 그와 같
은 이치니, 너희들이 알려고 하는 것,
그리고 공부하는 것, 깨우치려 하는
것은 바로 내 뜻대로 너희들이 행하는
그를 깨달으며 그를 역사하는 백성으
로 거듭나기 위한 것임이니라.
14 그러니 너희들이 그와 같은 것을 하기
위해서는 나의 법전을 먼저 터득하며
나의 법전을 연구하며, 그리고 너희들
이 진실된 마음으로써, 하얀 물과 같
은 깨끗한 마음으로써 성서를 연구하
고 나의 법전을 연구하고 그를 깨닫고
자 노력할 때만이 너희들이 그 속에
비유의 뜻이요, 그 원하는 뜻의 답을
찾을 수 있을 것이니, 그와 같은 것을
너희들이 먼저 구하는 것으로써 그리
가라 전하라.
15 너희들이 행함이 중요하며 그 행함에
따라서 너희들이 구원을 받고 받지 못
함이니, 너희들이 행할 수 있는 그 마
음을 다스리고자 너희들이 알고자 하
며 연구하고 성서를 공부하는 것이니,
16 그 모두를 이제 일괄적으로 너희들을
깨우쳐 주고 알 수 있는 것을 새로운
성경에 기록하여 전함이니,
17 너희들은 그를 보고 깨우치도록 그리
하면 다 그 뜻이 거기 있어 너희들이
지혜를 얻을 것이니 그리 전하라.

10,509 번째 하나님 말씀

2004년 4월 12일 23시 53분

1 사랑하는 나의 아들아!
2 "네, 아버님! 말씀하옵소서."
3 정녕 나 여호와가 가르치고자 하는
내 뜻이 무엇이더냐?
4 너희들이 인간의 본성으로 돌아올 수
있는 그 교육을 시키며, 그리고 너희
들이 그 교육을 바탕으로 깨우쳐 가며,
5 또한 그 인간의 본성을 회복하기 위
한 교육 속에 너희들이 진정한 믿음이
요, 참진리가 무엇이며 나 여호와가
원하는 것이 무엇인가를, 너희들이 모
두가 주체가 되고 주관이 되어 양자
모두를 병행하는 그와 같은 깨달음의
길을 가야 되는 것이니라.

6 그렇지 아니하면 너희들이 모두가 무
너지고 다 쓰러지게 되어 있음이니라.
7 그리하여 지금 내가 새로 내리는 나의
성경인 나의 법전이 바로 너희들이 그
양자의 교육을 역사하고자 하는 뜻이
라 내가 기록하였음이니,
8 지금의 수천 년 동안에 그 믿음의 길
을 오는 백성이요, 그 신앙의 지도자
들이 바로 한곳에만 치우쳤으며, 하나
만을 가지고 몸부림쳐 왔기에,
9 오늘의 이와 같이 험악한 세상이 되었
으며, 말세요, 종말이요, 사탄들이 들
끓는 이와 같은 세상이 되었음이니라.
10 그리하여 너희들이 이 모두를 같이 다
스려 나가지 아니하면 아니 되며,
11 나의 법전이 또한 그와 같이 너희들을
다스려 나가는 것이기 때문에 나 여호
와의 뜻이라는 것을 너희들은 알아야
될 것이니라.
12 한쪽에만 너희들이 매달리고 치우치
는 교육을 하다 보니, 이는 한 발로 서
고자 하는 그와 같은 형국이요, 한 발
로써 모두를 역사할 수 있다는 그와
같은 너희들의 모습이며 형국임을 알
아야 될 것이니라.
13 나의 백성들이 인간 본성의 교육이요,
그리 돌아갈 수 있도록 가르치며,
14 너희들의 믿음 또한 내가 역사하고 원
하는 것이 무엇인가 그것을 알아 너희
들이 그 주체를 가지고 같이 변화되이
야 하는 것이거늘,
15 너희들은 그저 하나는 던졌으며, 그러
니 육의 교육은 던져 버렸으며, 육이
역사하는 것은 던져 버렸으니,
16 육이 영혼의 집이라 하였거늘, 영혼의
집을 던져 버리고 너희들의 그 영혼이
어디에 존재한단 말이더냐?
17 존재할 수 없는 그와 같은 기운 형국
으로써 너희들이 오늘의 나의 피조물
만백성을 이끌어 왔으며, 그것이 하늘
에 오르는 교육이라 너희들이 울고불
고 그리하고 있음이니,
18 그 모두가 다 물거품 같은 것이요, 그
모두가 아무것도 이룰 수 없다는 것을
너희들은 알라.
19 그러니 너희들이 하나가 되어서는 어
떤 것도 이룰 수 없으며, 하나만을 선
택해서는 어떤 것도 제구실을 할 수
없으며 역사할 수 없다는 걸 알라.
20 그러니 너희들이 한쪽에 그 모두를 두
고 지금 이끌어 왔고 지금까지 행하여
왔기에, 이와 같이 험악한 세상이요,
오늘에 이와 같은 현장이 되어 있음을
너희들은 알라.
21 그리하여 내가 나의 아들을 통하여 내
리는 새로운 성경은 너희들이 인간의
본성이요, 본심으로 되돌려 놓는 것,
그리고 잘못된 모든 종교의 믿음이요,
그 모두를 바로잡아 가며 다스려 가는
그와 같은 역사가 되어 있음을 너희들
은 알아야 될 것이며,
22 그 의미를 여기서 깨닫지 못한다면 너
희들은 나의 법전을 정독하는 자가 아
님을 알아야 될 것이니라.

10,510 번째 하나님 말씀

2004년 4월 12일 23시 57분

1 사랑하는 나의 아들아!
2 "네, 아버님! 말씀하옵소서."

3 오늘의 종교 집단이요, 지도자, 그리
고 그 백성들의 교육이 무엇이더냐?
4 너희들은 오늘의 그 교육 방법이요,
설교요, 성서의 가르치는 것이요, 너
희들이 그 죄의 온상인 교회에서 가르
치는 그 교육으로써는 인간의 본성을
회복도 하지 못함이니라.
5 인간 본연의 본성도 회복하지 못하며
그를 되돌려 놓지 못하는 너희들이 하
늘의 뜻을 어찌 알며 하늘의 뜻의 그
믿음이요, 신앙의 길을 바로잡고 이끌
수 있다 할 수 있겠느냐?
6 인간 본성의 회복의 교육도 기초가 되
지 아니한 너희들이기에 나 여호와의
뜻이요, 하늘의 뜻을 알 수 없으며, 나
의 피조물 만백성을 참진리의 길로 이
끌지 못하며 다스리지 못하고 있는 것
이 오늘의 종교 집단과 신앙의 길을
가고 있는 너희들이니라.
7 그러니 여기서 내가 너희들에게 묻느
니라.
8 너희들이 모든 역사하는 그 종교 집단
이요, 내 뜻에 의해 가는 길이라 하며
나로부터 기름 부음을 받은 자요, 나
로부터 명을 받은 자들이 나의 사랑하
는 백성들의 인간의 본성을 회복시키
지도 못하는 그와 같은 너희들이니,
9 그리고 너희들이 바른 믿음이요, 바른
참진리를 알지 못하고 그를 가르치지
못함이니, 오늘의 모든 종교 집단이
요, 그 신앙이 죽은 믿음이요, 죽은 신
앙이라 내가 명함이니, 너희들은 죽은
신앙의 그 두려움을 알아야 될 것이니
라.
10 너희들이 죽은 교육이요, 죽은 신앙의
가르침은 무엇이더냐?
11 그는 결국 어떠한 형국이든지 열매를
맺을 수 없으며, 추수할 때까지 갈 수
없으며 추수할 수 있는 그 알곡식이
없는 것이니라.
12 너희들이 한 송이의 꽃을 꺾어 꽂아
놓으니, 그 꽂아 놓은 꽃이 아무리 아
름답고 곱다 해도 결코 열매를 맺을
수 없으며 그 결과를 얻을 수 없는 것
이니라.
13 그러니 그와 마찬가지로 너희들이 열
매를 맺을 수 없는 그와 같은 신앙이
요, 죽은 신앙이요, 생명이 없는 신앙
이라는 것을 알라.
14 그러니 그곳에서 너희들이 과연 열매
를 얻을 수 있다 생각하는가?
15 아름다운 꽃이 꺾여졌으니 그가 꽃이
피어 있으나 절대 열매를 맺지 못하듯
이,
16 너희들이 오늘의 신앙이요, 오늘의 믿
음을 가지고는 결코 열매를 맺을 수
없는 것이라는 것을 명심하고 명심하
라.
17 그러니 너희들이 그 열매를 맺지 못하
는 것은 죽은 신앙이요, 죽은 믿음이
니,
18 그 죽음의 종교요, 그 죽음의 집단들
이 이끌어 가는 그곳에서 너희들이 과
연 하늘의 이치를 알 수 있으며 하늘
에 오르는 그 길을 나의 백성들에게
깨우쳐 주고 전할 수 있던가?
19 결코 너희들은 없음이니라.
20 모든 신앙이 지금 꺾여진 꽃과 같은
형국이요, 보기는 아름다우나 결국은
그 열매를 맺지 못하는 그와 같은 형

국이 되어 있음이니,
21 나의 백성들을 구하지 못하며 너희들
이 나의 백성을 하늘로 인도하지 못함
이니라.
22 아름다운 꽃은 며칠 지나면 시들어 버
려짐이니, 그가 어디로 가는가?
23 너희들이 그와 같이 열매를 맺지 못하
는 죽은 믿음이요, 죽은 신앙의 오늘
의 그 방법으로써 너희 자신이 언제
심판대에 어디로 보내지며 너희들이
어찌 흘러가는 것인지를,
24 너희들이 아름답게 있는 그 꺾여진 꽃
의 그 시들어진 모습을 보면 너희들의
모습을 알 수 있을 것이니라.

10,511 번째 하나님 말씀

2004년 4월 13일 0시 04분

1 사랑하는 나의 아들아!
2 "네, 아버님! 말씀하옵소서."
3 너를 따르는 그 제자들이 나의 법전을
읽고 깨우치며 강론을 들으며, 네가
그들에게 세례를 내려 너희들이 어찌
갈 것인가를 네가 물었느니라.
4 '한 송이의 아름다운 꽃을 피울 수 있
는 너희들로 거듭나겠느냐?' 네가 그
들에게 물으니,
5 '예'로 대답한 자요, 아직은 때가 아니
되었으니 '아니요, 갈 수 없습니다.'
하며 그와 같은 나로부터 선택받음이
요, 나로부터 너희들이 '예'든 '아니요'
든, 세례를 받은 그와 같은 일을 겪으
며 은혜를 입은 너희들이 이제 해야
할 일이 무엇인 줄 알겠느냐?
6 이제 너희들이 그 가슴에 묻어 두었
던 것, 그리고 너희들이 마음의 문을
닫아 놨던 것을, 나의 아들을 따르는
제자, 세례의 은혜를 받은 너희들은
마음의 문을 활짝 열어 젖혀야 된다는
것을 잊지 말라.
7 너희들은 그리 생각할 것이니라.
8 미비한 너희 자신이요, 가진 것이 없
으며 남을 지도할 능력이 없는 것이
요, 남에게 내놓을 수 없는 너희 자신
이 네 그 모습으로써 네 마음을 활짝
열면 무엇하겠는가?
9 그 마음의 문을 연들 이 세상에 무엇
이 달라지며, 누가 너희들의 그 마음
속을 알 것이며,
10 너희들이 문을 활짝 연 그 방대한 뜻
을 누가 바라볼 것이며 그 뜻을 어찌
알겠는가,
11 그 문을 열었다 하여 너희들이 변해지
는 것이 무엇이며, 문이 열어졌다 하
여 어떤 백성이 너희들을 찾겠는가,
너희들을 따르는 자가 있겠는가 하는
그와 같은 너희들의 생각을 버리고,
12 너희들이 마음의 문을 활짝 열도록 그
리하라.
13 너희들이 마음의 문을 열면 이 세상이
열려 있음을 알 수 있는 그 지혜를 얻
게 되며,
14 너희들이 문을 활짝 열었을 때, 너희
가 무엇 하나라도 가슴속에 숨겨 두는
것이 없으며 감춰 두는 것이 없지 않
더냐?
15 모든 지도자라는 것은 너희들이 가슴
에 숨겨 두는 것이 있으며 가슴에 감
춰 두는 것이 있다면, 그 제자들은 너
희들을 따르지 않을 것이며, 너희들을

따르는 백성, 또한 너희들을 신뢰하지
아니할 것이니라.
16 너희들이 마음을 활짝 열고 아무것도
감춰 놓은 것이 없으며 숨겨 놓은 것
이 없는 순박한 그와 같은 마음으로
살아도,
17 너희들은 무엇인가를 숨겨 놓고 무엇
인가를 가르쳐 놓고 결정적인 것은 저
희들에게 가르쳐 주지 아니하며 깨우
쳐 주지 않는 선생이라 그들이 의혹하
는 자가 수없이 있을 것이니,
18 너희들이 마음을 열어도 진심으로 열
어야 될 것이며, 열어진 마음을 너의
제자들이요, 너를 따르는 백성들에게
너희들은 보여 주어야 된다는 것을 절
대 잊지 말라 그리하라.
19 너희들의 가슴에 숨겨 두는 것 같은
것을 느끼며 가슴에 너희들만이 간직
한 것을 알 수 있도록 하면, 결코 너희
들을 따르지 아니할 것이며, 너희들로
하여금 모두가 이룰 수 있는 그와 같
은 역사를 갈 수가 없음이니라.
20 그러니 너희들을 따르는 그 제자들과
너희들이 믿음이라는 그 고리로 하나
가 이루어지며 하나가 형성되는 것은
바로 너희들이 마음을 엶을 알라.
21 인간 세상에 너희들이 살아가면서 하
나의 고리요, 하나의 집단이 이루어지
는 것이 무엇이더냐?
22 한 형제요, 한 핏줄을 타고난 자요, 그
리고 너희들이 인간 세상에 살아가면
서 서로가 주고받고 정을 주며 오래
살아온 자, 그리고 서로를 알며 위로
하고 살아온 그 삶의 역사의 깊이가
있을 때,
23 너희들은 서로가 나누며 의논하며 하
나가 되는 그와 같은 삶의 고리가 만
들어지나,
24 너희들은 지금 온 세상에서 만백성이
서로 만남이니, 너희들은 그와 같은
인연의 고리도 없는 백성이 하나가 될
수 있는 것은 너희들이 모든 마음을
여는 것뿐이니라.
25 모든 마음을 열고 너희들이 세상을
보면 모두를 다 알듯이, 상대방도 너
희들이 마음을 열고 있음을 알게 될
것이니라.
26 그러니 너희들은 그 신뢰 속에서 하나
의 고리가 형성될 것이며, 그리고 나
를 따를 것이며,
27 너의 제자들과 같이 나의 법전을 전
하는 거기에 너희들의 모두가 한 몸이
되어 너와 내가 아니라는 그와 같은
고리로써 형성됨을 너희들은 알라.
28 그리하여 법전과 너희들의 믿음과 모
두가 다 하나가 되어야 하느니라.
29 그러니 마음을 열지 못하면 아무것도
이룰 수 없으며 너희들이 하나가 될
수 없는 그와 같은 형국이니라.
30 이제 나의 아들을 따르는 제자들이요,
나의 법전을 읽고 깨우쳐 줘 한 계단
한 계단 나에게 오르는 백성 너희들은
오늘부터 마음의 문을 활짝 열라.
31 그 마음의 문을 여는 데 주저하지 말
라.
32 아는 자가 없으며, 열어 본들 무엇이
달라지며, 얻을 것이 없으며, 변화될
것이 없으며, 누구를 가르칠 수도 없
으며, 인도할 수 없는 너희들이 가슴
을 열면 무엇하는가 그와 같이 너희

들이 자책하지 말며,
33 활짝 마음의 문을 열라.
34 그러면 세상의 이치를 알게 될 것이며
모두를 얻는 지혜를 내가 내릴 것이니
라, 사랑하는 나의 아들딸들아!

10,512 번째 하나님 말씀

2004년 4월 13일 0시 07분

1 사랑하는 나의 아들아!
2 "네, 아버님! 말씀하옵소서."
3 너를 따르는 제자 너희들이 이제는 어
떠한 형국에 와 있는지 알겠느냐?
4 너희들은 제자리 걸음을 해서도 안 되
며 제자리에 머물러 있어도 아니 됨이
니라.
5 그러니 오늘에 나의 법전을 만들어 만
백성을 깨우치는 이와 같은 길에 서
있는 너희들이 부름을 받은 자요, 선
택된 자니, 너희들이 제자리걸음으로
제자리에 머물러서도 아니 되며 물러
서도 아니 되며 후퇴하는 일이 있어서
도 결코 아니 된다 내가 그리 가르쳤
음이니라.
6 그리고 내가 너희들에게 그리 일찍이
전했느니라.
7 오로지 너희들은 전진하는 것뿐이라
내가 그리 말하였음이니라.
8 그러니 너희들이 지금까지 내려온 그
모든 성경이요, 내가 지금 나의 아들
을 통하여 내리는 새로운 성경이요,
9 그 계명을 너희들이 울고불고 광란의
짓을 하며 떠드는 것으로써 너희들이
믿음의 길이요, 그와 같이 역사하는
것도 아니라는 것을 너희들은 잘 알고
있을 것이니라.
10 그러니 너희들은 그와 같은 백성들과
의 믿음이 아니요, 그와 같은 행위로
써 너희들이 가는 것이 아니요,
11 너희들은 조용히 그저 깨우친 그대로
말없이 행하는 그와 같은 나의 선택된
백성으로서 너희들이 변화되며 거듭
나야 되는 것이 너희들이 차별화됨을
알라.
12 모든 종교 집단이요, 믿음의 길을 가
는 그들이 제자리에서 제자리걸음을
하며 한 발짝도 나가지 못하며 전진하
지도 못하는 자들이니라.
13 이는 앞으로 나가는 자를 종교 집단이
요, 지도자들이 쇠사슬로 묶어 놨으며
결코 나가지 못하도록 하고 있음이니,
너희들이 변하지 못하는 삶이요, 죽음
의 믿음이라 그리하느니라.
14 이제 나의 아들을 따르는 백성 너희들
은 지금의 믿음의 길을 가는 그와 같
은 형국으로써 가서는 아니 됨이니,
반대 현상이요, 정반대의 그와 같은
형국으로 너희들은 가라.
15 아무 말 없이 조용히 너희들이 나의
법전을 읽고 정독하여 깨우치며, 깨우
친 대로 말없이 행동하는 그와 같은
자, 그러면서 너희들이 하나도 손색이
없는 그와 같은 백성으로 되어야 될
것이니라.
16 울고불고 떠드는 광란의 짓 하는 자
그들만이 위대한 믿음이 아니요,
17 조용히 말없이 너희들이 나의 법전을
읽고 깨우쳐 행동할 때, 하나의 오차
도 없으며 하나도 틀림이 없고 손색
이 없는 그와 같은 나의 아들을 따르

는 제자들로서 거듭나야만 만세의 영광을 누릴 것이니 그리 알라.

10,513 번째 하나님 말씀

2004년 4월 13일 0시 11분

1 사랑하는 나의 아들아!
2 "네, 아버님! 말씀하옵소서."
3 믿음의 길을 가는 그 많은 백성들이
요, 그 집단들, 저희들이 어찌 그 믿음
의 길을 가며, 진리를 어찌 두고 가며,
저희들이 깨우치는 초점을 어디에 맞
추고 성경을 공부를 하는지, 그것을
너희들은 시시비비할 것 없으며 그를
바라볼 필요도 없느니라.
4 다만, 지금 나의 아들을 따르는 그 믿
음의 길을 가는 너희들은 이제 새로운
성경이요, 나의 법전을 공부하는 그
모두를 인간 세상의 삶에 접목시키며
인간 세상의 교육이요, 깨우침의 그
수준에 접목시켜서 보는 그와 같은 백
성이 되어서는 아니 될 것이니라.
5 너희들이 성경의 한 줄을 외우며 십계
명의 한 줄을 암송하며 그리고 나의
새로운 성경의 한 줄을 공부한다 해
도, 너희들이 접목시키고 너희들이 역
사하는 것은 하늘나라의 공부며 하늘
의 이치에 따라 그를 접목시키는 안목
높은 그와 같은 것으로써 너희들이 성
서요, 새로운 성경을 봐야 된다는 것
을 절대 잊지 말라.
6 그렇지 아니하면 너희들이 하늘의 지
혜를 얻을 수 없으며, 하늘에서 원하
는 그 뜻을 알 수 없으며, 내 뜻을 알
수 없음이니,
7 너희들이 내가 역사하는 길을 모르는
자들이라 그리함이니 그리 알라.
8 성경이요, 나의 법전 모두의 가르치는
것은 인간 세상의 공부에 너희들이 머
무르며 인간 세상의 공부를 깨우치는
그 한계에서 공부하고 많은 백성들을
깨우치려 하면 너희들도 제자리걸음
하는 자요,
9 제자리에서 너희들이 한 발짝도 나가
지 못하는 그와 같은 지도자가 될 것
이니 그리 알라.
10 모든 성경이요, 법전이요, 그리고 내
가 내리는 새로운 성경이라는 그 모두
는 다 너희들이 하늘의 공부요, 하늘
의 이치에 맞춰 거기에 접목시켜 깨우
침을 얻으려 해야 될 것이며, 변화를
얻으려 해야 될 것이며,
11 그리하여 하늘의 뜻을 들여다보며 나
여호와의 뜻이 무엇인가를 알 수 있는
그와 같은 은혜요, 영광을 얻게 됨이
니,
12 모든 나의 아들을 따르는 제자들이요,
그리고 법전을 읽은 백성, 너희들은
어떠한 상황이요, 어떠한 삶이든지 그
모두는 하늘나라의 공부요, 하늘나라
의 이치요, 하늘나라의 지혜에 맞춰
너희들이 모두를 접목시켜 깨우치고
보도록 그리하라.
13 그리해야만 하는 것이 나의 아들을 따
르는 제자들이요, 나의 법전을 읽은
백성, 너희들이 한 계단 높이 와 있는
자들이 하는 길이요, 공부하는 것이
요, 연구하는 것이 이와 같이 다르다
는 것을 알려 주고 알려 줌이니,
14 또 들은 자 그리 알고 행하도록 그리

하라.

10,514 번째 하나님 말씀

2004년 4월 13일 0시 16분

1 사랑하는 나의 아들아!
2 "네, 아버님! 말씀하옵소서."
3 나의 백성 너희들은 바로 서지 못하며
깨우치지 못하며 계명을 지키지 못하
며 나의 법전대로 살 수 없다 그리 말
하지 말라.
4 이제 사랑하는 나의 아들을 따르는 선
택된 너희들이 성숙된 백성으로서 깨
달음의 그 길을 오며 내 뜻을 아는 너
희들이 바로 서지 못하며 계명을 지키
지 못하며, 나의 법전대로, 새로운 성
경대로 살지 못한다면, 너희들이 내
가슴을 얼마나 울리는 일인 줄 알겠느
냐?
5 사랑하는 나의 아들을 따르는 제자 너
희들은 들으라.
6 길고도 긴 6천 년이라는 세월을 나는
나의 사랑하는 아들딸 너희들 때문에,
너희들이 잘못 가고 지옥으로 떨어지
는 그와 같은 삶을 살기에,
7 잠시도 눈을 감지도 못하고 6천 년이
라는 그 긴 세월을 고통 속에서 내가
뜬눈으로 너희들을 기다리고 보고 지
켰다 하면 과연 너희들은 어찌 생각하
겠느냐?
8 나 여호와가 나의 아들딸이 잘못 가는
것을 보기가 너무 가슴이 아프고 가슴
이 저려, 6천 년 동안을 내가 눈을 감
지 못하며 잠을 자지 못하며, 뜬 눈으
로써 너희들이 변하기를 바라는 애절
한 마음으로 지금까지 인내하고 왔다
해도,
9 이와 같은 뜻을 아는 나의 아들을 따
르는 제자 너희들이 과연 나의 계명을
지키지 못하며 나의 법전대로 지키고
살 수 없다는 그와 같은 말을 할 수 있
겠느냐?
10 그러니 사랑하는 나의 아들을 따르는
제자들이요, 그리고 나의 법전을 읽고
깨우친 백성, 너희들은 들으라.
11 나 여호와는 오늘의 너희들이 있을 때
까지, 선택된 백성 너희들이 나의 법
전을 만들어 만백성을 깨우치는 이와
같은 역사를 이룰 때까지 6천 년이라
는 그 긴 세월을 눈을 감지 못했으며,
12 눈을 뜨고 눈물의 세월로써 너희들이
오늘에 오기를 기다렸으며, 그와 같은
내 졸이는 마음으로 내가 견뎠다면 너
희들은 과연 믿겠느냐?
13 이를 너희들은 믿으라.
14 누가 뭐라 하든 너희들은 믿으라.
15 그리고 그 아픈 내 마음을 너희들은
들여다보라.
16 그리고 내가 뜬눈으로써 6천 년 동안
을 기다렸다는 그 내 마음을 너희들은
바라봐야 할 것이니라.
17 그렇다 아니하다 너희들은 시시비비
하지 말며, 내가 그렇다면 그러하니,
내 아픈 마음을 들여다보는 너희들이
되라.
18 그리하여 오늘의 선택된 너희들이 있
기까지 기다린 세월이 얼마나 길고
긴 줄 알겠느냐?
19 그런 세월이 지나 선택된 나의 아들딸
이니, 너희들이 정녕 바로 설 수 없으

며 바로 살 수 없으며, 열 개의 계명을 지키지 못하며, 내가 법전에 내려보내는 그 내용대로 지키지 못하고 산다 그리할 수 있겠느냐?
20 그리고 너희들은 육의 세상에 살면서 부끄럽고 해서는 안 되는 일, 그와 같은 죄에 대한 행위를 너희들이 과연 할 수 있겠느냐?
21 그러니 나 여호와의 마음을 너희들이 읽기를 바라며, 내 마음의 내 뜻을 너희들이 들여다보기 바라며,
22 내 심정을 너희들이 들여다보는 그와 같은 나의 아들딸로서 너희들이 다시 한 번 회개요, 반성하는 시간을 갖도록 그리하라.

10,515 번째 하나님 말씀

2004년 4월 13일 06시 58분

1 사랑하는 나의 아들아!
2 "네, 아버님! 말씀하옵소서."
3 나의 피조물 만백성 너희들이 그 감정이라는 것을 스스로 다스리지 못하며 억제하지 못함이니,
4 그리하여 너희들이 모두를 다 잃는 것이며 모두를 다 버리게 되는 그와 같은 삶을 사는 백성이 수없이 있음이니라.
5 조금만 인내하고 조금만 참을 수 있는 그 마음 자세가 있다면, 너희들은 모든 것을 다 볼 수 있으며 모든 것을 스스로 이룰 수 있건만,
6 너희들은 인간의 그 성격이요, 그 마음이 작은 감정에 의하여 제 인격이요, 인품이 무너지니, 그리하면 세상 것을 다 잃는 것이며,
7 너희들이 감당치 못하는 그와 같은 너희들의 마음으로 너희들이 제 감정을 다스리지 못하여 무너지고 쓰러지는 일이 수없이 있음이니라.
8 그러니 그것이 얼마나 어리석은 바보의 생활이더냐?
9 조금만 인내하며 조금만 한 발 물러나 생각한다면 그 모두를 헤어날 수 있는 길이 있느니라.
10 모든 것을 매듭이 지어 가며 이제는 너희들이 한계에 달함이니, 그리고 결정을 짓는 시간이 얼마 남지 않은 그와 같은 순간일 때,
11 너희들은 너희 자신이 그 감정으로 인하여 그 모든 사리 분별을 잃어버리고, 너희들이 감정에 의하여 행동하며 감정에 의하여 언행을 함으로 모두를 다 잃게 되는 것이니라.
12 그 감정에 의하여 행동하는 것이 무엇이더냐?
13 배려하는 마음이 없으며, 사랑하는 마음이 없으며, 용서하는 마음이 없으며, 이해하는 마음이 없기 때문에 그러하니라.
14 그러니 너희들이 그와 같은 삶에서 벗어날 수 있는 것은 사랑하는 마음이요, 그리고 진실된 마음이요, 그리고 모두를 배려하는 마음,
15 그와 같은 마음을 진심으로 갖지 아니하면, 너희들이 항상 그 감정이라는 것에 의하여 다 무너지며 모두를 다 잃게 되어 있느니라.
16 감정이라는 것도 너희 자신이 다스리기에 달렸느니라.

17 너희들이 참고 인내함으로써 그것은
그와 같은 너희들이 화로써, 그리고
너희들이 무엇인가를 제 뜻대로 이루
어지지 아니한다 하여 있는 말 없는
말을 다하는 그와 같은 행동을 함으로
인하여 후회하는 삶이요,
18 그리고 다 이루어진 것까지 모두를 다
잃는 그와 같은 결과가 되는 것이니,
19 나의 피조물 만백성 너희들이 그 감정
을 다스리지 못하여 무너지는 자가 얼
마나 많이 있는가?
20 그 감정을 다스리지 못하는 것은 너희
들이 변화되지 않은 것이요, 하나도
다스려지지 않은 사람이기 때문이니
라.
21 이제 나의 아들을 따르는 제자들이요,
그리고 법전을 읽고 깨우친 너희들은,
너희들 인간의 그 감정이라는 것이
가장 작은 것이니라.
22 그 작은 것에 의하여 너희들이 큰 것
을 잃으며, 작은 것으로써 큰 것을 보
지 못하며, 작은 것으로써 모두를 잃
을 수 있는 그 기회를 잃지 않도록 그
리하라.
23 그리고 준비된 삶으로써 살아야 되는
것이니라.
24 너희들이 감정에 의하는 것도 너희들
이 여유가 있고 시간이 있을 때 생각
하며 다스리지 아니하고, 버려 버리고
지워 두고 지나가다 너희들이 막바지
의 그 짧은 시간 속에 그를 대비하지
아니하였으며 준비하지 아니한 것이
기 때문에,
25 감정이 모두를 앞서 너희들이 잃어버
리는 그와 같은 삶을 사는 것이니라.
26 이제는 또한 너를 따르는 제자들이요,
모든 백성, 너희들은 외줄을 타는 곡
예사와 같은 삶을 살지 말라 내가 전
함이니라.
27 외줄을 타는 곡예사가 아무리 유능하
고 완벽하다 해도 언젠가는 실수를 하
게 되어 있음이니, 그러니 너희들이
곡예사와 같은 너희들의 삶이요, 생활
을 그리하지 말라.
28 그와 같은 것을 즐기는 자, 그와 같은
것을 행하는 자는 언젠가는 너희들이
떨어지게 되어 있음이니,
29 이 또한 미리 준비하지 아니하면 미리
생각하지 않는 삶을 사는 것이기 때문
에,
30 너희들이 그 곡예사와 같은 삶이요,
언젠가는 실수하며 무너지는 그와 같
은 결과가 있음이니라.
31 그러니 항상 준비되며 여유로운 마음
으로써 미리 대비하는 그와 같은 마음
을 가지고 살도록 그리하면 너희들이
모든 것을 다스리며 볼 수 있을 것이
니 그리 전하라.
32 곡예사와 같은 삶을 살지 말며, 감정
을 앞에 두고 사는 삶을 살지 말며, 미
리 준비된 삶을 살도록 그리하라, 사
랑하는 나의 아들아!

10,516 번째 하나님 말씀

2004년 4월 13일 07시 03분

1 사랑하는 나의 아들아!
2 지금 모든 백성들이요, 신앙생활의 길
을 가는 백성, 그들에게 너희들은 전
하며 깨우치도록 그리하라.

3 이제는 짜깁기하는 신앙생활이요, 짜
깁기하는 그 믿음으로 너희들이 나의
사랑하는 백성들을 지옥으로 이끌어
가는 그와 같은 행위를 중단하라 그리
전하라.
4 너희들이 하는 기도가 무엇이더냐?
5 너희들은 철저히 짜깁기된 그 기도로
써 나에게 무엇을 이루고자, 소원하고
자 나의 피조물 만백성들의 마음을 흥
분시키고 자극시키는 그와 같은 행위
를 하니,
6 이제 그와 같은 짜깁기하는 기도를 중
단하라 그리 전하라.
7 너희들이 말로써만, 입으로써만 나를
찾으며 경배한다는 행위를 이제는 중
단하며, 중단할 때가 되었다 그리 전
하라.
8 내가 이를 받아들이지 아니하며 용서
하지 아니함이니라.
9 나에게 멀어질 대로 멀어진, 그리고
나로부터 떨어져 간 너희가 나로부터
구원받았다는 것, 구원받을 자격이 있
다는 것, 그와 같은 말로써 나의 백성
들을 현혹하는 그와 같은 행위를 그만
두라 그리 전하라.
10 너희들이 잘못된 인간 교류의 신앙을
지키고 활성화하기 위하여 나 여호와
를 욕되게 하는 행위를 너희들은 그만
하라 이제 전하라.
11 나 여호와를 구박하는 행위를 하지 말
라 그들에게 전하라.
12 짜깁기하여 가르치는 비진리요, 설교
를 이제는 그만두라 그들에게 전해야
될 것이며, 이제는 그를 단죄하도록
해야 될 것이 너희들이라는 것을 알아
야 될 것이니라.
13 지키지 못할 거짓된 신앙 고백이요,
그와 같은 것으로써 이제는 나를 더
우롱하지 말라.
14 그리고 너희들이 필요할 때마다 우리
부자를 불러 난도질하지 말며 우리를
욕되게 하지 말라 그리 전하라.
15 너희들이 너희들 자신을 지키기 위하
여 나의 성경을 더 이상 괴롭히지 말
며, 내가 새로 내리는 나의 새로운 성
경을 괴롭히지 말며,
16 나의 아들을 따르는 제자, 그들에게
너희들이 살아남기 위하여 남을 죽이
는 그와 같은 행위를 하지 말라 전하
라.
17 내가 이와 같은 행위를 하는 너희들을
더 이상 용서치 아니할 것이며 더 이
상 내가 보고 넘어가는 그와 같은 일
은 없을 것이니라.
18 너희들이 이와 같은 행위를 함으로 세
상이 악으로 덮여 있으며, 너희들이
그 사악한 교리의 가르침이요, 울부짖
는 그 소리가 하늘까지 진동함이니,
너희들이 나 여호와를 괴롭히는 행위
를 그만두라 그리 전하라.
19 그렇지 아니할 때, 너희들은 결코 너
희 제자들이요, 너희 신도들이요, 그
들로부터 살아남기 어려울 것이며, 너
희들이 죽어 와 나에게 심판을 받기
전에 육의 세상에서 그와 같은 것을
보게 될 것이니,
20 그 환란의 책임은 너희들에게 있음이
니, 그 종교 집단이요, 지도자, 그들에
게 전하도록 그리하라.

10,517 번째 하나님 말씀

2004년 4월 13일 07시 09분

1 사랑하는 나의 아들아!
2 "네, 아버님! 말씀하옵소서."
3 너희들이 하나가 되라 하였으며 하나
가 되어야 함이라 그리하였으니, 너희
들이 하나가 되기 위해서는 남을 평하
는 말을 듣지 말며, 남이 남을 평하는
그와 같은 과격한 말을 하며 감정에
격화된 말을 한다 해도,
4 너희들은 그를 듣고 전하는 그와 같은
행위를 해서는 아니 됨이니, 그는 들
어도 전하는 일이 있어서는 아니 될
것이니라.
5 감정이 격화되어 남을 해하는 소리를
하거든 너희들은 그리 말하라.
6 인간이 감정이 있으며 사람이 살아가
면서 화가 나고 감정이 폭발하니, 무
슨 말은 못 하겠느냐,
7 그러니 그와 같은 말은 그의 진심이
아니요, 그와 같은 감정이 아니요, 차
라리 너를 사랑하기 때문에 그 사랑에
서 나오는 말이라,
8 너희들이 그와 같이 한 사람이 하는
말을 다른 사람에게 전하지 말며, 한
사람이 한 사람의 감정이 격화되어 욕
하고 그를 시비할 때 너희들은 그와
같이 아름다운 마음으로써 그들을 달
래 주어야 될 것이니라.
9 또한 너희들이 남을 다스리기 위해 사
람이 화나면 무슨 일을 못 하겠느냐,
무슨 짓은 못 하겠느냐 그리 말한다
해도,
10 너희들 자신이 또 화가 나며 감정이
격화되어서 그와 같은 일을 너희들의
감정대로 처리해서는 아니 되는 것이
며, 그리 처리하라는 건 아니니라.
11 다만, 너희들이 한 사람이 남을 음해
하는 말을 할 때, 그 감정을 다스려 주
는 말이요, 그리고 그를 옮겨 전하지
않는 것이요, 그를 너희들이 좋고 아
름다운 뜻으로써 이해하며 그리 전할
수 있는 마음 자세를 가져야 될 것이
니라.
12 그러니 나의 피조물 만백성 너희들이
마음 자세요, 삶이 어떠하던가?
13 남이 감정이 격화되어 너희들에게 무
슨 말을 할 때, 너희들이 옳고 그름을
생각하기 전에 그들과 더불어 너희들
말대로 맞장구를 치며 같이 험담하며
그를 짓밟는, 그리고 그를 욕되게 하
는 행위를 서슴없이 하는 것이 너희
들이니라.
14 그리고 돌아서서 등 돌리고 다른 소
리를 하는 것이 나의 피조물 만백성
너희들이니라.
15 내가 나의 아들을 통하여 너희들에게
좋은 음식이요, 아름다운 것을 먹고
마신 너희들이 아름다운 말을 하고 살
라 하였음이니,
16 그러니 너희들이 남의 감정을 자극하
는 말이요, 감정이 격화되어 하는 그
이야기를 그대로 받아 너희들이 거기
다 한 술 더 보태어 상대방에게 전하
는 것,
17 그리고 상대방의 감정을 더 격화시키
는 것, 이와 같은 행위를 하는 것이 인
간 너희들의 마음이요, 그를 보며 즐
겨 하는 것이 너희들이니,

18 그와 같은 마음으로 하나가 결국 될
수 있겠느냐?
19 그러니 나의 아들을 따르며 나의 성
전에서 같이 공부하고 깨닫는 너희들
은, 사람이 감정이 격화되며 화가 나
면 어떠한 말을 못 하겠느냐, 그러니
그와 같은 말을 그대로 듣지 말며 이
해하고 사랑하는 마음으로 그를 다
스리며,
20 그것 또한 너희들이 아름다운 이야기
로써 또 연구하고 다스려 아름다운
이야기를 전할 수 있으며, 아름다운
의미로써 모두를 다 끝맺으며 끝을
낼 수 있는 그와 같은 마음을 가지고
살아야 되는 것이니라.
21 그와 같은 마음을 가지고 너희들이 살
때 곧 하나가 될 수 있는 그와 같은 일
이 이루어질 것이며, 그는 역사하게
될 것이니라, 사랑하는 나의 아들딸들
아!
22 그리하여 화합의 장을 만들어 화합된
마음으로써 너희들이 하나가 될 수 있
도록 그리해야 될 것이니,
23 너희들은 어떠한 것이 화합하는 이야
기요, 어떠한 것이 모두가 다 기쁘게
하는 일이요,
24 어떠한 것이 남에게 욕되지 아니하며,
두 사람의 격화되는 그 감정을 다스릴
수 있는 것인가,
25 감정에서 감정으로 더 격화 되지 않는
그와 같은 너희들의 마음 자세를 가지
고 살아야 될 것이니라.
26 인간 세상에 너희들이 살아가면서 뭐
라 말하느냐?
27 '어린아이들 싸움이 집안 싸움으로 변
화된다.' 하였음이니,
28 그것이 감정을 다스리지 못하며 감정
을 다스리지 못하도록 너희들이 좌우
에서 부채질하며, 그와 같은 말을 전
하는 자의 그 말에 의해 더욱이 너희
들이 큰 언쟁으로써 변질되는 그와 같
은 것이 있으니,
29 그것은 너희들이 아름다운 쪽으로 매
듭짓고 끝날 수 있는 그 마음 자세를
갖고 항상 그리 살아가며,
30 내가 너희들에게 명하니 이와 같은 너
희들이 우를 범하지 않는 사람이 되라.
31 그러한 나의 아들딸이 내가 보기에 비
참하고 불쌍하니, 그와 같은 행위를
하는 너희 자신이 비참하고 처량한 사
람이라는 것을 알도록 너희들은 그리
전해 주라.

10,518 번째 하나님 말씀

2004년 4월 13일 10시 10분

1 사랑하는 나의 아들아!
2 "네, 아버님! 말씀하옵소서."
3 나 여호와의 뜻을 들으며 내가 직접
명하며 내 뜻을 따라 움직이는 나로부
터 선택된 지도자요, 목자와 그렇지
아니한 백성의 그 차이가 너희들이 무
엇인 줄 알겠느냐?
4 단순한 것임이니라.
5 그것을 알지 못하는 것이 나로부터 선
택되지 아니한 종교 집단이요, 지도자
요, 나로부터 선택된 목자는 내 뜻을
알고 있음이니라.
6 내가 너희들에게 똑같이 네 머리의 아
픈 부분을 하나씩 찍어 줬다 하자.

7 네 머리의 오른쪽 상단부가 아프니 내
가 네 머리의 아픈 것을 환상이요, 꿈
으로 보여 줬으며, 종교 지도자 또한
내가 꿈이요, 환상으로써 그를 보여
주었을 때, 그들은 무엇을 생각하는가?
8 그 머리가 아플 것이며 그 머리에 이
상이 있을 것이라는 것을 고민하고 걱
정을 할 것이니라.
9 그러나 너는 어찌 생각하는가?
10 너는 내 마음을 알며 내 뜻을 아니, 너
는 어찌 해석하는가?
11 "네, 아버님!
12 저는 아버님께서 제 머리의 상단부를
아프다 하여 한 곳을 찍어 주신다면,
13 그는 제 머리가 아파서 제가 스스로
고통을 당하고 쓰러지는 것이 아니요,
14 제 주변에 있는 그 제자들이요, 그리
고 저희들이 역사하는 그 일에 머리
를 쓰고 신경을 써야 될 만큼 그와 같
은 일이 있을 것이니,
15 더 신경을 쓰고 긴장을 풀지 말며 정
신을 집중하여 모두를 실수 없이 행하
라는 그와 같은 아버님의 뜻의 그 가
르침이 그 머리 아픈 것처럼 그리 아
픔이 있을 것이며 고통이 있을 것이며
시련이 있을 것이니,
16 바로 생각하고 바로 깨우쳐 긴장을 풀
지 말며 최선을 다하라는 그와 같은
아버님의 그 의미를 저는 받아들이고
알고 있사옵니이다."
17 사랑하는 나의 아들아! 그것이 다름
이니라.
18 내가 똑같은 돌을 주니, 그 돌이 어디
에 쓰이며 무엇을 할지 모르느니라.
19 그들은 그저 돌이라는 것밖에 모르느
니라.
20 그러나 너는 무엇을 아느냐?
21 내가 그 돌을 어디에 쓰며 어찌할 것
이며 무엇에 쓰며 무슨 성분을 가지고
있는가 그 모두를 너는 나로부터 들
으며, 내가 너에게 전해 주는 것을 알
고 있음이니, 그것이 다름이라 함이니
라.
22 그러니 진정한 참진리의 길을 모르고
가는 그 백성들이 저희들이 말하는 하
늘에 오르는 길이요, 절대적인 것이라
부르짖는 그것이 저희들 인간 세상이
요, 인간 지혜의 한계에서 너희들이
그리 역사하는 것이니라.
23 그러니 나의 아들을 통하여 내리는 그
와 같은 진리의 가르침은 그들이 상상
할 수 없는 그 진리요, 아름다움이 거
기에 있으며,
24 모두가 하늘의 뜻이며 내가 역사하는
것이요, 그리하여 그 길을 가지 아니
하면 아니 되며 그를 보지 아니하면
아니 됨이니라.
25 그러니 내가 나의 아들 너를 통하여
내리는 160권의 법전을 모든 백성들
이 정독하여 읽고 깨우치지 아니하면
결코 하늘의 뜻을 알 수 없으며 너희
들이 하늘에 오를 수 없다는 그 의미
를 알겠느냐?
26 그와 같은 의미가 있음을 그 백성들에
게 전해야 될 것이며,
27 너의 제자들 또한 그와 같은 의미가
있기에 나의 성경이요, 새로운 이 성
경이 소중하며 '하늘에 오르는 길'이
요, 이게 '하나님! 말씀하옵소서.'라는
내가 그 제목을 붙였으며,

28 그리하여 내 뜻의 책을 만들어 만백성
을 구하는 역사를 이룸이니, 이 속에
서는 너희들이 상상할 수 없는 그 깊
은 의미가 있으며,
29 그리고 또한 너희들이 정독해서 읽었
을 때 그 깊이의 의미를 다 볼 수 있는
지혜를 얻게 되는 법전이니라.
30 그리하여 이를 보지 아니하면 아니 된
다 함이 여기 있다는 것을 인식하고
깨우치도록 그리하라, 사랑하는 나의
아들을 따르는 제자들아!

10,519 번째 하나님 말씀

2004년 4월 13일 10시 16분

1 사랑하는 나의 아들아!
2 "네, 아버님! 말씀하옵소서."
3 세상의 모든 이치요, 그리고 아름다운
너희들의 가르침의 그 깨달음을 나 여
호와가 세상에 얼마나 많이 내려보냈
으며,
4 그리고 나의 아들을 따르는 제자 너희
들이 너희들의 머릿속에 기억하도록
얼마나 내가 너희들에게 전하고 깨우
쳤느냐?
5 세상에 너희들이 살아감에 있어 그를
행하고 따르며 너희들이 한 가지만을
제대로 지킨다 해도 너희들이 지옥문
에 가서 매달리지 않는 그와 같은 삶
을 살 수 있는 그 아름다운 뜻을 내가
수없이 너희들에게 내려보내지 아니
하였더냐?
6 하늘을 향하여 한 점의 부끄럼이 없는
삶을 살라는 것, 그것 하나를 너희들
이 지킴으로써 지옥문에 가 몸부림치
는 네 모습을 네가 보지는 아니할 것
이니라.
7 또한 그뿐이던가?
8 너희들이 '네 이웃을 네 몸같이 사랑
하라.' 하였음이니라.
9 그러니 과연 너희들이 네 이웃을 네
몸과 같이 사랑하는 그와 같은 삶을
사는가?
10 그리고 너희들은 모두를 놓고자 하는
마음을 비우고 살라 하였음이니라.
11 그러니 과연 너희들이 네 앞에 더 큰
것을 놓고자 하는 그와 같은 마음을
다 비우고 사는가?
12 그리고 너희들은 남에게 군림하고자
하는 마음을 갖지 말며, 너희들이 정
복하고자 하는 마음을 갖지 말며, 그
와 같은 마음으로 살지 말라 내가 너
희들에게 그것도 가르쳤음이니, 그 얼
마나 아름다운 가르침이던가?
13 그 모두를 너희들이 하나라도 제대로
행하고 지키는 사람이 있는가?
14 그러니 내가 그와 같은 것을 아무리
많이 내려보내며 아름다운 뜻을 너희
들에게 세상에 전한다 해도,
15 그 하나를 제대로 지키고 살지 못하는
너희들의 그 삶이라면, 얼마나 너희들
이 부끄러운 삶이요, 잘못된 사람이
요, 또한 너희들이 오만한 자들이며,
16 너희들이 오늘의 젊음이요, 오늘의 삶
에 대하여 얼마나 의지하고 믿으며
모두를 거기에 매달려 사는 삶이 아니
라면,
17 나 여호와가 다음 너희들의 내세에
이루어지는 그 삶의 아름다운 기본이
요, 그 기초요, 근본이 되는 것을 수없

이 내가 너희들에게 내려보냈거늘,
18 어찌하여 너희들이 이를 지키고 행하
는 것이 하나도 없단 말이더냐?
19 내가 너희들에게 친필로 써 내린 그
십계명의 구절 또한 너희들이 과연
얼마나 지키고 얼마나 행하고 살고
있는가?
20 그것 하나도 제대로 지키지 못하는
것이 너희들이 아니더냐?
21 네 부모를 공경함에 있어서 과연 너희
들이 한 점의 부끄러움이 없으며,
22 나에게 와 내가 너희들에게 심판함이
니, 내가 네 부모를 어찌 공경했느냐
할 때, 너희들이 한 점의 부끄러움이
없어 당당히 고개를 들 수 있는 그와
같은 삶을 사는가, 고개 들지 못하는
그와 같은 너희들의 삶을 사는가?
23 '간음하지 말라.' 하였으니 너희들이
과연 그와 같은 삶을 사는가?
24 그리고 마음의 간음이요, 너희들이 육
의 간음이요, 그 모두를 초월하여 그
를 지키고 그것이라도 지키고 사는 마
음이 있는가?
25 '도둑질하지 말라.' 하였으니, 도둑질
하지 않는 마음으로 너희들이 사는가?
26 이해관계에 따르지 않고 너희들이 공
정한 심판이요, 공정하고 정의로운 대
답으로써 너희들이 그리 사는가?
27 그리고 '거짓 증거하지 말라.' 하였으
니, 너희들이 거짓 증거하는 행위는
하지 아니하고 사는가?
28 작은 거짓말을 하지 말며 작은 도둑질
이요, 작은 악습을 행하지 말라 하였
으니, 과연 너희들이 그와 같은 것을
지키고 사는가?
29 이 세상에 아름다운 너희들이 지키고
행해야 될 수많은 나의 뜻을 내가 글
로써 책으로 너희들에게 전하고 또
전하였거늘,
30 그를 하나도 행하지 아니하며 지키지
도 못하는 백성들이 되어 있다면, 과
연 내가 너희들을 어찌해야 되겠는가?
31 이제 나의 아들을 따르는 제자 너희들
은 알라.
32 이 세상에 나의 뜻이요, 나의 성령이
요, 아름다운 내 뜻이 전해진 것, 그를
하나하나 구슬을 꿰듯이 그를 꿰어 하
나하나 지키는 그와 같은 마음으로 하
나하나 행동하도록 그리하라.
33 너희들이 그 사람들의 믿음이요, 그리
고 너희들의 깨우침을 위하여, 또한
너희들이 절에 있는 불상에 가 너희들
의 소원을 빌면서 손에 든 염주를 하
나하나 넘기듯이,
34 너희들이 아름다운 뜻, 아름다운 나의
가르침을 그리 구슬처럼 그 모두를 꿰
어서 하나하나 너희들이 실천했을 때
마다 넘기는 그와 같은 삶을 살아 보
라.
35 과연 너희들이 평생 동안에 하나도 제
대로 넘길 수 있는가?
36 그 수없이 꿰어 있는 구슬을 하나도
넘기지 못한다면, 그게 너희들이 나에
게 와 심판을 받는 결과요, 그것이 너
희들이 갖는 죄수라는 것을 잊어서는
아니 될 것이니라, 사랑하는 나의 아
들딸들아!

10,520 번째 하나님 말씀

2004년 4월 13일 10시 21분

1 사랑하는 나의 아들아!
2 "네, 아버님! 말씀하옵소서."
3 이 세상에 살아가는 나의 피조물 만백
성 너희들은 사람과 사람을 사귀되,
너희들의 이해관계를 생각하며, 그 이
해관계가 있을 때 인간관계를 맺음이
니,
4 그 모두가 거래에서 이루어지는 것이
며, 그 거래는 너희들이 이익을 추구
하고자 하는 것이 아니더냐?
5 모든 백성들이 그리 살아갈 것이라 해
도, 나의 아들을 따르는 백성들이요,
그리고 나의 법전을 읽고 깨우친 만백
성, 너희들은 사람과 사람을 사귀되,
너희들이 항상 손해를 보겠다는 심정
으로 그와 같은 마음을 가지고 사람을
사귀어야 됨을 알아야 될 것이니라.
6 그러니 너희들이 사람을 사귈 때 기대
를 가지고 있으며, 무엇을 얻고자 하
는 그와 같은 마음으로 너희들이 산다
면,
7 그는 순수한 사람과의 맺음이 아니요,
순수한 것으로써 연결되는 것이 아니
지 않더냐?
8 그러니 그와 같은 것은 무너지고 깨짐
을 너희들은 알아야 될 것이니라.
9 누가 무어라 하든, 누가 어찌 살아가
든, 너희들이 바보요, 부족한 사람이
라 하든,
10 나의 아들을 따르는 제자 너희들은 항
상 사람을 사귀되 너희가 손해 보겠다
는 마음으로 사람을 사귀어야 됨을 그
리 알라.
11 너희가 득을 보고자 하는 것, 너희가
무엇인가를 얻고자 한다는 것은 너희
들이 순수성이 없는 것이니,
12 순수성이 없는 것은 인간과 인간이 만
나되 그 밑에는 거래라는 것이 깔려
있지 않더냐?
13 그리하여 거래요, 계약이라는 것은 언
제든 파기될 수 있으며, 그는 변화될
수 있으며, 또한 그와 같은 것은 지워
질 수 있는 것이니,
14 너희들이 그와 같은 마음으로 사람을
사귀어서는 아니 됨이니라.
15 그러니 나의 아들을 따르는 제자 너희
들은 인관관계에 있어 모든 일을 역사
할 때, 어떠한 것에 너희들이 부닥치
든, 너희가 더 무엇을 취하고자 얻겠
다는 그 기대의 심리가 아니라,
16 너희가 손해 보는 마음으로, 손해 보
기 위하여 남을 사귀며 이웃을 사귀며
너희들이 모두를 접하여 살아가는 마
음이라 그리 생각한다면,
17 너희들이 잃는 것이 있다 해도 섭한
마음이 없으며, 네 마음에 괴로움이
없을 것이니,
18 그와 같은 마음으로 모두를 사귀며 모
두와 같이 가는 마음으로 살라, 사랑
하는 나의 아들딸들아!

10,521 번째 하나님 말씀

2004년 4월 13일 10시 26분

1 사랑하는 나의 아들아!
2 "네, 아버님! 말씀하옵소서."
3 나 여호와가 나의 아들을 통하여 너희

들에게 말하였느니라.
4 어떠한 백성이 누가 무어라 하든, 이
세상에서 지은 죄는 모두가 여기서 해
결하며, 이 세상에서 너희들이 심판을
받도록 그리하라 하였으며,
5 그와 같은 마음이요, 반드시 심판을
받는 그와 같은 삶을 살아야 된다 하
였음이니라.
6 그러니 그 심판에서 너희들이 어떠한
점수를 얻을 수 있는가 그것은 스스로
너희들이 노력하는 삶이라 하였느니
라.
7 그러나 지금 수천 년 동안 믿음의 길
을 오는 종교 집단이요, 지도자요, 구
원을 받았다 말하는 그 신도들이 이
세상에서 무슨 심판이며, 이 세상에서
죄를 어찌 사함을 받느냐 그리 말하며,
8 너희들에게 정신 나간 자요, 이단이
요, 사탄이라, 사악한 자라 말할 것이
니라.
9 그러나 그와 같은 뜻이 성서에 기록된
내용을 너희들이 수천수만 번 읽으면
서도 모른단 말이던가?
10 내가 그와 같은 뜻을 성경에 이미 기
록하였느니라.
11 너희들이 한 획도 고치지 말며 더하지
도 빼지도 말며 그대로 공부하고 그대
로 지켜야 된다는, 너희들이 그를 지
키기 위하여 목숨을 내거는 그 지도자
들이 있듯이, 그리고 신도들이 있듯
이, 그 내용 속에 내가 너희들에게 기
록하여 전한 내용이 있음을 알라.
12 '내가 너희에게 이르노니, 사람의 모
든 죄와 훼방은 사하심을 얻되, 성령
을 훼방하는 것은 사하심을 얻지 못하
겠고,
13 또 누구든지 말로 인자를 거역하면 사
하심을 얻되, 누구든지 말로 성령을
거역하면 이 세상과 오는 세상에도 사
하심을 얻지 못할 것이라'
14 내가 나의 아들을 통하여 성경에 기록
하여 전하였음이니, 너희들이 그 내용
을 자세히 깊이 생각해 보라.
15 그 거기에 무슨 내용이 있느냐?
16 현세에도 오는 내세에도 용서받지 못
한다는 것은 그 뜻이 무엇이더냐?
17 너희들이 이 세상에서 용서를 받지 못
하며, 다음 세상에도 너희들이 용서를
받을 수 없는 것이 성령을 거역하는
죄라 내가 그리 말하여 전하였다면,
18 이 세상에서 살아가는 너희들의 그 삶
에서 너희들이 이 세상과 저 세상에서
용서를 받고 못 받는 그와 같은 것이
정해져 있다면, 바로 그것은 무엇이더
냐?
19 너희들이 용서를 받지 못한다는 것은
너희들이 용서를 받을 그 기회가 있다
는 것이 아니더냐, 그리고 용서를 받
을 자격이 있다는 것이 아니더냐?
20 너희들이 나의 성령을 거역하면 이 세
상과 오는 세상에도 너희들이 사하심
을 얻지 못하리라 내가 기록하여 전한
것은,
21 현세에서 또는 오는 내세에서도 너희
들이 용서받지 못하는 그와 같은 형국
이라면, 현세에서 너희들이 용서를 받
을 수 있다는 것이 아니더냐?
22 그러니 용서를 받을 수 있는 것이 오
늘의 너희들의 삶이요, 현세의 삶이라
는 것을, 너희들은 어찌하여 그 간단

한 이치 하나를 깨달아 너희 것으로써
만들어 바른 삶을 살지 못한단 말이더
냐?
23 나 여호와의 가르침을 정녕 너희들이
모르는가?
24 너희들은 이를 알고 있을 것이니라.
25 그를 알고 있으면서도 너희들이 이 세
상에서 인간으로서 인간 세상에서 용
서받지 못하며 너희들이 지은 죄를 지
울 수 없다 그리 말하니,
26 그러니 이 세상의 삶을 소홀히 생각하
는 백성, 육의 세상에서 너희들이 죄
를 두려워하지 아니하며 무서워하지
않는 백성, 그가 과연 어찌하여 구원
을 받을 수 있으며 그 죄를 어찌 감당
하려 하느냐?
27 이를 그들에게 깨우쳐 주라.
28 너희들에게 다시 한 번 내가 전하노
니, 현세에서, 오는 내세에서도 너희
들이 용서를 받지 못하는 것이 죄라
하면, 너희들은 과연 무엇이더냐?
29 그를 용서받을 수 있다는 의미라는 것
을 깨우쳐야 될 것이니라.

10,522 번째 하나님 말씀

2004년 4월 13일 11시 58분

1 사랑하는 나의 아들아!
2 "네, 아버님! 말씀하옵소서."
3 나의 사랑하는 백성 너희들이 선과 악
을 구분하지 못하며, 그를 다스리지
못하며, 악습을 버리지 못할 때, 너희
들은 습관이라는 것이 있지 않더냐?
4 너희들이 선한 일을 하고자 하면 그
선한 것은 선한 싹을 낳게 됨이요, 그
리하여 너희들이 그 선한 싹이 세상에
나오게 됨이니라.
5 그러니 너희들이 선한 마음이요, 선한
행동으로써 거듭 반복되는 훈련을 행
함으로 너희들은 선한 싹을 낳게 되는
것이요,
6 악함을 행하며 너희들이 그 악함의 죄
를 모르고 한다면 그 악함은 악의 씨
를 세상에 낳는다 하지 아니하였느냐?
7 그러니 너희들이 어떠한 씨를 세상에
뿌리느냐 하는 것은 너희들의 마음이
요, 평소의 생각과 행동에 달렸음이니,
8 너희들 마음속에 악이라는 것을 지우
면 선한 씨앗을 뿌릴 것이며, 너희들
이 선을 버리고 악을 행한다면 악의
씨앗을 뿌리게 되는 것이 인간 너희들
이니라.
9 그러니 너희들이 악을 뿌리는 것은 너
희들에게 내가 무어라 하였느냐?
10 불에 기름을 붓는 것같이 활활 타오르
는 그와 같은 것이요, 그리고 너희들
이 선을 행하는 것은 타는 불에 물을
붓는 것과 같다 하였음이니라.
11 그 속에서 살아나는 불씨와 같이 어렵
고 힘들다 했으니, 너희들이 행하기가
어려우니라.
12 그러나 육에서 너희들이 모두 심판을
받으며, 육에서 너희들이 지은 죄를
면죄받지 아니하면 안 된다 하였음이
니,
13 너희들은 육에서 오늘의 생각 하나를
바꿈으로써 모두를 바로 이루고 이루
지 못하게 되니,
14 그 고통 속에서 너희들이 벗어나지 못
한다면, 너희들의 그 대가가 얼마나

무섭고 두려운 것인가?
15 기회조차 없는 그와 같은 것에서 너희
들이 그 판결을 받았을 때, 너희들이
어찌하겠느냐?
16 어떠한 편법도 통하지 아니하며 어떠
한 형태로도 통하지 않는, 그 모두를
겪어야 되는 그 너희들의 판결문이 너
희들에게 내려질 때,
17 너희들은 과연 오늘의 그 마음 하나
다스리고 잡는 것보다 너희들이 몇천
배 몇만 배, 영원히 기약할 수 없을 만
큼, 너희들이 셀 수 없을 만큼, 생각할
수 없을 만큼 너희들의 그 고통이 심
함을 알라.
18 오늘의 너희들이 조금의 한 시간의 고
통이요, 한 시간의 인내함으로써 너희
들이 영원히 사는 그 시간과 바꿀 수
있는 기회가 있다는 것,
19 너희들이 오늘의 10분을 잘못하며 1
시간을 잘못함으로 너희들이 영원히
거듭날 수 있는 그와 같은 것을 잃으
며 영원의 고통 속에서 존재하는 너희
들이 된다는 것을, 이 무서운 사실을
너희가 잊어서는 아니 될 것이니,
20 그러니 잠시라도 너희들은 악한 싹을
심으려 하지 말며, 선함을 행하여 선
한 씨를 심도록 그리 피나는 노력을
하지 아니하면 아니 됨이니라.
21 모두는 너희들이 노력 없이 이루어지
는 것이 없으며, 대가 없이 거저 이루
어지는 것이 절대 없음을 알라.
22 이것이 하늘의 법도요, 하늘의 뜻이라
는 것을 잊지 말라, 사랑하는 나의 아
들딸들아!

10,523 번째 하나님 말씀

2004년 4월 13일 12시 03분

1 사랑하는 나의 아들아!
2 "네, 아버님! 말씀하옵소서."
3 나 여호와의 모든 백성 너희들이 성령
이요, 참진리대로 오늘에 살았더라면,
너희들이 오늘과 같이 고통스러운 지
옥의 길을 갈 필요도 없으며,
4 그리 가는 너희들의 모습을 보고 내가
구원하고자 하여 오늘의 이와 같은 역
사를 이룰 필요가 없는 것이니라.
5 그러나 나의 아들딸 너희들이 그 한번
가면 돌이킬 수 없는, 나와 인연이 영
원히 끝나는 그 길을 가는 너희들을
돌아볼 수 없기에,
6 내가 지금 이와 같이 나의 법전을 내
려 너희들을 깨우치고자 하는 내 마음
을 너희들이 어찌 그리도 모른단 말이
더냐?
7 너희들이 오늘의 믿음이요, 너희들의
신앙생활은 무엇인 줄 알겠느냐?
8 너희들이 손으로 지은 죄의 온상에 와
헌금을 바치며 돈을 많이 바치는 자,
그것이 축복이요, 하늘의 구원을 받는
다 너희들이 그리 가르치는 것이 아니
더냐?
9 주일을 지키는 것, 종교 지도자가 잘
못하든 잘하든 그를 사랑으로 덮어 주
며 감싸 주라 하는 것이 너희들의 믿
음의 전부가 아니더냐?
10 그러면서 너희들이 지상에서 그 악행
을 다하지 못하여, 하늘에 너희들 각
자의 창고가 있으니 그곳에 보물을
많이 쌓아 놓는 자, 죽어 와 나로부터

큰 상을 받는다 하며 하늘에 더 쌓으
라 그리 말하니, 이것이 오늘의 모든
너희들 믿음의 길이 아니더냐?
11 어쨌든 종교 집단이요, 지도자 너희들
이 그와 같이 감언이설로 떠듦으로써
돈이라는 것이 생기며 황금이라는 것
이 생기고 재물이 생기는 것이요,
12 너희들이 그리 황금이 조달되는 그와
같은 행위를 하고 있음이니, 그보다
더 즐겁고 행복한 짓이 어디 있단 말
이더냐?
13 그것이 바로 너희들이니라.
14 신도가 많으며 신도들을 많이 거느리
는 것은 너희들이 금광의 큰 광맥을
차지한 것이요,
15 그리고 너희들이 신도가 없으며 가난
한 것은 폐광을 뒤지는 자요, 폐광의
금이 나오지 않는 그 광굴을 파는 그
와 같은 형국이 되어 있으니, 너희들
이 오늘의 숫자 놀음을 하고 있는 것
이 아니더냐?
16 그러니 너희들은 어떠한 방법이든지
나의 백성들로부터 황금 줄이요, 돈을
조달하고 그와 같은 재물을 조달하는
그 길이 트여 있으며, 그리하여 너희
들은 광맥을 잡은 자들이요,
17 그리고 또한 그 백성들이 어리석은 자
들이 또 무엇이더냐?
18 너희들은 그저 어떠한 방법이든 추하
고 더럽게 벌었든 말든, 많은 재물을
바침으로써 너희들이 구원을 받으며
하늘의 창고에 쌓아 놓으면 그 복이
된다 하니,
19 그 추하고 더럽게 받은 그것이 너희들
이 하늘을 오염시키는 벌레가 되며 썩
은 퇴비요, 오물이 된다는 것을 내가
전했거늘, 그를 생각하지 못하며,
20 너희들이 지금도 그것이 번쩍번쩍하
는 보석으로 남아 있어 너희들에게 그
상을 줌이니, 그걸 가지고 너희들이
하늘나라요, 천국에 와서 네 부귀와
영화를 누리겠다는 보이지 않는 속셈
이요, 너희들이 그 웃지 못할 심성이
아니더냐?
21 그러니 너희들이 그와 같은 오고 가는
거래가 이루어짐이니라.
22 그리하여 오늘처럼 너희들이 뒷거래
가 이루어지는 것이요, 뇌물이 성행하
는 세상이 되었음이니,
23 모든 종교 집단 너희들로 하여금 뒷거
래가 시작되었으며, 뇌물을 주고받은
그것이 형성된 것이며, 그 죄 또한 너
희들이 다 이루었음이니라.
24 무엇을 얻고자, 구원하고자 너희들이
갖다 바치는 것이 뇌물이 아니고 무엇
이더냐?
25 또한 그걸 받아들이려 유혹하는 것이
뒷거래로 너희들이 주머니를 달아 놓
고 부으라 부으라 하는 행위가 아니더
냐?
26 그러니 나의 피조물 만백성 너희들이
머릿수를 가지고 싸움을 하는 것이니
라.
27 그러니 모든 믿음의 길을 가는 종교
집단, 지도자 너희들이 그저 황금을
조달하기 위하여 그와 같은 광맥을 찾
는 것이 오늘의 믿음이요, 너희들이
그 이상의 한 것도 없으며 역사한 것
도 없음이니라.
28 그러니 나의 백성들이 구원이요, 하늘

에 오르는 길은 너희들이 감히 생각도
할 것 없으며, 거기에서는 구원의 '구'
자도 찾을 자격이 없다 그리하지 않았
느냐?
29 오죽하면 나 여호와가 나의 아들딸과
관계없는 것이며, 너희들과는 아무런
인연이 없는 그와 같은 형국이 되어
있다 너희들에게 말한단 말이더냐?
30 모든 종교 집단 너희들이 지금 머릿수
로 싸우는 것이며, 내가 너희들에게
말함이니, 너희들은 황금의 광맥을 찾
아가는 자들과 똑같은 자들이요,
31 그리하여 많은 신도를 거느리는 자는
광맥을 찾은 자요, 신도가 없는 자는
광맥을 찾지 못한 자요, 그리하여 광
맥을 찾기 위하여 발버둥치는 자들이
라 내가 전함이니,
32 이것이 오늘의 현실이 아니라면 나의
법전을 너희들이 태워 버려도 말하지
아니할 것이니라.

10,524 번째 하나님 말씀

2004년 4월 13일 12시 07분

1 사랑하는 나의 아들아!
2 "네, 아버님! 말씀하옵소서."
3 내가 성서에 기록하여 전하기를, '너
희들이 서 있는 사람들 중에 죽기 전
에 하늘나라를 볼 수 있는 사람이 있
을 것이라' 하였음이니, 이것은 무엇
을 의미하느냐?
4 너희들이 육의 세상에서 살면서 심판
을 받으며, 육의 심판에서 너희들이
한 점의 부끄러움이 없는 그와 같은
삶을 사는 백성, 그와 같은 자는 거듭
나는 은혜를 받을 수 있으며,
5 그와 같이 사는 자, 하늘나라에 올 수
있다 함이 아니더냐?
6 나를 볼 수 있다 함은 너희들이 무엇
이더냐?
7 나 여호와가 하늘에 존재함이니, 너희
들이 나를 보기 위해서는 하늘에 오름
이니,
8 하늘에 오를 수 있는 백성은 이 지상
에서 너희들이 심판을 받을 때, 그 심
판에 한 점의 부끄러움이 없는 그와
같은 삶을 살 수 있는 백성이 이제는
이 세상에 나올 것이며,
9 그와 같은 백성들이 있을 것이라는 것
을 내가 나의 아들 예수를 통하여 그
리 예언한 자들이니, 그를 알라.
10 그러니 지금 그와 같은 길을 가는 것,
역사하는 것, 그와 같은 백성이 거듭
나는 것은 무엇이라 했느냐?
11 내가 나의 아들을 통하여 내리는 160
권의 새로운 성경이요, 그를 정독하고
그것을 네 것으로 만들어 그리 행하지
아니하면 아니 된다 했음이니,
12 이것은 바로 나의 성령이 세상에 내려
오며, 새로운 성경으로 하여 너희들이
이를 보고 깨우쳤을 때,
13 너희들 중에서 천사 소리를 들으며 천
사와 같은 사람으로서 나에게 거듭나
는 그와 같은 은혜를 이 세상에서 얻
는 백성들이 있을 것이라 했으니,
14 내가 사랑하는 나의 아들을 따르는 그
제자들에게 직접 세례를 내렸음이니,
그것이 바로 너희들이 이제 시작되며,
너희들로 하여금 그와 같은 백성이 나
올 것이며,

15 그 속에서 너희들이 의인과 같은 백성
이 나올 것이라는 것을 내가 미리 예
언하며 오늘의 그와 같은 역사를 기록
하여 전한 뜻임을 너희들은 알라.
16 그러니 이 모두는 너희들이 지상에서
천사와 같은 자요, 의인이 나올 수 있
는 것이라 했음이니,
17 너희들이 십계명대로 살 수 없으며 죄
를 짓지 아니하고 살 수 없다 그와 같
이 이리 핑계 저리 핑계를 대며 그 이
유를 달지 말라.
18 나 여호와가 너희들이 서 있는 이 사
람들 중에 하늘나라 하나님이요, 창조
주 나를 볼 수 있는 사람이 있을 것이
라 한 그 무서운 의미를 알라.
19 지금 나의 아들을 따르는 제자, 그들
이야말로 나를 볼 수 있는 의인이요,
거듭나는 백성이 이루어질 것이니,
20 오로지 나의 법전을 읽고 정독하는 속
에서 이루어진다는 것을, 모두를 예언
하여 너희에게 전하고 또 전하고 가르
친 그 의미를 너희들이 되새겨 보지
아니하면 성서의 의미를 알 수 없을
것이며,
21 내가 나의 아들을 통하여 내리는 그
내용 한 구절 한 구절을 너희들이 읽
고 다시 뒤돌아보면, 그 진리요, 그 뜻
이 무엇이 어찌 역사하며 어찌 이루어
지는 것인가, 너희들이 하늘의 뜻을
들여다볼 수 있는 지혜를 얻게 됨이니,
22 그게 하늘의 지혜임을 알라, 사랑하는
나의 아들딸들아!

10,525 번째 하나님 말씀

2004년 4월 13일 12시 13분

1 사랑하는 나의 아들아!
2 "네, 아버님! 말씀하옵소서."
3 성서에 기록된 그 의미요, 그 비유의
뜻이요, 그 비밀을 개봉하니, 그를 알
지 못하는 백성들이 한마디 말하며 저
희들이 울고불고하는 믿음의 그 길이
얼마나 나를 욕되게 하며 잘못된 길을
가고 있는가를 아느냐?
4 사랑하는 나의 아들아!
5 오늘의 믿음의 길을 가는 모든 종교
집단이요, 지도자요, 그리고 신도라는
그 백성들이 뭐라 하느냐?
6 스스로 저희들이 육의 행함으로써는
죄가 되지 아니하며, 육으로 행하는
것은 구원을 받고 받지 않는 것에 큰
의미가 없다 그리 말하니, 그와 같은
행위라는 그 뜻이 무엇인 줄 알겠느냐?
7 그러면서 그들은 말하지 않느냐?
8 성령으로써 임하며, 나 여호와가 저희
들을 이끌어 주지 아니하며, 저희들을
내가 끌어 주지 아니하며, 내가 저희
들에게 모두를 풀어 주지 아니하며,
저희들이 거듭날 수 없을 때도,
9 저희들은 거듭날 수 있는 백성이 못
된다 그리 말하며, 저희들은 육에서
행하는 죄는 죄가 아니라 그리 말함이
니,
10 나 여호와는 육에서 너희들이 지은 죄
를 여기서 다 사함을 받으며 심판을
받아야 한다 그리 가르치고 전하거늘,
11 그들은 육의 행함이 별것이 아니라 하
느니라.

12 그리고 성서에 기록하기를 행함이 아
닌 믿음은 죽음이라 하였거늘, 저희들
이 육에서 그 행하는 죄는 죄가 아니
라는 그 말이 무슨 의미인지, 사랑하
는 나의 아들 너는 알겠느냐?
13 "네, 아버님! 저는 그리 생각되옵나이
다.
14 사람들이 육에서 행한 죄는 죄가 아니
라, 그리고 저희들이 짓는 죄는 무서
운 것이 아니며 구원과는 관계없다 그
리 말하니,
15 그 행함의 죄를 의식지 않고 살아가
는 그들의 마음속에는 그들도 모르나
이와 같은 저희 심성을 가지고 있는
것이라 저는 그리 생각되옵나이다.
16 이 뜻은 아버지께 모두를 뒤집어씌우
는 것이며, 아버님께 모든 죄를 전가
하는 그와 같이 무섭고 사악한 행위
를 한다는 것을 모르는 자들입니다.
17 아버님! 육의 세상에 사는 죄는 죄가
아니라 그리 말한다면,
18 그들은 이 세상에 존재하는 것, 태어
난 것, 그리고 저희들이 역사하는 것,
먹고사는 것, 머리카락 숫자까지 그
모두는 아버님의 허락이 없고 아버님
의 뜻이 없이 이루어지는 것이 없음이
니,
19 제가 살인한 것, 간음한 것, 도둑질한
것, 사기 친 것, 그 흉악한 죄를 저질
렀다 해도 그것은 제 책임이 아니요,
그 모두를 관장하시는 아버님의 의지
대로 아버님이 움직여서 죄를 짓도록
한 것이니,
20 저는 죄가 하나도 없으며, 모두는 아
버님이 지은 죄요, 아버님이 역사하신
죄이기 때문에 저희들은 죄가 없으며,
21 아버님께 용서를 빌 필요도 없으며,
죄에 대한 회개를 할 필요도 없으며,
죄에 대한 두려움이 없다 그리 말하는
자들의 그 마음의 심보이옵나이다.
22 그들이 그를 깨우치지 못하고 그와 같
은 것을 깨닫지 못하며 그를 알지 못
하나,
23 저희들이 제 인간의 육의 세상에 사는
죄는 무섭지 아니하며 두렵지 아니하
며 구원과는 관계없다 말하는 것이 바
로 그런 의미에서 아버님께 모두를 전
가시키며 아버님께 모든 책임을 묻는
그와 같은 행위를 하고 있는 자들이니,
24 그들은 말은 하지 아니하나 서서 상
대방에게 손을 들어 말하기를 '나의
잘못은 없으며 네가 시켜서 했으며 모
두는 네 죄라.' 하니,
25 아버님 앞에 감히 그가 서서 '창조주
아버지 당신이 나를 주관했으며, 나의
의지대로 살지 못했으니, 모두는 당신
말씀대로 당신의 뜻대로 당신이 주관
했으니,
26 내가 지은 죄도 다 당신이 지은 죄요,
당신으로 하여금 내가 죄를 짓게 했
으니, 나는 죄가 없으며, 당신은 나를
심판할 자격이 없으며, 그 모두의 죄
는 당신이 책임지시오.' 그와 같은 행
위를 하는 사악한 자들이라 저는 그
리 생각되며,
27 그들이 그 무서운 의미를 모르고 그리
말한 것이라 생각되옵나이다.
28 저희 죄는 없다는 것이옵니다.
29 아버님께서 시키신 대로 했으며, 아버
님께서 역사하신 대로 했으며, 제 자

유 의사로 한 것이 하나도 없으니, 그
죄는 아버님께서 책임지라 그리 말함
이니,
30 저는 아버님께서 일찍이 저에게 20퍼
센트의 모두는 너희들의 책임이 있으
며, 너희들의 노력 여하에 달려 있는
것이며,
31 20퍼센트를 하늘의 보석을 맞추기 위
해서 얼마나 피나는 노력을 해야 되는
것인가 하는 것을, 그것을 모르는 백
성들이 감히 그와 같은 것을 저는 면
책하고,
32 아버님께 죄를 뒤집어씌우며 모든 책
임 전가를 하며, 아버님의 탓이라 미
루는 그 백성들이 사악한 저희들의
행동이요, 말이라는 걸 모르기에 그들
이 그리 말하고 있다 생각되옵나이
다."
33 사랑하는 나의 아들아! 그러니 그들
이 어찌 깨달으며 그 의미를 알겠느냐?

10,526 번째 하나님 말씀

2004년 4월 13일 12시 17분

1 사랑하는 나의 아들아!
2 "네, 아버님! 말씀하옵소서."
3 나의 피조물 만백성 너희들이 진심으
로 남을 사랑하며 진심으로 칭찬하며
진실된 마음으로 모두의 세상을 살아
가라 하였음이니라.
4 그러나 나 여호와가 바라다보는 너희
들의 마음이 어떠한 줄 알겠느냐?
5 너희들이 인간 세상에 살아가면서 이
웃 간에 분쟁이 있으며 친구 간에 분
쟁이 있을 때,
6 너희들은 말로써 그 싸움을 말리려 하
는 것이나, 은근히 너희들은 그 싸움
을 부추기며 그 싸움으로써 서로가 더
피해를 입기를 바라며,
7 그리고 그 싸움에 의해서 제가 그 두
사람에게 더 필요하며 돋보이며 존재
가치를 인식시키려는 그와 같은 은근
한 마음을 가지고 있어, 말리는 듯하
면서 싸움을 붙이는 것이요, 너희들이
그와 같은 심성을 가지고 있는 자들이
아니더냐?
8 그리고 칭찬을 하면서도 너희들은 그
를 은근히 욕하며,
9 그 속에서 그를 돕는 것이 아니요, 그
를 해하고자 하는 너희들의 말 한마디
씩을 가지고 있으며,
10 너희들의 본심은 정녕 칭찬을 하는 것
이 아니요, 거기에는 너희들이 시기와
질투의 마음이요, 너희 자신이 변하지
못한 그와 같은 마음에서 칭찬을 하는
자는 없는가?
11 내가 보는 너희들은 그와 같은 심성을
가지고 있는 자이니라.
12 그리고 너희들이 남을 돕는 체하면서
은근히 무너지기를 바라며, 말로써는
실패하는 것을 걱정하나 더 무너지기
를 바라며,
13 그리고 재기하지 못하며 너를 따라오
지 못하게 무너지기를 바라는 것이 너
희들이 가지고 있는 심성이니,
14 나 여호와는 그를 잘 알고 있으며 너
희들보다도 더 잘 알고 있음을 알라.
15 동양의 작은 나라에 오죽하면 무슨 말
이 있느냐?
16 '때리는 시어머니보다 말리는 시누이

가 맵다.'는 얘기가 있지 않더냐?
17 그러니 오죽하면 너희들이 말리는 것
이 아니요, 옆에서 그 시어머니를 부
추기며 더 감정을 격화시키며, 은근히
너희들의 잘된 것, 못된 것을 자꾸 제
공해 주며, 그러면서 말리는 체하는
그 시누이가 얼마나 미우면 눈물을 흘
리며 며느리가 그 말을 했다 하겠느냐?
18 그러니 그와 같은 심성이요, 그와 같
은 마음을 버리지 못하며 그대로 가지
고 있는 것이 너희들이 너희 자신을
표현한 것이며, 너희들을 심판한 것이
며, 너희들이 평가한 것이니라.
19 그러한 마음을 가지고 너희들이 과연
사랑이요, 하늘의 천사만 사는 그 세
상에 올 수 있다 생각하느냐?
20 이제 나의 아들을 따르는 제자 너희들
은 나의 법전에 기록된 것은 남들이
하는 짓이 아니요, 남에 대한 관계된
것이 아니요, 네 습관을 고치라 하며
네 마음이 그러한 것을 뽑아내라 함이
니, 바로 서도록 그리하라.

10,527 번째 하나님 말씀

2004년 4월 13일 12시 27분

1 사랑하는 나의 아들아!
2 "네, 아버님! 말씀하옵소서."
3 나를 찾으며 나에 대한 열성과 나의
아들 예수의 보혈의 은혜에 감사드린
다 울고불고하는 그 백성들,
4 어떠한 백성도, 어떠한 종파도 지금
그 열광과 광란의 믿음이요, 그와 같
은 정신 자세로 나를 경배하고 울부
짖는 너희들의 그 행위는 따르지 못하
며,
5 오늘의 너희들 종파 중에서도 가장
으뜸인 것이 바로 지금 너희들이 말하
는 기독교요, 그 신도들일 것이니라.
6 그러니 교회라는 곳에서 공부하는 그
백성들, 그리고 그 속에서 믿음의 길
을 가는 자, 그 백성보다 나를 찾으며
나의 아들 예수를 부르며 울고불고 그
러한 열성과 광란의 믿음이요, 너희들
의 그칠 줄 모르는 정열은 그 누구도
당할 수 없으며 너희들이 제일 으뜸
일 것이라 말할 것이니라.
7 너희들의 열성적이고 극성적인 것은
어떠한 종파도 따를 수 없으며, 너희
인간 상식을 초월한, 너희들 자신이
두려움마저 느끼는 것이 열광적인 그
믿음의 가는 길이 대표적인 것이 아니
더냐?
8 그러나 너희들은 여기서 알아야 될 것
이니라.
9 너희들의 열성과 정열이 정녕 나 여호
와의 진리요, 하늘의 뜻에 의하여 너
희들이 참진리에서 나오는 것이라면,
10 이보다 더 행복하며 이보다 더 아름다
운 세상은 있지 아니할 것이니라.
11 그러나 너희들은 그를 알아야 될 것이
니라.
12 나의 아들 예수가 세상에 나와 그 뜻
을 전함이니, 그때부터 너희들이 첫
단추를 잘못 끼운 그와 같은 너희들
조상의 그 가르침에 의하여,
13 지금은 너희들이 자신의 교리요, 자신
들이 만들고 이끄는 그와 같은 믿음으
로써 너희들이 다 모두가 이끌어지고
상업적으로 장삿속으로 변질되고 그

와 같이 타락되어 흘러가기 때문에,
14 거기에 대해 너희들이 그 열광과 열성
과 그 극성을 다 바치는 것이 불쌍한
나의 백성들임을 알라.
15 정녕 나의 참진리요, 하늘의 지혜라
하여 너희들이 거기에 모든 열성을 바
친다 생각하는 그것이 잘못되었다 함
이니라.
16 인간의 교리요, 인간의 욕심을 채우는
그들의 그 간악한 방법에, 너희들이
거기에 맹종하고 맹신하며 거기에 열
성과 정열과 극성을 다 바치는 그 믿
음으로 그리 간다는 것을 절대 잊지
말라.
17 그것이 문제이며 그것이 잘못되어 있
음이니라.
18 너희들이 나를 위하여 나에게 바치는,
나의 뜻을 따르는 열성이요, 극성 그
모두가 다 내가 아닌 사탄이요, 그 잘
못된 자들에게 바침이니,
19 이제 나에게 바친다는 그 착각 속에서
너희들이 벗어나지 아니하면 아니 되
며, 그렇지 아니하면 이 문제를 너희
들이 결코 풀어 갈 수 없으며 정답을
찾을 수 없는 것이라는 것을 알라.
20 인간의 지도자의 생각에서 나온 인간
중심의 그 열성과 정열과 그 믿음 외
에는 아무것도 없음이니라.
21 그러니 너희들이 자신의 위선과 거짓
에 싸여 너희들의 눈이 감겨 있으며
귀가 뚫리지 아니하여 너희들이 잘못
되는 그와 같은 삶을, 나를 멀리하고
나를 능멸하며 나에게 죄를 짓는 그와
같은 믿음의 길을 지금도 가고 있으며,
22 너희 후손에게도 그리 가라 강요한다
는 것을 너희들은 잊지 말라.
23 그러니 그 불쌍하고 가련한 백성을 누
가 이끌어 가겠는가?
24 누군가가 그들에게 알려야 될 것이며
그들을 깨닫게 하여, 너희들이 진정한
참진리요, 나 여호와의 뜻에 살아가는
그와 같은 거듭나는 백성으로 되지 아
니하면 아니 될 것이니라.
25 너희가 행하는 모든 것이 나의 뜻에
복종하는 것이 아니라는 것이니, 나의
이 무서운 뜻을 알라.
26 모두가 나에게 거역하는 행위만을 하
고 있는 것이 오늘의 종교 집단이요,
너희들이 가는 길이라는 걸 절대 잊지
말라.
27 너희들의 그 광란적인 열성이요, 정
열이요, 너희들이 바치는 그것은 누구
도 따라갈 수 없는 오늘의 교회라는
곳에서 공부하는 그 신도들, 너희들이
지금 잘못된 곳에 모두를 바치며 내
뜻이 아니요, 나와 관계없는 것에 모
두를 바치고 있다는 것을 이제 분석
해 보고 한번 깨우쳐 보라.
28 너희들이 지나가는 사람이 던져 주는
말에도 진리가 있으며 깨달음이 있다
하지 않느냐?
29 길을 동행하는 자, 거기에는 너희들의
스승이 있고 가르치는 사람이 있다 했
음이니라.
30 똑똑해서 너희들을 가르치며 모자라
서 가르침이니, 그 모두는 다 가르침
이라 했거늘,
31 내가 나의 아들을 통하여 160권의 법
전을 세상에 내며,
32 너희들이 읽어 봄으로 깨우치며 하늘

의 지혜를 얻음이요, 하늘의 비밀의 뜻을 알 수 있다 내가 그리 하소연하건만,

33 어찌하여 너희들이 한 번도 보지 아니하며 듣지 않으려 하면서, 너희들이 구원의 길에 오른다 하느냐?

34 그러니 한번 들여다보고 그리고 정독해 읽어 보라.

35 그러면 너희들이 착각 속에서 깨어나는 열쇠가 거기에 들어 있음이니라, 사랑하는 나의 아들딸들아!

10,528 번째 하나님 말씀

2004년 4월 13일 12시 34분

1 사랑하는 나의 아들아!

2 "네, 아버님! 말씀하옵소서."

3 나의 아들 예수가 너희들을 깨우치고자 어찌 역사했더냐?

4 갖은 책망이요, 또한 사랑이요, 모든 것을 다 동원하여 너희들을 바로 깨우치고 바로 세우도록 그리하였음이니,

5 그리하여 결국 그는 그 모두를 다 던져 너희들을 마지막까지 구원하고자 하여 그 일을 역사했음이니라.

6 나의 아들 예수가 증거하여 너희에게 그리 말했느니라.

7 '너희가 하나님께 열심이 있으나', 나를 믿고 경배하는 것이 너희들의 극성이 그 극에 달했으니,

8 너희들은 하늘의 지혜요, 하늘의 참진리의 뜻을 좇는 것이 아니요, 나 여호와의 진리를 모르며, 내가 원하는 것이 무엇인가를 모르며, 내가 역사하고자 하는 그 참뜻을 모르고,

9 그를 모르기에 너희들이 인간 자신의 의를 세우려 하고 힘써 나에게 복종치 아니하는 그와 같은 삶을 살았다 기록하여 전했음이니라.

10 그러니 나 여호와의 의를 모르는 너희들이기에, 자기 인간의 의를 세우려고 너희들이 힘써 지금까지 나 여호와의 뜻에 복종하지 아니하며 순종하지 아니하는 그와 같은 삶을 산 것이라, 나의 아들 예수가 세상에 내려가 그리 말하였느니라.

11 나의 아들 예수가 세상에 내려가 믿는 백성이요, 믿지 않는 백성 그들을 보니,

12 철저한 믿음 속에 살아간다는 그 극성을 부리는 백성, 너희들이 나 여호와를 모르며 믿음이라는 것을 모르고 살아가는 그 백성만도 못한 그와 같은 행위를 했으니,

13 몰라서 무지한 백성을 나의 아들 예수가 책망하려 함이 아니라, 너희들의 목숨보다도 더 소중한 믿음이요, 신앙의 길을 가며 울고불고 매달리는 그와 같은 너희들을 책망하며 다스리고자 했음이니,

14 그리하여 너희들이 울고불고 믿음 속에 살아가며, 한 점의 부끄러움이 없이 살며, 하늘의 뜻이요, 진리에 따라 살아간다는 너희들에게 나의 아들이 무어라 말하였느냐?

15 사탄의 자식이요, 뱀의 자식이라 말하지 아니하였더냐?

16 그러니 나의 아들 예수가 보는 그 시대에 믿음의 길을 가는 백성들의 행위가 그러하였음이니라.

17 지금 나의 아들 너에게 묻느니, 너는
과연 네 마음이 어떠한가?
18 "예수님께서 한 그 말씀이요, 그 뜻을
저는 그대로 그 심정을 느끼며,
19 오늘의 모든 믿음의 길을 가는 그 백
성들에게 저 또한 그와 같은 말로써
그들을 깨우쳐 주며, 그들부터 저 자
신을 돌이켜 반성하며 회개하는 시간
을 가지며,
20 하나님께서 내려 주시는 마지막 시대
의 이 법전이요, 새로운 성경을 들여
다볼 수 있는, 이 세상에 존재하는 모
든 것은 아버님의 뜻이요, 귀한 것이
라 생각하여 들여다보는 그와 같은
마음을 갖는 백성이 있기를 바라며,
21 저는 예수님보다 더 독한 말로써 그들
이 더 감내하지 못할 말로써 지금 표
현하고 싶은 것이 제 마음이요, 제 생
각이옵나이다, 아버님!
22 오죽하면 예수께서 믿던 사람을 더 책
망하며, 믿지 않는 사람을 사랑하며,
23 믿는 자들을 사탄이요, 사탄의 자식이
요, 뱀의 자식이라 할 수 있었던가 하
는 것은,
24 저는 그보다 더한 말로써 지금의 모든
믿음의 길을 가는 백성들이요, 아버님
뜻에 의해 역사하는 길이요, 그리고
구원을 받았다 하는 그 백성들에게 그
리 말하고 싶사옵나이다.
25 저는 사탄도 왕사탄이요, 그리고 뱀의
자식도 왕뱀이라 그리 말하고 싶은 것
이 오늘에 제가 보는 이 세상에 살아
가는 백성들이요,
26 더욱이 아버님을 모르는 무지한 백성
들보다도 믿음의 길에 들어섰으며 구
원을 받았다 하며 오로지 성령의 뜻
에 의해 살아간다는 그 백성들에게
그와 같이 전하고 싶은 것이 제 마음
이옵나이다."

10,529 번째 하나님 말씀

2004년 4월 13일 12시 40분

1 사랑하는 나의 아들아!
2 "네, 아버님! 말씀하옵소서.
3 '선한 사람은 그 쌓은 선한 것을 내리
고 악한 사람은 그 쌓은 악에서 악한
것을 낸다.' 하였사옵나이다.
4 선한 자는 선한 것을 내리며 악한 자
는 악함을 내리니, 지금의 모든 믿음
의 길을 가는 백성 그들이 모두가 악
이 그득히 차 있음이요, 그리하여 선
함이 없음이니 선함을 내릴 수 없으
며, 참진리가 없으니 진리가 내릴 수
없다 함을 저는 그리 생각하옵나이
다."
5 그러니 이를 어찌해야만 모든 백성들
을 구원할 수 있는 그 길에 있다 하겠
느냐?
6 "네, 아버님!
7 모든 백성들이 잠에서 깨어나야 될 것
이며, 그리고 성서의 내용을 정독하여
그를 깨우칠 수 있도록, 그리하여 그
를 내리신 아버님의 심성이요, 아버님
의 마음이요, 아버님의 뜻이 무엇인
가, 그를 저희들이 갈구하고자 노력할
때, 그 모든 답을 얻을 수 있는 것을,
8 그들은 형식적이요, 육의 세상에서 얻
어지고 잃는 것, 그 모두에게만 초점
을 맞춰 지금 살아가고 있으니,

9 위대한 아버님의 성서요, 새로운 법전
의 그 뜻을 알지 못하며 그 심정을 알
지 못하기에, 오늘과 같은 형국이 되
어 버렸다 저는 그리 생각되오며,
10 그와 같은 곳에서 깨어나고 거듭날
수 있는 것은 법전을 정독하는 것이
요,
11 모든 가르침을 들을 때, 성경을 읽을
때, 십계명을 읽을 때, 그 모두가 정성
을 다하여 저희들이 그와 같은 마음으
로써 모두를 봐야 될 것이며,
12 아예 선이라는 것을 쌓는 것 외에는
악이라는 것을 쌓을 생각도 하지 말
며, 악이라는 그 문자 자체도 가슴속
에 새겨서는 아니 되며,
13 그는 저와 모든 제자들이요, 그리고
모든 백성들에게 그와 같은 글자는 지
워 버리며, 그와 같은 글자는 모르고
사는 삶이 되도록 해야만 그 모두는
다 아버님의 은혜에 보답하는 길이며,
14 또한 그와 같은 아들이 아버님께 가
문안드릴 자격이 있는 백성이라 그리
사료되옵나이다."

10,530 번째 하나님 말씀

2004년 4월 13일 12시 46분

1 사랑하는 나의 아들아!
2 "네, 아버님! 말씀하옵소서."
3 사랑하는 나의 아들아, 네가 예수의
그 심정을 알 것 같다 했으며 예수가
부르짖는 그 뜻을 네가 알 것 같다 하
였음이니,
4 너는 지금의 믿음의 길을 가는 그 백
성들이요, 그들에게 무엇을 가르치며
무엇을 전하고자 하며, 너의 제자들에
게 무엇을 심어 주며 그 손에 쥐여 주
고자 하느냐?
5 "네, 아버님! 제가 어찌 알겠사옵나이
까?
6 아버님께서 역사하시는 것, 내려 주시
는 것, 그리고 전하라 하시는 것, 그
외에는 제가 무엇을 알겠사옵나이까?
저는 아는 것도, 어떠한 가르침의 제
방향도 없사옵나이다."
7 그러나 사랑하는 나의 아들아!
8 네가 느끼는 것, 지금 보고 깨달은 것,
그와 같은 뜻을 기록하여 너의 제자들
에게 그리 깨우치며 만백성이 읽도록
그리하라.
9 "네, 아버님!
10 아버님께서 말씀하시면 저는 성서에
기록한 내용을 그들에게 전하여 주고
싶고 그들은 그들 속에서 깨닫는 그와
같은 기회를 가질 수 있는 것을 저는
원하옵나이다.
11 아버님, 성서에 기록하여 전하기를,
예수께서 전한 내용의 의미를 전하며
그대로 깨우쳐 주고자 하오며, 그 뜻
을 따라 살아가는 백성이 하늘에 오르
는 길이라 그리 전하고 깨우쳐 주고
싶사옵나이다.
12 예수께서 말씀하시되, 믿는 자들의 그
열성과 그 정열에, 그러나 그들에게
독사의 자식이라 하였으니,
13 그와 같은 말을 한 예수님의 그 심정
을, 저 또한 지금에 독사의 자식보다
더한 자들이요, 사탄의 자식보다도 더
한 그와 같은 사악한 백성들이라 그와
같은 말을 전하고 싶으며, 그를 깨우

쳐 주고 싶은 것이 제가 하고 싶은 말
이며 그리 표현하고 싶사옵나이다.
14 예수께서 오죽하면 독사의 자식이요,
사탄의 자식이라 그리 말씀하셨을까
하는 그 아프고 저려 오는 마음을 충
분히 이해하고 알 것 같사오며,
15 그러나 저는 그보다 더 독한 말로써
오늘의 믿음의 길을 가는 백성들이요,
제 것만이 옳으며 저만이 구원을 받으
며, 남 것을 보지 못하며 듣지 못하도
록 하는 그와 같은 자들,
16 그리고 누구와도 타협하지 아니하려
하며 대화하지 아니하려 하며, 그저
제 것만이 하늘에 오르는 길이라 거기
에 빠져 있는 백성들,
17 그리고 사랑을 실천한다면서 정녕 사
랑을 모르는 자, 나누며 살아야 한다
면서 나누지 아니하는 자,
18 말로써 세상의 풍성한 것을 다 주나
제 재산이요, 제 손실이 있는 것은 절
대 행하지 않는 자, 이와 같은 자들이
요,
19 그리고 참진리요, 하늘의 뜻이 내려온
다 해도 그는 사탄이요, 이단이라 하
여 보지 못하게 찢어 버리고 태우는
거침없는 그와 같은 행위를 하는 자,
20 그들이 예수님께서 말씀하신 독사와
사탄보다도 더 사악한 자들이라 제가
그리 전하고 싶은 것이며,
21 그리하여 제가 그들을 깨우치며 그들
에게 무엇인가를 자극을 주고 싶은 것
이 제 생각이옵나이다.
22 '독사의 자식들아! 너희는 악마니, 어
떻게 선한 말을 할 수 있느냐?' 이 절
규의 예수님의 부르짖음이 제 가슴을
찢어지게 하며, 제 가슴이 저려 오는
그 심정보다 더 아팠으며, 더 저려 오
는 가슴이요, 슬픈 마음이라 저는 그
리 전하고,
23 그들에게 그와 같은 예수님의 그 아픈
마음이요, 저려 오는 그 심정을 들여
다보는 백성이 될 것이며,
24 그 피요, 보혈로써 은혜를 받았으며
구원을 받았으며 죄를 다 짊어지고 갔
으며, 저는 죄가 없으며 제가 지은 죄
또한 창조주 아버님께서 명하여 짓도
록 조종하신 것이니 아버님께 책임이
있으며, 저는 책임이 없다 그리하는
것,
25 그와 같은 모든 너희들이 잘못되었으
며 얼마나 사악한 욕심에서 이루어지
는가, 그와 같은 것을 말없이 전해 주
고 싶은 것이 저의 뜻이옵나이다.
26 더 말할 것이 없으며 더 전할 것이 없
사옵나이다, 아버님!"
27 더욱이 너희들은 알고 있느니라.
28 너희들의 그 입으로 말하는 것이 무엇
이더냐?
29 너희들이 악으로써 말할 때는 너희들
의 마음속에 악이 그득히 차 있는 것
이요, 너희들이 선한 것으로써 말할
때는 그 선함이 너희들의 가슴속에 그
득 채워져 있는 너희들이라 하였음이
니라.
30 그러니 오늘의 종교 집단의 지도자
그들이 사악함으로 그 가슴속에 그득
히 쌓여 있으니, 그들이 하는 이야기
가 진리가 아니요, 그들이 하는 이야
기는 썩은 냄새요, 썩은 이야기니,
31 그 썩은 냄새가 지상을 덮고 하늘까지

진동케 하는 이와 같은 험악한 시대가
되었음이니,
32 이를 바로잡고 제거하는 것이 너희들
이라 함이니 그리 알라, 사랑하는 나
의 아들딸들아!

10,531 번째 하나님 말씀

2004년 4월 14일 06시 07분

1 "너는 나 외에는 다른 신들을 네게 있
게 말지니라.
2 너를 위하여 새긴 우상을 만들지 말
고, 또 위로 하늘에 있는 것이나 아래
로 땅에 있는 것이나 땅 아래 물속에
있는 것의 아무 형상이든지 만들지 말
며, 그것들에게 절하지 말며 그것들을
섬기지 말라.
3 너는 너의 하나님 여호와의 이름을 망
령되이 일컫지 말라.
4 안식일을 기억하여 거룩히 지키라.
5 네 부모를 공경하라.
6 살인하지 말지니라.
7 간음하지 말지니라.
8 도적질하지 말지니라.
9 네 이웃에 대하여 거짓 증거하지 말지
니라.
10 네 이웃의 집을 탐내지 말지니라.
11 나 여호와가 존재함을 믿는 그 자체가
구원의 길에 들어서는 기본이요 근본
이며, 나의 법전을 가슴에 안고 징독
하는 자, 반석 위에 서서 하늘에 오르
는 찬란한 빛을 보게 되는 영광을 얻
게 됨이니라."
12 사랑하는 나의 아들아!
13 "네, 아버님! 말씀하옵소서."
14 네가 이제 나의 성령을 받아 지금 법
전을 만들어 세상에 냄이니 그때마다
네가 암송한 그 십계명의 수를 헤아릴
수 없음이니,
15 과연 너는 지금 십계명을 암송하면서
네가 오늘에 와 법전을 전하여 만백성
을 구하는 나의 아들로서 그 대명을
이루고자 함이니,
16 네 마음의 자세요, 네가 지금 하고자
하는 것이 무엇이며, 네가 가고 있는
그 목표가 무엇인가를 너는 기록하여
너의 제자들이 그를 보도록 해야 될
것이니라.
17 사랑하는 나의 아들아!
18 "네, 아버님!"
19 네가 마음속에 굳건히 눈물로써 네 눈
물의 씨앗을 뿌리며 네가 가고자 하는
그 길이 무엇이더냐?
20 "네, 아버님!
21 저는 무엇이라 아버님께 말씀드릴 것
은 없사오나, 저 자신의 마음속에 하
나를 가지고 그를 지키고 살아가고자
하는 것은 아버님께서 아실 것이며,
그러시기에 저 보고 기록하라 하심을
알고 있사옵나이다.
22 그러니 저는 이와 같은 것을 이루고자
하옵나이다.
23 인간이 인간으로서 인간다운 삶을 살
아야 되겠다는 것, 사람으로서 사람이
되도록 살아야 되겠다는 것, 사람으로
서 사람다운 삶을 살아야 되겠다는 것,
24 그리고 아버님께서 생명을 주시어 제
가 인간의 이름을 갖고 제 육신을 가
지고 세상에 나왔으니, 이를 사람이
요, 인간이요, 때로는 감히 아버님의

아들이라 부르는 제가 인간이 인간다
운 삶을 살아야 되겠다는 것, 그것 하
나를 위하여 오늘의 눈물을 흘리는
그 세월을 가고 있으며,
25 십계명을 암송할 때마다 제가 가슴이
아픔을 느끼며 제가 깨닫고 지켜야 되
겠다는 것은 오로지 그것이 제일 우선
이옵나이다, 아버님!
26 제가 저의 제자들이요, 만백성에게 말
하지는 못하나, 아버님의 말씀을 전하
는 것, 아버님의 뜻을 전하는 것도 귀
하고 소중하나,
27 저는 우선 저 자신이 인간이 인간의
도리를 다하고 사는 사람, 인간이 인
간의 도리를 하지 못하고 살아온 제
가 그것을 벗어나지 못하며 그를 지키
지 못하는 그 아픈 마음은 이루 헤아
릴 수 없사옵나이다.
28 지금까지도 살아온 그 삶이 과연 인간
으로서 도리를 다했으며, 인간이 인간
다운 삶을 살았는가 하는 그 아픈 마
음을 달랠 길이 없으며, 그 마음이 치
유할 길이 없으며, 그 마음을 지울 수
가 없사옵나이다.
29 정녕 저는 인간이 인간다운 삶을 살기
전에 인간이 인간으로서의 그 자세를
무너트리는 그 삶을 살아왔으며,
30 그리하여 지금에 와 인간다운 사람다
운 삶을 살며 사람이 되고자 하는 그
와 같은 그 제 피나는 노력, 제가 바라
는 것은 그것밖에 없사옵나이다, 아버
님!
31 인간의 자세가 바르지 못하고 어찌 인
간이요, 사람이라 할 수 있는 것인가,
저는 결코 인간의 자세가 바르지 못한
저 자신이 인간이요, 사람이라 말할
수 없으며,
32 감히 아버님으로부터 은혜 받아 세상
에 태어난 인간이 아니라 잘못되어 세
상에 나온 인간이라 그리 생각되오며,
그 아픈 마음을 이루 헤아릴 수 없사
옵나이다.
33 그리하여 아버님께서 말씀하시오니,
저는 오로지 인간의 자세가 바른 사
람, 그리고 바른 인간으로서, 바른 사
람으로서 거듭나며,
34 그리하여 지난날의 모든 인간의 자세
가 바르지 못한 그 삶을 회개하며 깨
우치며 지워 버리며, 그리하여 인간다
운 인간의 바른 자세로 살고 싶사옵
나이다, 아버님!
35 그를 위하여 저는 십계명을 암송하며,
제가 괴로워하지 아니하며, 아버님의
성령을 받기 위하여 제가 또 모두의
그 기도함이요, 그 모든 것이 다 저는
즐거움이요, 행복이라 생각하며 가고
있사옵나이다.
36 그러나 그 모든 행복이요, 영광의 그
축복을 제가 정녕 받아들일 수 있으며
그를 누릴 수 있는 백성이 된다면,
37 인간의 자세로써 인간이 바르지 못한
삶이 아니라 인간으로서 바른 자세를
살아가는 것, 그를 위하여 제가 살아
가며,
38 그 뜻을 저의 제자요, 법전을 읽는 백
성들에게, 아버님께서 허용하시고 용
서하시며 아버님이 기록하라 하시니,
그 뜻을 전하고자 제 모든 삶을 산다
는 것을 전하고 싶사옵나이다."
39 사랑하는 나의 아들아, 나 여호와의

기쁨을 알겠느냐?
40 인간의 자세가 바르며 인간의 자세가
바로 한 점의 부끄러움이 없는 삶을
사는 것, 그 모두가 다 천하를 얻는 것
이니라.
41 네가 그리 생각하며 그리 깨닫는 그
마음으로 살아가라.
42 인간 자세가 바르지 못하면 인간이 아
니요, 사람이 아니요, 나로부터 은혜
받아 세상에 나온 백성이 아니라는 너
의 그 굳은 마음이요, 그 의지를 갖고
살아가라.
43 그러니 인간의 자세로써 바르게 살아
가라.
44 그것이 너희들이 가장 먼저 해야 할
일이며 행할 일임이니 그리 전하라,
사랑하는 나의 아들아!

10,532 번째 하나님 말씀

2004년 4월 14일 06시 16분

1 사랑하는 나의 아들아!
2 "네, 아버님! 말씀하옵소서."
3 네가 십계명을 수없이 암송한 그 뜻
을, 그리고 네가 그 보람을 느끼는 것
을 나 여호와가 보는 그 마음이 기쁨
이니라.
4 그러니라, 사랑하는 나의 아들아!
5 인간의 자세가 바르지 못하면 인간이
아니니, 너는 인간이 되기 위하여 인
간의 바른 자세로 살아가고자 함이니,
6 오늘의 너의 그 뜻을 듣는 나 여호와
의 기쁨이요, 그리고 너의 제자들 또
한 인간의 자세가 바르지 못하면 인간
이 아니기에 바로 살고자 하는 그와
같은 변화가 있을 것이니, 나 여호와
의 기쁨이 이루 말할 수 없음이니라.
7 사랑하는 나의 아들아!
8 구약 시대요, 그리고 신약 시대요, 그
모든 역사 속에서 나 여호와가 무엇
때문에 이를 역사했더냐?
9 나의 참진리요, 나의 뜻을 세상에 전
하여 만백성을 구하고자 함이 아니였
더냐?
10 예수를 세상에 보내 그가 나의 사랑이
요, 나의 뜻을 전하다 십자가에 못 박
혀 죽는, 되려 죽임을 당하는 그와 같
은 슬픔의 그 모두를 인내하고 지나며
바란 나의 뜻이 무엇이더냐?
11 그 나의 아들 예수를 보내 그 죽음의
고통이요, 그 어려운 역사를 거친 것
이 모든 나의 백성들을 구하고자 함이
었음이니라.
12 지금의 나의 아들이 성령의 뜻을 받아
책으로 전하니, 너희를 구하고자 하였
던 것처럼, 그리고 지금 내가 너를 통
하여 법전이라 하여 새로운 성경을 세
상에 내려보내어 만백성을 구하고자
했던 그것처럼,
13 모든 구약이요, 신약의 시대 또한 그
와 같은 형국으로써 나 여호와의 바람
이요, 내가 역사하고자 했던 뜻이었으
니라.
14 그러나 지금의 모든 종파가 뭐라 말하
느냐?
15 새로운 성경이요, 나의 아들을 이단이
요 사탄이라 그리하며 그들이 저주와
핍박으로 일관하지 않더냐?
16 저희들이 지금 가고 있는 그 믿음만이
정통이라는 고정관념에서 벗어나지

못했으며, 하늘의 뜻을 정녕 알지 못
하는 자들이 되어 하늘의 지혜를 얻지
못한 백성이기 때문에 그러하니라.
17 예수를 죽게 한 백성이 누구였더냐?
18 그리 나의 법전에 수없이 기록하였느
니라.
19 나를 모르고 율법을 모르는 이방인이
나의 아들을 죽게 한 것이 아니라 하
지 아니하였더냐, 그리고 그리하지 아
니한 것이 사실이 아니더냐?
20 그 시대에 최고의 율법학자라는 자들
이요, 그리고 대제사장으로서 인간을
심판하는 권한을 가지고 있는 자들이
요, 그리고 지도자라는 자들이, 나의
아들 예수를 따르는 그 백성들이 율법
을 거역하고 저주받은 백성이라 하여,
그 나의 아들을 죽도록 한 것이 너희
들이 아니더냐?
21 나의 아들이요, 참진리를 전하는 나의
아들을 따르는 그 백성들이 율법을 거
역하는 자요, 그 모두를 파괴하는 자
들이라 하여, 저주받은 백성이라 하여
그들을 핍박하기 시작하였으며,
22 그리하여 나의 아들 예수도 그리 저희
들이 핍박 속에 죽게 한 것이 아니더
냐?
23 그러니 바르게 가르치며 바르게 가는
것, 그는 너희들이 실천하지 못하도록
하는 것이요, 실천해서는 아니 되니
그것이 바로 무엇이더냐?
24 사랑이라는 것이 무엇이며, 저희들이
어떠한 것을 역사할 수 있는 것인가?
25 나 여호와의 참진리의 그 뜻대로 나의
아들 예수는 행하고 가나, 지도자라는
자들이 그를 따를 수 없으며 행할 수
없으며 지킬 수 없기에,
26 그 저희들의 잘못됨을 그 모든 백성들
에게 단죄받는 것이 두려워 저희들이
잔혹성을 감추기 위하여 그와 같이 사
악한 행동으로써 일관한 자들이 아니
더냐?
27 그러니 지금의 그 믿음의 길을 가는
백성들을 보라.
28 나의 법전이요, 나의 새로운 성경이
세상에 나오니, 너희들이 이방인이라
하여, 그리고 너희들이 나를 찾지 않
는 타 종파요, 종교 지도자들이요, 그
백성들이 과연 나의 아들을 살해하려
하며 죽이려 하는가?
29 그들은 그러지 아니하느니라.
30 그리고 그들은 그를 읽으며 정녕 고개
를 끄덕거릴 것이니라, 이것이 정녕
하늘의 뜻이요, 진정한 믿음의 길이라.
31 그러나 오늘의 믿음의 길을 가며 나를
찾으며 지도층에 있는 너희들이야말
로 어떠한 행위를 하느냐?
32 나를 찾으며 나로부터 구원을 받았다
하는 그 백성 너희들이 오로지 나의
법전이요, 나의 아들을 사탄이요 이단
이요, 그리하여 마지막 시대의 거짓
선지자라 하여 너희들이 정죄하고자
하며 이를 다스리고자 하는 것이 아
니더냐?
33 그러니 너희들이 오늘의 그 실태요,
그 사악함을 하늘에서 내려다보는 내
마음이 과연 어떠하며, 너희들이 더
이상 지탱할 수 있으며, 너희들이 오
늘과 같은 사악한 행위를 하며 더 이
상 견딜 수 있다 하느냐?
34 달란트 사업장이라는 곳에도, 나의 성

전에도 너희들이 절대 죽어도 가지
못하며 가서는 아니 된다 막고 소리
를 지르는 것이 오늘의 종교 집단이
요, 지도자 너희들이 하는 짓이 아니
었더냐?
35 그러니 신약 시대에 예수를 죽였던
종교 지도자들처럼 지금의 종교 지도
자 너희들이 그러한 역사를 되풀이해
서는 아니 된다는 것을 어찌하여 깨
닫지 못한단 말이더냐?
36 이제 내가 너희들에게 명하나니, 2천
년 전 나의 아들을 죽였던 그 종교 집
단이요, 지도자요, 그리고 율법학자들
이 행했던 그 잔혹한 행위를 너희들이
지금에 와서 또 그와 같은 짓을 하니,
내가 이를 그리 보고 있지는 아니할
것이니,
37 너희들이 그와 같은 행위를 하고자 하
는 마음을 거두며, 너희들은 너희들의
갈 길을 가며, 나의 아들은 나의 아들
의 갈 길을 가며, 나의 아들을 따르는
그 제자들은 그 제자들로 그 백성은
백성들로 그리 가면 될 것이니,
38 너희들이 시시비비하는 그 사악한 행
위를 하지 말라.
39 너희들이 단죄할 자격이 없으며 벌할
자격이 없거늘, 어찌하여 이를 핍박하
며 이를 이단이요 사탄이라 하며,
40 나의 달란트 사업장에 사람을 가라,
가지 말라 하며, 나의 성전에 사람을
가라, 가지 말라 하는 너희들이 그 심
판관이 되어 감히 심판을 하는 그 죄
를 어찌 다 치르려 하는가?
41 그와 같은 행위를 당장 중단하라.
42 그렇지 아니하면 너희들이 두 번 또
그 죄를 지음이니, 그 두 번의 죄를 너
희들이 어찌 감당하려 하는가?
43 너희는 너희 조상과 너희들이 두 번의
죄를 지으나, 하늘로는 나 여호와를
너희들이 두 번 울리는 그와 같은 행
위를 한다는 것을 명심하도록 그리하
라.

10,533 번째 하나님 말씀

2004년 4월 14일 06시 18분

1 사랑하는 나의 아들아!
2 지금의 종교 지도자 너희들이 참진리
의 길이 아닌 비진리의 길을 가고 있
다 내가 명함을 명심하라.
3 그리고 너희들은 창조주 나 여호와요,
하늘의 뜻에 의해 가는 것이 아니요,
그 뜻을 거역하는 자들이니,
4 하늘의 뜻을 모르고 가는 자 너희들이
하늘의 지혜를 얻을 수 없으며 하늘의
지혜를 너희들이 행할 수도 없음을 알
라.
5 그러니 나 여호와가 너희들에게 언약
한 참진리요, 새로운 보혜사로 새로운
성경을 세상에 내려보내 너희들을 깨
우치고자 하나,
6 너희들이 어찌하여 새로운 성령이요,
새로운 나의 말씀이라 함을 믿지 아니
하며, 나의 성령을 이리도 짓밟는 행
위를 하는가?
7 너희들이 하늘의 뜻인 나의 새로운 성
경과 나의 아들을 그리 죽이려는 그와
같은 행위요, 그 죄가 얼마나 돌이킬
수 없는 무서운 죄인지를 너희들이
어찌 모르고 그와 같은 사악한 행위를

할 수 있는 것인가?
8 그 행위를 중단치 아니할 때 너희들
이 스스로 그 대가를 먼저 치를 것이
며, 너희들이 이 세상에 발붙이고 설
곳이 없게 된다는 것을 명심하라.

10,534 번째 하나님 말씀

2004년 4월 14일 11시 55분

1 사랑하는 나의 아들아!
2 "네, 아버님! 말씀하옵소서."
3 인간이 바르게 살지 못하면 살 가치
가 없으며, 인간이요, 사람이라 그리
말할 수 없다 하지 않았느냐?
4 내가 너희들을 세상에 가장 아름다운
모습이요, 가장 높은 지혜를 주어 창
조하여 내보냈음이니, 이 세상의 모든
만물을 다 관장하고 다스리는 왕으로
서 너희들이 살아갈 수 있도록 내가
다 그리해 주었음이니라.
5 그러니 어떠한 하나가 이 세상을 지배
하는 것이 아니요, 각자 너희들이 이
지상에 있는 어떠한 것이든 그를 취
하여 먹고살 수 있도록 세상을 다 주
었으니, 너희가 주인이요 곧 제왕이
아니고 누구더냐?
6 나 여호와가 보는 너희들이 각자 각자
가 다 제왕이니라.
7 그러니 제왕이라는 자리를 지키는 자,
제왕과 같은 삶을 사는 너희들이 어찌
하여 그 바른 삶을 살지 못한다 하며,
8 너희들이 바른 자세로 살지 못하는 것
이 얼마나 너희들에게 모두가 잘못된
것인지 알겠느냐?
9 그러니 모든 자격이요, 모든 권한을
박탈당하는 것이요, 스스로 모두를 포
기하는 백성이라는 것을 너희들은 알
아야 될 것이니라.
10 사랑하는 나의 아들아!
11 "네, 아버님! 말씀하옵소서."
12 너희들 중에 바른 자세로 살아가는 그
백성이 나옴이니, 그게 의로운 자임을
너희들은 알아야 될 것이니라.
13 내가 의로운 자, 한 사람을 얻음으로
세상과 바꾸지 아니한다 했으니, 곧
그는 바르게 사는 백성을 말함이니라.
14 그러니 나의 아들을 따르는 제자들이
요, 너 또한 그러하니라.
15 너희들은 인간으로서 부끄러움이 없
는 바른 자세로 살도록 그리하라.
16 그렇지 아니하면 너희들이 무너지게
되어 있음이니라.
17 항상 너희들을 노리는 사탄이 있으며,
너희들이 천사와 같이 변하는 그와 같
은 자들이 세상에 존재하지 못하도록
하는 것이 사탄들이니라.
18 그들이 곧 멸망이요, 그들이 발붙일
곳이 없음이니, 너희들이 한 명, 두
명, 세 명 나의 법전을 읽고 의인과 같
은 백성이 세상에 나왔을 때, 하나의
하자가 없으며 하나의 부끄러움이 없
는 삶을 살 때,
19 그들은 감히 너희들에게 근접하지 못
하며 너희들을 무너트리지 못함이니,
20 그들이 너희들을 무너트리지 못하며
너희들을 저희들의 수하로 만들지 못
한다면, 그 뿌리가 없으며 그 근거가
없음이니, 그들이 존재할 수가 없음이
니라.
21 오늘의 잘못된 종교 집단이요, 지도자

들에게 너희들이 재물을 바치며 힘을
실어 주며 나의 백성들을 끌어들이는
그와 같은 역사를 하기에,
22 사탄들이 오늘에 하늘 높은 줄을 모
르고 저희들이 이 세상을 다 통제하고
다스리고 있는 것이 아니더냐?
23 그러니 그 힘을 하나하나 빼고자 하
며, 그를 하나하나 절단하고자 하며,
그 하나하나를 내가 뿌리를 자르면서
말리고자 하는 것이 나 여호와의 뜻이
니라.
24 나무로 비유하면 그 뿌리를 자르며
가지를 자르며 이파리를 잘라 버리는
그와 같은 방법으로써 그들이 존재하
지 못함이니,
25 그 사탄의 나무의 이파리요, 뿌리를
자르고 가지를 치는 것은 너희들이 하
나도 부끄러움이 없는 의인만이 할 수
있으며, 그 백성만이 가위를 들어 그
를 자를 수가 있음이니라.
26 그러니 너희들이 한 점의 부끄러움이
없는 삶을 살라 함이 여기 있으며, 인
간이 바른 자세로 살지 못하는 것이
너희들이 인간이 아니요, 내 일을 역
사할 수 없으며,
27 그와 같은 백성이 나오면 거듭나는 세
상이요, 하늘에서 이루어진 것같이 이
땅에 이룰 수 없기에 내가 너희들에
게 그리 부탁하며, 너희들에게 그 기
대를 걸고 있으며,
28 너희들이 인간으로서 부끄러움이 없
는 삶을 살라 하는 것이니 그리 알라.

10,535 번째 하나님 말씀

2004년 4월 14일 12시 01분

1 사랑하는 나의 아들아!
2 "네, 아버님! 말씀하옵소서."
3 구약 시대요, 신약 시대의 그 모두는
내가 무어라 말하였느냐?
4 오늘의 한 시대를 이루기 전 준비 단
계요, 중간 과정이라 내가 그리 말하
지 않았더냐?
5 모세의 그 구약 시대는 출발의 시대라
내가 수없이 말했으며, 예수의 시대는
중간의 시대로서 그 임무를 이룬 시대
라 내가 너희들에게 그리 말하였음이
니라.
6 그리하여 이러한 단계로 인하여 내가
이루고자 하는 것이 무엇인 줄 알겠느
냐?
7 나의 피조물 만백성 너희들이 잘못되
며 병들고 썩어졌으며, 그리고 오염될
대로 오염된 이 지상의 아름다움을 내
가 원상 복구를 시켜,
8 너희들이 하늘에서 이루어진 것같이
이 땅에서 이루어지는 것을 천 년에
걸쳐 준비하는 그 기간을 위하여, 지
상의 낙원을 건설하는 그 역사가 이루
어지는 그 단계를 위하여 구약과 신약
이 존재하였으며, 그 역사가 이루어졌
으며, 지금까지 흘러왔음을 알라 내가
그리하지 않았던가?
9 그러나 너희들은 이를 믿지 아니하며
이를 따르지 아니하며, 구약은 신약이
잘못된 것이요, 신약은 구약이 잘못된
것이라 하여, 오로지 저희들만이 구원
의 길을 가는 길이라 지금도 세상의

나의 백성들은 분류되어 있으며 크게
나눠져 있으며,
10 그리고 지금의 백성은 저희들의 조직
이요, 그리고 저희들의 그 방대한 인
력이요, 방대한 재물을 가지고 그것이
맞다 그리 얘기하나, 너희들은 들으라.
11 가짜요, 잘못된 것이 화려한 것이며,
그 화려한 것으로 무엇을 다스리려 하
는 것이요, 그리고 저희들이 진정한
것을 감추려는 자들의 행태이니,
12 너희들은 이를 보고 잘 깨우치도록 그
리하지 아니하면 아니 될 것이니라.
13 나 여호와가 말함이니, 신약과 구약은
오늘의 천 년의 역사의 준비 과정을
위하여 준비된 것이며, 그리하여 그
백성들에게 그리 그 역사를 이루는
것,
14 제3의 시대가 구약과 신약 속에서 모
두를 더불어 같이 그 비밀을 풀어 가
며 새로 내리는 나의 진리를 따라 너
희들이 지금 역사하는 것이니,
15 그를 위하여 그가 존재했다는 것을 너
희들은 굳건히 믿지 아니하면 아니 될
것이니 그리 알라.
16 너희들이 단지 지나가 버린 과거의 일
을 끝내기 위한 것이 아님이니라.
17 너희들이 구약 시대를 갖다 신약 시
대에 끝내 버리며, 너희들이 또 신약
시대를 제3의 시대에 끝내는, 이와 같
이 과거는 과거대로 끝내 버리고 지
워 버리는 것이 믿음이 아님을 너희
들은 알라.
18 신약 시대의 너희들의 믿음이 마지막
시대라 너희들이 그리 믿고 그 속에서
신앙생활을 하나, 결코 그것이 아님이
니라.
19 중간 주자로서, 지금 제3의 시대에 새
로운 성경이요, 내가 직접 관여한 이
시대가 너희들이 마지막 심판의 시대
라는 것을 알라.
20 나 여호와가 성령으로써 나의 백성에
게 마지막 때에 역사하는 것을 나의
백성들이 믿는 자, 그리고 믿지 않는
자, 그와 같은 것을 내가 구분하는 오
늘의 이 형국이 되었으며, 이 역사를
이룬다는 것을 알라.
21 그러니 너희들이 그와 같은 나의 뜻을
모르기에 오류를 범하는 그와 같은 삶
을 살고 있지 않은가?
22 그러니 이제 나의 아들을 따르는 제자
들이요, 그리고 만백성을 가르치는 하
늘의 선생, 너희들은 알라.
23 구약과 신약의 시시비비를 하지 말며,
그것은 다 중간 과정이요, 오늘의 그
중간 과정으로서 있기에 마지막 제3
의 시대가 있음이니,
24 그를 너희들이 거울로 삼아 이 세상을
다스려 나가며, 나의 법전을 전하며,
나의 뜻을 전하며, 거듭나는 백성들을
역사하고 인도하는 것에 최선을 다해
야 될 것이니 그리 알라.
25 이를 거울처럼 너 자신의 행동에 본보
기로 삼으라 하였음이며, 그리고 그
기틀 위에 모두를 역사하라 하였거늘,
26 너희들은 그저 생선 토막을 자르듯이
위를 자르고 중간을 자르고 아래를 잘
라 내는 그와 같은 것으로써 너희들이
나에게 오르고 구원을 받는 것이라는
그 어리석은 행위를 하지 말라.
27 그 몸통이요, 전체가 있어야 그 모두

를 볼 수 있으며, 그 모두가 지탱되게
되어 있음을 잊어서는 아니 되는 것이
니라.

10,536 번째 하나님 말씀

2004년 4월 14일 12시 05분

1 사랑하는 나의 아들아!
2 "네, 아버님! 말씀하옵소서."
3 오늘의 믿음의 길을 가는 종교 집단이
요, 저희들이 주일을 지키며 예배를
드리며 그리고 나에게 재물을 바치는
그와 같은 시간은 절대 빼지 아니하며,
4 그를 버려서는 아니 된다 그리 강요하
고 겁주는 그와 같은 사탄들의 말에
귀 기울이지 말라.
5 나의 아들을 따르는 제자들이요, 나의
법전을 읽고 깨우친 만백성 너희들은
들으라.
6 나의 사랑하는 백성들이 필요로 할
때 너희들이 그 자리에 있으며, 그들
이 무엇인가를 손을 내밀 때 너희들이
그곳에서 그들을 도와주며, 어렵고 환
란 속에 있을 때 너희들이 그 현장에
항상 같이하는 것,
7 그것이 너희들이 주일을 지키며 믿음
을 지키며 재물을 바치는 그와 같은
사탄에게 속아 가는 행위는 부질없는
것이요, 그와 같은 것으로써 믿음의
길을 가는 것이 아니라는 것,
8 어떤 백성이든지 누군가 필요로 할
때 거기에 같이 있는 사람, 그가 나의
아들딸이요, 나에게 오고자 하는 백성
이요, 나로부터 선택된 백성이요, 나
에게 올 수 있는 백성이라는 것을 절
대 잊지 말라, 사랑하는 나의 아들딸
들아!
9 너희가 역사하는 것이 중요하니라.
10 너희들이 이웃에 화재가 났음이니, 그
타들어 가며 인명이 죽어 가는 곳에
너희들은 예배를 보며 주일을 지키기
위하여 그 인명을 구조하지 아니한다
면,
11 필요로 할 때 있지 않은 그 인간이 무
엇이 필요하며, 그 사랑을 베풀 때 사
랑을 베푸는 장소에 있지 않다면, 그
것은 무슨 의미가 있으며 무슨 가치가
있단 말이더냐?
12 이제 나의 아들을 따르는 제자 너희들
은 들으라, 그리고 나의 법전을 읽고
깨우친 만백성 너희들은 들으라.
13 재난과 환란과 어려움이 있을 때, 사
람들이 손을 내밀 때, 너희에게 무엇
인가를 원할 때,
14 그곳에 너희들이 있는 것이요, 그곳을
찾아가 네가 항상 같이 있어서 그들을
도와주고 너희들이 밀어 주는 것이 바
로 무엇이더냐?
15 하늘의 빛이요, 창조주 나 여호와의
빛이요, 그리고 너희들이 그 구원의
빛이라는 걸 잊지 말라, 사랑하는 나
의 아들딸들아!
16 그러니 너희들이 무엇이 더 우선이라
하는 건 없음이니라.
17 현장에서 너희들을 필요로 하는 장소
에 너희들이 항상 있는 것, 그것이 가
장 너희들이 중요한 것이며 위대한 믿
음이요, 위대한 하늘에 오르는 길이라
는 걸 알라.
18 지금의 믿음의 길을 가는 그 백성들,

재난이요, 어떠한 환경보다도 제 부모
를 버릴지언정, 저희 형제를 버릴지언
정, 저희 아내를 버릴지언정, 남편을
버릴지언정, 자식을 버릴지언정,
19 그 예배 시간은 지키며 강론 시간은
지키며, 재물을 바치는 것은 모두를
다 팔아서라도, 모두를 다 정리해서라
도 바치는 것이 하늘에 오르는 길이
요, 믿음의 길이라 그리 가르치는 자,
그들은 사탄이요, 거짓된 자들이니라.
20 그러니 나의 아들을 통하여 내리는 어
렵고 힘든 그 바닥의 현장에 항상 너
희들이 같이 있으며 너희들이 거기에
있으며,
21 그들이 어렵고 힘들 때 그들에게 빛이
되어 줄 수 있는 그곳에 있는 것이 바
로 나의 아들이요, 나의 딸들이요, 그
리고 나의 소중한 백성이라는 것을 절
대 잊지 말라.
22 그러니 너희들은 그들이 원하는 곳에
항상 있는 그와 같은 삶을 살도록 그
리하라, 사랑하는 나의 아들딸들아!
23 어렵고 가난한 자, 불쌍하고 힘든 자,
그리고 너희들의 도움을 필요로 하는
자, 그 현장과 그 장소에 너희들이 있
어야 될 것이니라.
24 걸음을 걷지 못하는 자, 너희들이 옆
에 그 현장에 있어서 같이 걸어 주며
같이 받쳐 주지 아니하면 너희들이 무
슨 의미가 있겠는가?
25 그러니 어렵고 힘든 자, 그 옆에는 항
상 너희들이 같이해 주는 그와 같은
행동의 움직임이며, 보여 주는 움직임
이며, 실천하는 움직임이요, 그와 같
은 믿음으로 가도록 하라.
26 그보다 더 우선인 것은 하늘과 땅 사
이에 없다 함을 전하라.

10,537 번째 하나님 말씀

2004년 4월 14일 12시 13분

1 사랑하는 나의 아들아!
2 "네, 아버님! 말씀하옵소서."
3 출발의 시대요, 중간의 시대요, 그 너
희들의 믿음이요, 그 생활하는 것은
무엇인 줄 알겠느냐?
4 구약과 신약의 시대는 너희들이 육적
인 신앙이요, 육적인 생활 속에서 너
희들이 육적인 믿음이요, 그와 같은
생활을 하는 것이 너희들의 그 삶이
었으며,
5 육의 세상의 한계를 벗어나 보지 못
하고 너희들이 신앙생활이요, 깨달음
의 길을 온 것이니라.
6 그러나 이제 제3의 시대는 마지막 시
대이니라. 이 마지막 시대는 무엇이더
냐?
7 내가 너희들에게 성숙된 영적인 세상
의 가르침을 펴기 위하여 역사하는 것
임을 너희들은 알라.
8 그러니 나의 아들을 따르는 제자들이
요, 나의 법전을 읽고 깨우친 백성, 너
희들에게 육적인 세상의 생활 방식을
깨우쳐 주기 위하여 나의 법전이 세상
에 내려온 것이 아니요,
9 성숙된 영적인 세상의 그 이치의 뜻을
알며 그를 깨닫도록 하여 만백성을 구
하는 전사로서 너희들을 쓰기 위하여
내가 너희들을 육성시켜 가르치는 그
와 같은 역사가 시작됨을 알라.

10 지금 마지막 시대는 성령이요, 영적인
시대이니라.
11 너희들이 육으로써 믿는 그와 같은 시
대처럼 너희들이 만든 주일이라는 날
을 지키며, 인간이 쉬기 위하여 만든
그날에 너희들이 주일을 철저히 지키
며, 너희들이 십일조요, 각종 헌금을
바치는 것이 곧 너희가 나 여호와에게
오르는 길이요, 그리고 너희들이 구원
의 길이라 그리 가르치고 전하나,
12 이제는 너희들이 구약과 신약의 시대
가 벗어나면서 그와 같이 물질로써 너
희들이 무엇을 하며, 주일을 지키며,
헌금을 하며 봉사한다는 것, 그와 같
은 역사하는 것으로써 너희들이 구원
을 받는 것이 아니요,
13 나 여호와의 뜻이요, 그리고 내가 너
희들에게 원하는 무엇인가를 그 영적
인 세상을 볼 수 있는 그와 같은 교육
에 진입하는 이 시대가 되어야 함이니
라.
14 너희들이 그와 같은 시대를 진입하게
되면, 너희들이 육에서 이루는 그 모
두를 알 수 있음이니라.
15 그러니 지금 너희들이 십일조요, 각종
헌금이요, 각종 건축 헌금이요, 이걸
바침으로써 구원을 받는다는 것은 너
희들의 기초적인 믿음이요, 변화가 없
으며 전진하지 못한 믿음이라 했음이
니라.
16 그리고 그 모두가 나와 관계없는 뜻이
라면 과연 어떠하던가?
17 과연 나의 사랑이요, 내 뜻에 의한 백
성들이 지금 너희들이 가르치는 그와
같은 방법으로써 나의 피조물 만백성
을 이끌어 인도할 수 있으며, 그것이
진정한 교육이라 말하느냐?
18 너희들은 무어라 하느냐?
19 교회를 건축하기 위하여 건축 헌금이
요, 십일조를 바치게 하며,
20 너희들이 수시로 낸 그 헌금이요, 그
리고 더욱이 너희들이 그리 강요하고
강요하는 것, 종교 지도자가 듣기만
해도 잠을 자다가도 일어난다는 그 십
일조요, 건축 헌금을 너희들은 남에게
빚을 내서라도, 너희들의 집을 담보로
해서라도, 집을 팔아서라도, 교회를
짓기 위하여 너희들이 무슨 짓을 해서
라도 그와 같이 역사하도록 하는 것이
축복이요, 하늘에 오르는 길이라 그리
가르치고 그리 따르라 하는 것이 이
시대의 너희들이 가는 믿음의 길임을
알아야 될 것이니라.
21 그러니 너희들이 그 지도자를 육성하
는 것은 무엇이더냐?
22 참진리요, 내 뜻에 의해 역사하는 그
백성의 지도자를 육성하는 것이 아니
라,
23 너희들은 도둑을 육성하는 학교요, 도
둑을 육성하는 교회라 그리 내가 말함
을 너희들은 어찌 생각하는가?
24 너희들이 오늘의 육성되는 그 교육 과
정에서 교회의 지도자라는 자들이 뒷
거래하는 것, 도둑질하는 것, 그 모두
를 다 가르치는 그와 같은 짓을 하고
있음이니,
25 그것을 배우는 자가 바로 너희들이 각
종 헌금이요, 재물을 바치는 것은 무
엇이더냐?
26 도둑질하는 것, 뒷거래하는 그 기술이

요, 그 학문을 배웠다 하며 너희들이 수업료를 내는 것이 지금의 너희들이 십일조요, 건축 헌금이요, 각종 명분을 붙여 거둬들이는 그 헌금이라는 것을 절대 잊지 말라, 사랑하는 나의 아들딸들아!
27 이를 명심하라. 너희들이 이를 명심하지 아니하면 아니 됨을 너희들은 알아야 할 것이니 그리 알라.

10,538 번째 하나님 말씀

2004년 4월 14일 12시 22분

1 사랑하는 나의 아들아!
2 "네, 아버님! 말씀하옵소서."
3 지금의 잘못 가고 있는 그 믿음의 길을 가는 백성들이 나 여호와의 뜻이요, 참진리요, 하늘에 오르는 길을 알지 못하며 거짓 삯꾼들에 의하여 끌려가는 그 백성들이 어찌 가고 있는지 아느냐?
4 그들의 믿음을 보기에 내 마음이 아프며 그들을 보기에 내 가슴이 아픔이니라.
5 저희들은 교회라는 곳의 일을 하는 것에 있어서 저희들의 그 모든 일생을 다 바치며, 교회의 일이라면 저희들이 모두를 다 제쳐 놓고 우선적으로 그 모두를 행하고 가느니라.
6 그리고 교회라는 곳에 충성하기 위하여 저희들은 무엇을 충성할 것이 없는가 하여 저희 모두를 다 바치는 그와 같은 자들이 있으며,
7 하나의 소중한 생명을 바쳐서라도 저희 교회를 부흥시킨다는 것을 영광으로 생각하며, 하나밖에 없는 그 생명을 바쳐 복음을 전하겠다는 그와 같은 생각을 가지고 있는 백성들, 그 신도들이 수없이 있음이니라.
8 그리고 어려운 생활 속에서도 나의 복음을 눈물을 뿌리면서 전하고자 하는 그 백성, 나의 아들 예수를 '주여, 주여!' 부르며 그 이름 아래 모두를 바치고 살아가겠다는 것이며 살아가고 있는 그 백성,
9 그들의 믿음의 강도는 천태만상의 그와 같은 믿음으로써 저희들이 지금 가고 있느니라.
10 그러나 그와 같이 가는 백성들이 정녕 어찌하여 바른 진리요, 하늘의 뜻을 제대로 알지 못하며 내 뜻을 알지 못하며 내가 원하는 그 길을 알지 못한단 말이더냐?
11 내가 원하는 길이요, 내가 역사하고자 하는 것을 안다면, 거기에 너희들이 지금같이 모두를 다 바치는 그와 같은 믿음이라면, 너희들은 나에게 올 수 있는 백성이라는 것을 잊지 말라.
12 믿음의 행위는 누가 누구를 따르든, 어떠한 행위를 하든, 그 누구도 너희들의 그 열광적인 행위요, 그 믿음을 따를 수 있는 백성이 없을 것이니라.
13 그러나 열광적이요, 그 누구도 따를 수 없는 그 믿음이 잘못된 종교 집단의 지도자로 하여금 너희들이 나 여호와의 기본 틀에서 벗어나 있으며, 그리고 내 품에서 행하고 있지 아니하다면 과연 너희들은 어찌하겠는가?
14 지금의 너희들이 가고 있는 그 믿음이요, 그 모든 충성스러운 그것이 나 여

호와의 틀에 의하여 내가 원하는 그
속에서, 내 품에서 너희들이 행하고
있지 아니함이니, 너희들은 먼저 이와
같은 뜻을 알고 바로 보도록 해야 될
것이니라.
15 너희들이 성경에 기록되어 있는 대로,
그리고 나의 계명대로, 그리고 나의
법전대로 하나하나 지키며 살아가면
될 것이거늘,
16 너희들이 그와 같이 내가 내린 것은
뒷전이요, 인간의 교리에 맞춰 모든
충성을 다 바치며 목숨을 바쳐 부흥의
역사를 이루고자 하며 내 뜻을 전한다
너희들이 그리함이니,
17 그것이 나 여호와의 품이요, 내 안에
서 이루어진다면 얼마나 너희들이 축
복되고 영광된 백성이더냐?
18 그러나 내 뜻을 벗어난 인간의 교리
요, 잘못된 삯꾼들에 의하여 너희들이
끌려감이니, 그리하여 참진리의 길이
요, 하늘의 뜻을 알고 똑바른 길이요,
똑바로 너희들이 와 구원의 길을 받으
라 함이요,
19 너희들이 충성할 곳에 충성을 하며,
너희들이 눈물로써 모두를 다 어려운
시련과 역경을 견디면서도 갈 수 있
는 그와 같은 것, 그 바칠 수 있는 곳
에 그 모두를 바치는 그와 같은 너희
들이 눈을 뜨라 하는 것이 나 여호와
의 뜻이니라.
20 성서의 비밀을 아는 자가 가르치는
것, 그리고 하늘의 뜻을 아는 자가 가
르치는 것, 그가 설교하는 것, 그를 듣
고 배우면 너희들이 모두를 다 알 수
있음이니라.
21 그러니 사랑하는 나의 아들딸들아!
22 너희들이 교회의 일이라면 너희들의
일생을 바쳐 우선순위로 일을 하며 역
사하는 그와 같은 백성들, 그리고 너
희들이 교회에 충성하기 위하여 모두
를 다 바치는 자,
23 그리고 너희들이 하나밖에 없는 생명
이라도 그 복음을 전하며 너희들이
속해 있는 그 교회의 부흥을 위하여
바칠 수 있으면 바친다는 그와 같은
너희들의 마음 자세,
24 그 백성들이 다 내 뜻이 아니요, 다른
뜻에 의하여 사탄의 뜻에 의하여 사악
한 자의 뜻에 의하여 너희들이 흘러가
는 그와 같은 믿음이니, 이것이 아님
이니라, 사랑하는 나의 아들딸들아!
25 호화롭고 찬란한 곳에 너희들이 진리
의 빛이 있다 그리 생각하지 말라.
26 지금 너희들이 나의 아들이 법전을 만
들어 너희들에게 전함이니, 그가 초라
하고 불쌍할 것 같으나,
27 너희들이 참진리요, 하늘에 오르는 길
이요, 나 여호와의 뜻은 이 초라하고
보잘것없는 나의 아들을 통하여 160
권의 법전으로 책을 세상에 만들어 내
는 '하늘에 오르는 길'이요, '하나님!
말씀하옵소서.' 이 모두 속에 답이 있
으며,
28 이게 진정한 나 여호와의 진리요, 내
뜻이요, 내가 역사하는 길이요, 내 성
령을 너희들이 받아들여 거듭나는 백
성으로 살 수 있는 것이 여기에 다 있
다 함을 그리 전하라.

10,539 번째 하나님 말씀

2004년 4월 14일 12시 30분

1 사랑하는 나의 아들아!
2 "네, 아버님! 말씀하옵소서."
3 나의 160권의 법전을 세상에 너희들
이 책으로 엮어 내가 내려보냄이니,
이를 내려보내며 내가 너희들에게 무
어라 하였느냐?
4 너희들이 이를 열 번 백 번 그저 건성
으로 읽는 것보다, 너희들이 정독하여
내 뜻을 알며 거기에 기록된 뜻대로
행하는 것, 그것이 너희들이 나에게
오르는 길이요, 나에게 감사하는 길이
라 하지 아니하였더냐?
5 그러니 지금 내가 법전에 기록하여 전
한 그 내용 하나하나를 너희들이 과연
얼마나 기억하여 얼마나 그를 지키고
살아가려 하느냐?
6 나는 160권의 책으로 증거하며 그 속
에 그리했느니라.
7 너희들이 아무리 많은 일을 하고 아무
리 많은 역사를 하고, 어떠한 역사를
했다 한들, 너희들이 바로 창조주 나
의 뜻에 합당치 아니하면, 내 뜻에 합
당치 아니하는 그와 같은 행위를 하면,
8 내 뜻에 의해 역사하는 것이 아니요,
너희들은 나를 거역하는 행위를 하는
백성이라 그리하지 않았더냐?
9 그러니 지금의 믿음의 길을 가는 그
백성들이 나와 관계가 없다 하였음을
너희들은 알라.
10 그러니 이제 나의 아들을 따르는 백
성, 너희들은 작은 일이라도, 작은 사
랑이라 해도 실천하는 삶이요, 그리고
배워 너희들이 깨우친 것을 그대로 네
삶에 적용하며 네가 그 속에서 살아가
는 백성으로서 살아갈 때, 나 여호와
가 기쁨이요, 나 여호와의 그 기쁨은
이루 말할 수 없음을 알라.
11 내가 명한 대로 행함을 하는 것, 그것
이 바로 너희들이 그리 산다면 나 여
호와가 어찌하여 너희들에게 구원의
손을 뻗어 구원하지 않겠느냐?
12 그러니 아무리 위대한 역사를 이룬다
해도, 너희들이 나 여호와가 이루고자
하는, 내가 역사하고자 하는 뜻이 아
니며 합당치 못하다면 너희들은 어떠
한 백성이라 했느냐?
13 나와 관계없는 백성이라 하였으니, 너
희들이 바치는 헌신과 노력과 그 열정
이 너희들의 모두가 나와 관계없다면,
이를 너희들은 알아야 될 것이니라.
14 이제 너희들은 영적으로 성장하는 백
성이 아니라, 외적인 행사요, 행동으
로써 이루는 데 역점을 두는 그와 같
은 믿음으로 온 백성들이니라.
15 그러니 너희들이 보이는 것, 그리고
너희들이 화려하게 보이기 위하여 그
화려한 것으로써 나의 피조물 만백성
들이 믿음의 길을 가는 그와 같은 형
국으로 이끌지 말라.
16 그러니 너희들이 그 찬란하고 호화로
운 외형적인 것, 보이는 행동으로써
나의 피조물 만백성을 현혹하지 말며,
17 내가 비밀로 되어 있으며 아무나 풀
수 없다는 이 성경의 비밀과 나의 아
들을 통하여 내리는 나의 법전을 읽고
깨우쳐 그들을 너희들이 같이 깨우치
는 그 지도자요, 가르치는 자의 그 목

소리에 귀를 기울이지 아니하면 아니
될 것이니라.
18 지금 내가 나의 아들을 통하여 성서의
몇천 년 동안 역사한 그 비밀이요, 그
를 하나하나 봉인을 풀어 너희들에게
가르쳐 주며, 거기에 내가 새로 내리
는 나의 성령으로써 너희들을 깨우쳐
줌이니,
19 너희들이 하늘의 뜻을 알며 나에게 오
르고자 한다면, 이를 선택하여 정독하
지 아니하면 아니 됨이니, 모든 일에
우선순위가 있듯이, 너희들의 가장 우
선순위는 무엇인 줄 알겠느냐?
20 지금 내가 마지막으로 성경을 인봉한
것을 풀어 전함이니, 그 풀어 전하는
뜻을 깨우쳐 너희들이 하늘의 뜻이 무
엇인가를 깨달을 것이며,
21 나의 아들을 통하여 내리는 나의 법전
속에 새로운 나의 성령이 거기에 있음
이니, 이를 보고 너희들이 바로 서는
그와 같은 삶을 살도록 하라.
22 그렇지 아니하면 너희들이 역사할 수
없음을 알아야 될 것이니라, 사랑하는
나의 아들딸들아!
23 나 여호와의 뜻에 합당한 그 일을 하
라.
24 나 여호와에게 합당치 아니한 일이요,
내가 원하지 않는 일을 너희들이 하면
서, 나의 백성이요, 나에게 구원을 받
을 것이며, 내가 너희들에게 손을 내
밀어 구원할 것이라 절대 하지 말라.
25 그 누구도 구원할 수 없다는 그 의미
를 알지 않느냐?
26 너희들이 얼마만큼 최선의 노력을 다
하며 너희들이 얼마나 거듭나고자 하
는 것이며, 내 뜻을 알며, 사랑을 행하
고 실천하느냐 그 뜻에 따라 내가 너
희들을 거둬들이고 안 거둬들이고 손
을 내밀고 안 내밂이 있으니,
27 나 여호와의 뜻에 합당한 일을 하고
살면 내가 너희들을 절대 버리는 일이
없다 함을 명심하도록 그리하라.

10,540 번째 하나님 말씀

2004년 4월 14일 12시 36분

1 사랑하는 나의 아들아!
2 "네, 아버님! 말씀하옵소서."
3 나 여호와가 사랑하는 나의 아들을 따
르는 너희들이요, 그리고 나의 법전을
읽고 깨우친 사랑하는 너희들에게 하
늘의 지혜요, 나의 지혜를 구하며 그
를 받는 백성으로 살라 하였으며, 그
를 너희들이 다스릴 줄 아는 지혜를
너희 것으로 만들라 하지 않았더냐?
4 그러니 그 의미가 무엇인 줄 알겠느냐?
5 인간 세상에 너희들이 살아가는 그 지
혜는 인간의 그 한계가 있음이니, 넘
지 못하는 그 한계가 있음이니라.
6 그러니 너희들이 하늘의 지혜요, 나
여호와의 지혜를 내가 너희들에게 구
하라 함은,
7 너희들이 그를 임했을 때 너희들은 남
들보다 앞서가는 백성이 되게 되며,
남들보다 너희들이 앞을 볼 수 있는
백성이 되며, 너희들이 미래를 볼 수
있는 그와 같은 백성들이 되기 때문이
니 알아야 될 것이니라.
8 지금 나의 아들을 따르는 너희들은 나
의 성령이요, 내가 직접 내리는 하늘

의 교본을 가지고 나의 아들을 통하
여 공부를 하며 배우니, 이 세상에 깨
달음이요, 그 지혜의 높음이 누가 너
희들만큼 있겠는가?
9 그 누구도 너희들을 따를 자가 없으
며, 지혜를 따를 자가 없으며, 그리고
깨달음에 대한 것이요, 하늘의 이치
요, 하늘의 뜻을 아는 백성들이 없음
이니라.
10 그러니 이 세상에 나의 수십억 인구
중에서 가장 앞에 가는 너희들이요,
직접 나로부터 교육을 받는 백성, 너
희들이 인간 세상의 지혜요, 인간 세
상의 삶에서 벗어나지 못한다면, 누가
나의 사랑하는 나의 백성들을 인도하
고 이끌어 갈 수 있겠느냐?
11 천재적인 머리를 가지고 있는 거짓말
하는 자, 남을 속이는 자, 남을 사기
치는 자, 이와 같은 인간의 지혜는 한
이 없고 끝이 없음이니라.
12 그러나 그 모두 그들보다 앞에 갈 수
있는 것, 앞을 볼 수 있는 것, 넘어지
지 아니하는 것은 너희들이 하늘의 지
혜를 구해야 됨을 알라, 사랑하는 나
의 아들딸들아!
13 너희들이 남들보다 앞에 가지 않는 백
성이 되지 아니하면 절대 아니 되느니
라.
14 그 누구도 너희들보다 앞에 갈 수 있
는 백성이 없기 때문이니라.
15 그리하여 너희들은 육의 세상의 삶이
아니요, 영적인 삶을 살 수 있기 때문
이며, 그 세상의 삶을 살라 하는 것이
나 여호와의 뜻임을 알라, 사랑하는
나의 아들딸들아!

10,541 번째 하나님 말씀

2004년 4월 14일 12시 40분

1 사랑하는 나의 아들아!
2 "네, 아버님! 말씀하옵소서."
3 의로운 사람이요, 의인이요, 그리고
성령이 임한 백성으로 거듭나야 되며,
그와 같이 너희들이 변하지 아니하면
아니 된다 하였음이니라.
4 그러니 또한 그것도 누가 그리 갈 수
있겠는가?
5 너희들이 나 여호와의 성령을 직접 들
으며, 하늘의 가르침을 들으며, 그리
고 나의 아들을 통하여 내 뜻을 바로
듣는 너희들만이 나의 뜻을 알며 하늘
의 이치의 뜻을 아니,
6 의로운 사람 또한 너희들 속에서, 성
령으로 임한 백성 또한 너희들 속에서
먼저 임해야 되는 것이니라.
7 그리고 그와 같은 백성들이 너희들 속
에서만 나올 수 있음을 알아야 될 것
이니라.
8 인간 세상의 한계를 벗어나지 못하며,
인간 세상의 깨우침의 굴레를 벗지 못
한 그 백성들이, 너희들이 앞에 가는
그와 같은 하늘의 공부를 할 수 없으
며 하늘의 뜻을 알 수 없기 때문임을
너희들은 알아야 될 것이니라.
9 너희가 성령으로 임하여 의로운 사람
으로서 거듭나는 삶을 살라 나 여호와
가 너희들에게 그리 강요하며 너희들
이 그리 살면 아니 된다 하며,
10 나의 아들을 따르는 제자요, 나의 법
전을 읽고 새로운 성경을 읽은 백성,
너희들이 의로운 사람으로서 인간의

한 점의 부끄러움이 없는 삶을 살라
하는 것이 내 뜻이 아니더냐?
11 의로운 것은 무엇이더냐?
12 인간의 삶에 하자가 없으며 어디 갖다
놔도 부끄러움이 없으며, 너희들이 남
에게 고개 숙일 일 없는 그와 같은 아
름다운 삶을 사는 백성이 아니더냐?
13 그러니 너희들이 그리 살 때 사탄이
너희들에게 근접하지 못하며 너희들
을 무너트릴 수 없는 것이라는 것을
알라.
14 너희들이 그 의로운 자요, 너희들이
한 점의 부끄러움이 없는 삶을 살지
아니하면, 마음속에 검은 마음이요,
악한 마음이 있으니, 사탄들이 하시라
도 거기에 불을 지를 수 있으니,
15 그리하여 악의 유혹에서, 사탄의 유혹
에서 너희들이 그 불길에 견디지 못하
고 넘어지는 그와 같은 형국이 되기
때문에, 너희들에게 의인으로서, 그리
고 인간으로서 부끄러움이 없는 삶을
살라 하는 것이 나 여호와의 뜻임을
알라.
16 의로운 사람이 되지 못한다면 사탄의
유혹이요, 인간의 죄의 굴레에서 너희
들이 벗어날 수가 없으며, 항상 어느
때라도 무너질 수 있으며, 거듭나는
백성으로서 모두를 포기하는 그와 같
은 결과가 된다는 것,
17 그리하여 내가 너희들에게 의로운 사
람이요, 바로 설 수 있는 사람이요, 한
점의 부끄러움이 없는 그와 같은 삶을
살라 함이니라.
18 이 세상의 너희들이 그리 변화됨은 누
구도 그리 변할 수 없으며, 누구도 나
의 아들을 따라 하늘에 오르는 길을
올 수 없기 때문에 오늘의 이와 같은
험악한 세상이 되어 있음이니라, 사랑
하는 나의 아들딸들아!

10,542 번째 하나님 말씀

2004년 4월 14일 13시 50분

1 사랑하는 나의 아들아!
2 "네, 아버님! 말씀하옵소서."
3 내가 나의 법전을 세상에 내려보내며,
새로운 성경이요, '하늘에 오르는 길'
이요, '하나님! 말씀하옵소서.' 160권
의 장정의 이 책으로써 근거하는 것을
세상에 내려보냄이니, 내가 너에게 무
엇이라 말하였느냐?
4 "네, 아버님! 아버님의 모두를 다 태
워서, 그 태우는 마음으로써 이 성령
을 내려보내며, 만백성을 구하고자 이
를 역사하신다 그리하셨사옵나이다."
5 그러니 정녕 내 모두를 태워 내리는
그 마음이 너는 어떻다 생각하느냐?
6 "네, 아버님! 그렇사옵나이다.
7 저는 이 세상에 살면서 육으로써 저를
길러 준 부모요, 형제에게 저의 도리
를 다하지 못하고 살고 있사옵나이다.
8 그러나 제가 자식을 낳아 기르고 가정
을 갖고 살아가면서 지금 부모가 자
식을 사랑하는 그 마음의 깊음을 자
식이 모르듯이,
9 속에 간직하고 간직했지만 표현하지
아니하며 나타내지 아니하며 자식이
잘되기를 바라는 그 부모의 마음,
10 병들어 쓰러질까, 그렇지 않으면 제
명대로 살지 못할까, 그리하여 그 고

통은 없는가, 그 애절한 마음을 가지
고 사는 그 부모의 마음이요,
11 그 깊고 깊은 그 마음, 바닷속보다도
더 깊은 마음이요, 땅 끝보다도 더 깊
은 마음, 부모가 자식을 사랑하는 마
음이 그런 것이라 생각되옵나이다.
12 그러니 아버님께서는 그보다도 더 깊
고 깊은 마음으로써 저희들을 사랑하
시며 저희들이 구원의 길로 오기를 바
라시기에 아버님의 모두를 태워 성령
을 내려보낸다 하였음이니,
13 아마 인간 세상의 부모도 자신을 태
워서 하고자 하는 말은 해도 그 태워
서 내려보내는 일은 없을 것이옵나이
다.
14 자신을 태워서 자식을 위해서 바라는
부모도 있겠지만, 정녕 부모가 자신을
태워 자식을 구원하는 그와 같은 일을
할 수는 있겠사옵나이까?
15 그러나 창조주인 아버님께서 말씀하
시기를 '내 모두를 태워 그리한다.' 하
시니, 아버님은 법이요, 아버님은 공
의로우시니,
16 아버님이 오늘의 성령을 내려보내는
것을 얼마나 애절하게 생각하며, 저희
들을 사랑하시는 것인가를 알겠사오
며,
17 끝이 보이지 않는 아버님의 그 사랑하
시는 마음으로써 이 모든 법전이요,
이 새로운 성경을 내려보내시는 것이
라 그리 알고 있사옵나이다.
18 모든 믿음의 길을 가는 백성들이 아버
님은 사랑하는 아버지요, 베푸는 아버
지요, 주시는 아버지라 그리 말하나,
그 베풀기 위하여, 주기 위해서 그 모
두를 참고 가는 아버님의 그 깊은 마
음이요, 그 깊고 깊은 마음을 그들이
모르는 것 같아 제 마음이 아프며 가
슴이 저리옵나이다.
19 아버님께서 물으시는 그 말씀에 제가
그와 같이 말씀을 드릴 수밖에 없사오
며, 인간이 자식을 사랑하는 부모의
그 깊고 깊은 마음보다 천배 만배 더
깊고 깊은 마음으로써 새로운 성경이
요, 하늘에 오르는 길이요, 160권의
법전에다 모든 하늘의 뜻을 기록하여
내려보내,
20 이를 읽고 깨우쳐 영원히 사는 하늘나
라에 오도록 하시는 그 사랑이요, 그
깊음에 저 자신이 다시 한 번 고개를
들지 못하겠사오며,
21 저 자신이 이와 같은 대명을 받아 역
사하며, 저의 제자들 또한 이를 만들
고 기록하며 만백성에게 전하는 그 선
택을 받은 그에 대한 저희들의 모두
를 다 바쳐야 할 것을 다시 한 번 결의
하며, 다시 역사하도록 그리하겠사옵
나이다, 아버님!"

10,543 번째 하나님 말씀

2004년 4월 14일 13시 54분

1 사랑하는 나의 아들아!
2 "네, 아버님! 말씀하옵소서."
3 내가 나의 모두를 태워 내리는 것이
나의 법전이요, 새로운 성경이라는 그
의미를 이제야 네가 알았느냐?
4 "네, 아버님! 그렇사옵나이다.
5 바닷속 깊이 깊이 깊은 곳에 간직했
던 그 보화와 그 소중한 것을 서서히

꺼내서 아버님께서 반백성에게 보여 주신 그와 같은 은혜요, 은공이요, 그와 같은 것을 이제야 제가 느끼고 있사옵나이다.
6 아버님께서 모두를 태워 내리신다는 법이요, 아버님은 진리이시니, 그것이 아버님의 모든 마음이요, 그 애절한 심정을 이제야 제가 깨달으니,
7 저의 제자 또한 그를 읽고 수없이 들었으나 그 뜻을 어찌 알았겠사옵나이까?
8 이제야 아버님의 그 뜻을 알겠사옵나이다.
9 부모가 자식을 사랑하는 그 깊고 깊은 마음보다도 천배 만배 더한 아버님의 그 사랑,
10 그러니 아버님께서 하늘의 지혜를 얻으라, 아버님의 지혜를 얻으라, 그리고 바로 서라, 바로 깨우치라는 그 말씀 한마디 한마디가 얼마나 가슴을 울려 오며 저리는 그 마음의 말씀인가를, 이제야 제가 그를 깨닫고 있사옵나이다, 아버님!"
11 사랑하는 나의 아들아!
12 그와 같은 마음을 알았으면 됐느니라.
13 그 마음을 알았거든 네가 인간 세상에 살면서 인간으로서 네 자세가 흐트러지지 아니하며 한 점의 부끄러움이 없는 그와 같은 삶을 살도록 그리하라.
14 네가 나에게 부끄러움으로 산다면, 네가 존재할 가치가 없으며 네가 있는 의미가 없지 않더냐, 사랑하는 나의 아들아!
15 내가 너를 사랑함이니라.

10,544 번째 하나님 말씀

2004년 4월 14일 14시 02분

1 사랑하는 나의 아들아!
2 "네, 아버님! 말씀하옵소서."
3 나 여호와가 너희들에게 말하였느니라.
4 하늘의 지혜를 얻으라, 그리고 창조주 나의 지혜를 얻으라, 그리고 내 뜻을 바라보도록 그리하라, 그 길이 너희들이 정녕 바라는 나에게 오르는 길이요, 거듭나는 영광을 얻는 길이라 내가 그리 너희들에게 부르짖었거늘,
5 어찌하여 내 모두를 태워 내려보내는 내 음성이요, 내 가르침을 너희들이 한쪽 귀로 듣고 한쪽 귀로 그를 잊어버린단 말이더냐?
6 과연 너희들이 너희 자신을 태워서 누구에게 무엇을 전하며 무엇을 깨우쳐 갈 수 있는 자신이 있는가?
7 너희들이 너희 자신을 태워서 누구를 위해 살아갈 수 있으며, 누구를 위해서 너희 자신을 태울 수 있겠느냐?
8 나 여호와가 사랑하는 너희들이요, 나의 아들딸이기에 너희들을 위하여 나의 모두를 태워서 내려보내는 것이 나의 법전이라 했으니,
9 그 법전 속에 기록되어 있는 그 내용들이 너희들이 얼마나 귀하고 값지고 소중한 것인가를 생각해 보았느냐?
10 내가 너희들에게 하늘의 지혜요, 나의 지혜요, 내 뜻을 보라 하였음이니, 그것만이 너희들이 나에게 오를 수 있는 길로 변하는 너희들의 삶을 살 수 있다 함을 명심하도록 그리하라.

11 지금의 나의 피조물 만백성들이 살아
가는 인간 세속의 삶에서도 어떻더냐?
12 이 세상에 너희들이 살아가면서 지금
은 남을 속이고 속고 하는 그와 같은
삶이 뒤범벅이 된 것이 아니더냐?
13 어찌하여 남을 속이든 남을 어찌하든
간에 저만을 위한 삶을 살며, 그리고
저를 위주로 살아가는 그와 같은 삶이
기에, 속이고 또 속인 자가 속는 그와
같은 속고 속는 삶의 그 세상에서 사
는 것이 아니더냐?
14 그리 속고 속는 자들의 세상에서 그래
도 인간의 지혜가 있는 자, 깨달음이
있는 백성은 그리 쉽게 넘어가지 아니
하며,
15 사리를 분별하며 함부로 대들지 아니
하며, 함부로 넘어지지 아니함이니,
함부로 무너지는 일이 그래도 적지 않
더냐?
16 그것이 인간의 지혜요, 깨달음을 가지
고 있는 자의 삶이 아니더냐?
17 너희에게 하늘의 지혜를 내가 얻으라
함은 무엇인 줄 알겠느냐?
18 인간 세상에 너희들이 무너지는 삶이
요, 부귀와 영화를 위하여 하늘의 지
혜요, 나 여호와의 뜻을 보라 함이 아
니니라.
19 하늘의 지혜가 없으면 너희들이 잘못
된 신앙생활이요, 그리고 하늘의 지혜
로써 너희들이 보지 아니하면 참진리
요, 거짓 진리요, 비진리를 구분하지
못하기 때문이니라.
20 잘못된 신앙이요, 잘못된 삯꾼에게 너
희들이 지금 너희 자신을 맡기고 속아
서 그 믿음의 길을 간다면, 과연 너희
들이 나에게 왔을 때 내가 너희들을
모른다 하며, 너희들이 그리 갈구하고
바라던 거듭남이요, 천국이 아니요,
21 너희들이 그리 몸부림치며 가지 아니
하려는 그 지옥의 문 앞에 지금 몸부
림치는 그와 같은 형국이 된다면, 과
연 너희들이 얼마나 낙담하고, 그때
가서 어찌하겠느냐?
22 거기는 누가 잡아 줄 사람도 없으며,
이끌어 줄 사람도 없으며, 네 이름을
불러 줄 사람도 없으며, 너를 도울 수
있는 자가 아무도 없느니라, 사랑하는
나의 아들딸들아!
23 육의 세상에서 너희들이 어려울 때 도
와주며, 잘못 갈 때 서로가 의지하며
의논하고 서로 주고받으며 거래할 수
있는 이 세상에서 너희들이 바로 서지
아니하면 아니 되며,
24 너희들이 속는 삶을 살아서는 아니 되
느니라, 사랑하는 나의 아들딸들아!
25 나 여호와가 너희들에게 불안하며 걱
정하는 마음이 무엇인 줄 알겠느냐?
26 너희들이 거짓된 신앙 속으로 무너지
는 것은 사탄이요, 마귀들이 교묘한
방법으로써 너희들에게 접근하느니
라.
27 너희에게 접근하는 것, 너희를 유혹하
는 것, 너희를 무너트리는 것은 너희
자신도 모르면서 너희가 그들에게 한
발짝 한 발짝 다가가고 끌려가는 그와
같은 형국이 됨이니,
28 스스로 네 무덤을 파는 그와 같은 것
이 나의 사랑하는 아들딸 너희들이니,
하늘의 지혜가 없는 백성들이니라.
29 그 자체의 모습은 사탄이요, 마귀는

너희들에게 접근할 때, 그 형체도 없
으며 자체도 없으며, 그리고 그것을
보이지 않느니라.
30 다만, 그들이 광명 천지에 천사처럼
말로써 너희들을 유혹하고 인도함이
니, 그는 두 얼굴을 갖고 있는 자요,
두 얼굴을 갖고 행동하는 자이니라.
31 그러니 너희들이 두 얼굴을 가진 자를
구분할 수 있는 하늘의 지혜가 없다면
결국 무엇이더냐?
32 스스로 너희들이 자발적으로 죽음의
무덤을 파고 가는 자라는 것을 알라.
33 네가 묻힐 네 무덤을 너 스스로 팜이
니, 그러면서도 그걸 파는 줄을 모르
는 것이 너희들이니라.
34 사랑하는 나의 아들아!
35 너희들이 깊은 산속에 가서 한번 네
가 묻힐 그 무덤을 파 보라.
36 네가 땅속에 묻히는 네 육신이 묻힐
그 무덤을 파는 것을 너희들이 보고
두려우며 겁을 먹을 것이면서,
37 어찌하여 너희들이 영혼의 무덤을 파
는 그 믿음에서 그 광명 천지에 진정
한 천사요, 천사가 아니요, 하늘의 뜻
이요, 아니요, 그것을 구분하는 지혜
를 가지라 하는 것을, 어찌하여 너희
들이 그 기회를 갖지 아니하려 하느냐?
38 내가 나의 법전을 읽고 깨우치라는 것
이 너희들이 죽기 아니면 살기로 그
길을 오라더냐?
39 거기서 읽고 너희들이 깨달음을 얻을
수 있나 없나 그걸 보라는 것이거늘,
40 믿으라는 것도 아니요, 따라오라는 것
도 아니요, 읽고 너희들이 하늘의 지
혜를 얻으라 하거늘,
41 이것을 사탄이요, 마귀요, 벌레라며
너희들이 찢어 버리며 태워 버리는 그
와 같은 행위를 하니, 이를 어찌한단
말이더냐?
42 오늘의 두 얼굴을 가진 종교 집단이
요, 지도자들이 어찌하느냐?
43 참진리요, 하늘의 나 여호와의 뜻을
가르치고 전하는 것이 아니라, 물질
만능의 시대로 변한 그 종교 집단들이
장삿속으로써 지금 모두를 끌고 가고
있느니라.
44 그러니 그 장삿속에서는 팔고 사는 것
이 무엇인 줄 아느냐?
45 너희들 자신임을 너희들은 알아야 될
것이니라.
46 너희들이 너를 팔며 너희들이 또 물건
을 사며 네가 너를 팔면서 재물을 바
치는 것이 오늘의 너희들의 그 형국이
니, 이제 너희들 자신을 잘 들여다보
도록 그리하라.
47 그리하여 너희들이 그곳에서 헤어나
지 못하며 거듭나지 못한다면 아무것
도 얻을 수 없음이니라.
48 병을 고치는 역사요, 방언이라는 것,
어떠한 행위도, 너희들이 사탄이요,
마귀요, 이단이요, 그 잡신을 가지고
있는 자들도 그와 같은 행위는 그 사
탄들의 장난에 의하여 모두가 역사할
수 있을 것이니,
49 너희들이 거기에 현혹되며, 그것이 기
적이요, 하늘에 오르는 길이라 그리
현혹되어 너희들이 앞을 보지 못하는
그와 같은 백성이 되어서는 아니 되느
니라.
50 그러니 너희들이 나 여호와의 뜻이요,

나의 주관하에 이루어지는 것을 구분
하는 지혜요, 안목이 없이는 아니 됨
이니, 하늘의 지혜를 얻으라 함이니,
51 나의 법전을 읽고 정독하는 자, 하늘
의 지혜를 얻음이니,
52 어떠한 병 고치는 역사요, 방언이요,
기적을 이룬다 해도 그것이 정녕 나
여호와에게 선택된 자인가 아닌가를
너희들이 구분할 수 있는 그 지혜의
능력이 거기에 있으니, 그걸 하나 얻
으라 하였거늘,
53 어찌하여 너희들이 그를 사탄이요, 이
단의 것이라며 태워 버리고 찢어 버리
며 물속에 던지는 그와 같은 행위를
한단 말이더냐?
54 그 어리석은 백성들이 바로 깨우칠 때
까지 너희들이 쉬지 않고 노력하는 길
밖에 없음이니 그리 알라.

10,545 번째 하나님 말씀

2004년 4월 14일 14시 08분

1 사랑하는 나의 아들아!
2 "네, 아버님! 말씀하옵소서."
3 이 세상에 살아가는 나의 백성 너희들
이 이 세상에 존재하는 것, 가짜와 진
품을 구분하지 못한다면 너희들은 어
찌 되겠느냐?
4 그 모두가 다 낭패가 되며 그 모두가
무너지는 것이 아니더냐?
5 그러니 너희들에게 내가 무어라 말하
였느냐?
6 너희들은 가짜와 진품을 구분할 수 있
는 그와 같은 안목을 가지라 하였음이
니라.
7 인간 세상에 너희들이 살아가면서 그
물건을 사고 팖에 너희들이 가짜와 진
품을 구분하지 못하여 너희들이 진품
을 버리고 가짜를 진품으로 샀을 때,
너희들의 그 낭패는 이루 말할 수 없
지 않더냐?
8 그러니 너희들이 가장 소중하고 귀한
것이며 무엇과도 바꿀 수 없는 것, 너
희들이 거듭나는 것, 그리고 나에게
와 천국에서 너희들이 천사와 같은 삶
을 사느냐 못 사느냐 하는 것,
9 거기에 너희들이 정녕 그 가짜와 진품
을 구분하지 못한다면, 과연 너희들은
얼마나 큰 낭패요, 더 이룰 수 없는,
너희들이 모두를 다 잃는 것이 아니더
냐?
10 세상을 얻는 것보다도 더 귀한 것이
너희들이 거듭나는 것이라 했음이니,
11 너희들이 인간 세상에서 진품을 몰라
인간 세상의 낭패라는 것보다 견줄 수
없는 그 모두를 다 잃는 그와 같은 낭
패를 겪는 것이 너희들이 믿음의 길에
서 진품을 보지 못하며 가짜에 딸려
가는 그와 같은 길을 가는 백성이니
그리 알아야 될 것이니라.
12 나는 나의 아들을 통하여 너희들에게
말하였느니라.
13 화려한 것은 가짜라 하였느니라.
14 화려하고 화려한 포장으로써 잘 가꾸
고 다듬어진 자, 그리고 말로써 모두
를 다 이루는 자, 행동은 하지 아니하
며 말로써 모두를 하는 자, 그와 같은
자들이 다 거짓된 자라 내가 그리하지
않았더냐?
15 거짓된 자 외에는 거짓된 자 밑에서

너희들이 거짓을 배우는 수업을 하고
있는 것이 오늘의 너희들이 가고 있음
을 알라 내가 전함이니라.
16 모든 종교 집단이요, 지도자들이 지금
어떠한 형국에 와 있는지 아느냐?
17 곧 터질 지경에 와 있음이니라.
18 너희들이 고무풍선이라는 것에 수없
이 바람을 불어넣고 또 불어넣는다면
그는 결국 터지지 않겠느냐?
19 그와 같이 지금 이 세상에 거짓으로써
이 세상에 쌓이고 쌓여, 이제 너희들
이 좀 더 거짓된 종교 집단이요, 교회
요, 성막이요, 성전을 지으며 나의 피
조물 만백성들을 너희들이 참진리가
아닌 비진리의 길로 더 이상 이끌고
더 끌어 간다면,
20 결국 어린아이들이 입김으로 불어넣
는 그 고무풍선이 견디지 못하여 터지
는 것처럼 곧 터질 때가 되었음이요,
21 그래서 내가 그 터짐을 미연에 방지하
기 위하여 내가 법전을 이리 내림이니,
22 그가 터졌을 때 그 파생되는 것은 너
희들이 눈뜨고 볼 수 없으며 감당키
어려울 것이니라.
23 그러니 내가 부풀고 부풀어 더 부풀
수 없는 그와 같은 형국에 가고 있는
너희들을 여기에서 그를 막고 차단하
기 위하여 내가 지금 나의 아들을 통
하여 오늘의 이 역사를 이룬다는 것
을 너희들은 알아야 될 것이니라.
24 그러니 너희들이 가짜는 화려하고 진
짜야말로 초라한 것이 아니더냐?
25 그러니 내가 너희들에게 전하여 가르
치느니라.
26 지금의 모든 종교 집단이 그 방대한
조직이요, 방대한 능력이요, 그 화려
하기가 끝이 없을 정도로 화려하나,
27 그것이 잘못된 자들이라 내가 말하니,
그 누구도 듣지 아니하느니라.
28 오늘 너희들이 볼품이 없으며 그저 볼
것도 없는 초라한 나의 아들이 그 제
자들과 조용히 한곳에 앉아 160권의
법전을 책으로 엮어 세상에 만들어 하
늘의 지혜를 전함이니,
29 너희들이 과연 볼품없는 나의 아들이
요, 그들이 오늘의 가는 길이요, 그들
의 형태를 보고 너희들이 비웃고 욕할
것이나,
30 그러나 너희들이 진품은 화려하지 아
니하며 포장하지 아니하며 그 포장이
남들의 눈에 띄도록 그리 요란하지
아니함이니 그를 알라.
31 나의 아들이 오늘의 초라한 그 모습이
야말로 너희들에게 나타내지 아니하
며 보이지 아니하며, 그 제자들 또한
나타내지 아니하며 보이지 아니하며,
32 묵묵히 내가 내리는 성령을 받아 내
모두를 태워 내려보내는 그것을 그들
이 한 자 한 자 기록하여 이를 책으로
만들어 대장정의 160권이 세상에 나
올 일이 머지않았으니, 이보다 더 화
려하고 위대함이요, 소중하고 귀한 것
이 어디 있는가?
33 그 빛을 너희들이 아무리 가짜를 가지
고 싸고 또 싸고 포장을 하고 또 아무
리 화려하게 포장을 해도, 160권이 나
와서 진실의 그 빛이 오늘은 초라하
며 볼품이 없는 나의 아들이요, 그를
따르는 그 제자들이 160권이 먼저 세
상에 나왔을 때,

34 그 나의 법전이요, 새로운 성경에서
비치는 그 빛이야말로 여태껏 너희들
이 포장해 놓은 그 모두가 다 터지고
썩어지며 그 실체를 보게 될 것이며,
35 지금 속인 그 너희들의 화려함이요,
그리고 화려한 포장이 견디지 못함을
너희들은 알라.
36 이제 너희들은 알라.
37 지혜 없는 사람이 이를 구분하지 못하
며 저희들 스스로 무너지는 그 길을
가고 있음이니,
38 제가 지금 속고 속아 가는 그와 같은
삶에서 지금 나의 피조물 만백성들이
하늘에 오르는 길을 온다 하며 장담하
며,
39 저만이 구원을 받았다 그 약은 소리
하는 것, 약은 체하는 백성, 제 꾀에
제가 넘어가 지금 나로부터 모르는 백
성이요, 나를 볼 수 없으며 나를 쳐다
볼 수 없는 백성들이니라.
40 그들이 스스로 던져 놓은 그 덫에 제
가 걸리는 그와 같은 형국이 되어 있
는 자들이니, 이제 그들에게 나의 뜻
을 전하라.

10,546 번째 하나님 말씀

2004년 4월 14일 14시 14분

1 사랑하는 나의 아들아!
2 "네, 아버님! 말씀하옵소서."
3 나 여호와의 역사하는 그 출발의 시대
가 지나며 중간의 시대가 지나 이제
심판의 그 시대가 다가오니, 사탄이
요, 마귀들이 그 모두를 다 아느니라.
4 그리하여 사탄의 앞잡이든 삯꾼의 거
짓 지도자들이 지금 위장된 그 신앙생
활이 터질 것이며, 저희들의 그 모두
가 폐해질 것을 알고 있으며 그 두려
움과 무서움을 알고 있느니라.
5 그리하여 사탄들이 지금 온갖 방법으
로써 너희들을 무너트리려 하며, 나의
법전이 세상에 존재하지 못하도록 그
와 같은 행위를 함을 너희들은 알아야
될 것이니라.
6 이는 곧 무엇이더냐?
7 나의 피조물 만백성 너희들이 심판의
때가 되는 것은, 너희들이 사탄이요,
마귀요, 그 모두가 다 심판의 시대가
되어 심판을 받게 된다는 것을 알라.
8 그러니 거짓된 자들이 판을 치며 참진
리의 지도자는 찾아볼 수 없는 그와
같은 지금의 형국이 되어 있는 이 세
상에서,
9 과연 그 사탄이요, 사악한 자들이 얼
마나 마지막 발악을 하는 것인가를 너
희들은 그를 예측해야 될 것이니라.
10 순수한 짐승도 너희들이 괴롭히면 물
려 대든다는 것처럼, 그 사탄이요, 마
귀요, 남을 물고 남을 무너트리기를
좋아하는 자요, 없는 것도 만들어 역
사하는 그들이 너희들을 얼마나 물고
무너트리겠는가를 너희들은 알아야
될 것이니라.
11 참진리의 지도자들은 찾아볼 수 없는
그 형국이니, 오늘의 너희들의 존재
요, 나의 새로운 성경은 이 세상에 보
이지도 아니하며, 그 누구도 들여다보
지 않는 초라한 너희들의 오늘의 모습
이니, 그 참진리요, 나 여호와의 뜻이
여기 있음을 그들이 모르느니라.

12 그러니 그들이 지혜가 없음이니라.
13 그리하여 새로운 성경이요, 새로운 지
도자, 새로운 뜻을 가진 자가 나 여호
와의 뜻에 따라 세상에 내려와 그 모
두를 심판하며 깨우치는 그 역사가 이
루어진다 해도, 그들은 믿으려 하지
아니하며 듣지 아니하려 하는 것이니
라.
14 거짓과 진실의 믿음을 그들은 구분하
지 못하며, 볼 수 있는 눈이 일단 뜨이
지 아니하며, 들을 수 있는 귀도 열려
있지 않은 것이 오늘의 종교 집단이
요, 지도자들이니,
15 그들은 세뇌되어 있으며 굳어져 있기
때문이니라, 사랑하는 나의 아들아!
16 심판의 시대가 되어 세상은 너희들이
악으로 쌓여 있고, 거짓된 지도자요,
종교 집단만이 세상에 난무하며 다
덮고 있는 이와 같은 것이니, 바로 이
것을 잡는 것은 누가 이루겠는가?
17 이를 잡는 것은 책으로써 증거하는 나
의 새로운 성경이요, '하나님! 말씀하
옵소서.' 그리고 너희들이 법전이라는
새 성경만이 그 모두를 다스릴 수 있
으며 그를 잡을 수 있으며, 그를 거짓
에서 진실로 너희들이 다스려 놓을 수
있고 역사하는 곳은 여기밖에 없음이
니라.
18 그리하여 나의 법전을 하얀 눈이 세상
을 덮듯이 전하고 전하라 함이니라.
19 그렇지 아니하면 다른 길이 없다 함을
알라.

10,547 번째 하나님 말씀

2004년 4월 14일 20시 37분

1 사랑하는 나의 아들아!
2 "네, 아버님! 말씀하옵소서."
3 너의 제자들에게 내가 묻노라.
4 네가 정녕 나의 아들이요, 너를 통하
여 내가 너희들을 구원하고자 160권
의 대장정의 법전을 세상에 내려보냄
이니,
5 내 그 마음이 어떠한 마음인가 너희들
은 생각해 보았느냐?
6 내가 나의 아들을 통하여 나의 모두를
태워 마지막으로 내리는 것이 나의 성
령이라 그리하였음이니,
7 과연 이 세상에 살아가는 너희들이 남
을 위하여 자신을 태워서 내려보낸다
면,
8 그가 얼마나 귀하고 소중한 사람이기
에 자기 자신을 그냥 죽는 것도 아니
요, 불에 태워 자기가 죽음으로써 남
을 구하며 친구를 구하며 이웃을 구할
수 있겠느냐?
9 그 마음이 얼마나 아름답고 고운가를
말하기 전에,
10 과연 그 친구이요, 이웃이 얼마나 귀
하고 소중하면 자기 자신을 태워 죽으
며 그를 구하고자 할 수 있겠느냐?
11 또한 너희들이 인간 세상에서 그와 같
은 일이 있을 수 있겠는가?
12 어찌하여 너희들은 여호와 창조주인
내가 너희들에게 말하기를, 내가 나의
아들을 통하여 내리는 법전은 나의 모
두를 태워 마지막 내리는 나의 성령이
라 그리하였음이니,

13 마지막 태워 내린다는 나의 성령을 너
희들은 어떤 마음으로 받아들이고 어
찌 깨우치는가?
14 과연 너희들이 자식을 사랑하는 만큼
그보다 더 깊은 애정으로써, 그보다
더 소중한 마음으로써 나의 법전을 접
하고 공부를 하는가?
15 그리고 여인을 사랑하는 만큼, 연인을
사랑하는 만큼 너희들이 나의 법전을
귀하고 소중하게 그리 보는가?
16 모두를 베푸는 자요, 모두를 주관하는
창조주 나 여호와가 나를 태워서 너희
들에게 내려보낸다면,
17 얼마나 이것이 귀중하고 귀한 성령이
요, 새로운 성경이라 너희들은 과연
생각해 보았는가?
18 너희들은 오늘 이 순간부터 그를 생각
해야 될 것이며, 그와 같은 마음으로
써 나의 법전을 접해야 될 것이니라.
19 나의 법전이 어찌하여 세상에 내려갔
는가?
20 내가 만백성 너희들을 살리기 위해서
나를 태워서 내린 것이 나의 법전이
요, 이 책이거늘,
21 과연 너희들이 이 책을 얼마만큼 소중
히 간직하며 이 책을 정독하며 읽고
깨우치는가?
22 이제 나의 아들을 따르는 제자들이요,
그리고 나의 아들을 통하여 법전을 읽
고 깨우친 만백성, 너희들은 오늘 이
후부터 이 법전의 역사의 그 내력을
알아야 될 것이며, 이를 내리는 내 마
음이 어떠한 것인가를 알아야 될 것이
니라.
23 너희들이 부모가 자식을 사랑하는 마
음보다도 천배 만배 더 깊은 마음으로
써 내가 너희들에게 나의 법전을 내려
보내니,
24 너희들이 그 마음을 알아야 될 것이
며, 그 의의를 알아야 될 것이며, 그
뜻을 알아야 됨을 잊지 말라, 사랑하
는 나의 아들딸들아!
25 너희들이 인간으로서는 찾을 수 없는
깊고 깊은 그 땅속 깊이에 있는 세상
에 가장 귀하고 귀한 보물을 내가 꺼
내서 세상에 빛을 비춰 너희들에게 보
게 하는 것보다도 더 귀하고 소중한
것이 나의 법전이요,
26 그보다 더 깊고 깊은 곳에서 나온 것
이 나의 법전이라는 것을 너희들은 절
대 잊어서는 아니 되느니라, 사랑하는
나의 아들딸들아!
27 이 세상에 너희들 인간이 살아가면서
속에 있는 말을 할 수 있으며, 너희와
더불어 갈 수 있는 하나의 친구가 있
다면, 그는 세상을 다 얻은 것과 같다
했거늘,
28 그보다 천만 배 더 귀한 것이 나의 법
전이요, 그 소중한 것이 나의 법전이
니라.
29 그를 만들고 그를 접하는 너희들이,
그를 전하는 너희들이 어찌하여 나의
법전의 그 귀하고 소중함을 모르며,
30 창조주 나를 태워서 만드는 나의 법전
이요, 성령이라는 그 의미를 너희들이
그저 지나가는 말로 듣고 그리 간단
말이더냐?
31 이제 너희들이 이를 깨우쳤으면 이를
너희들이 귀하고 소중한 마음으로써,
거듭나는 마음으로써 나의 법전을 읽

고 정독하며 그를 가지고 만백성을 구
하도록 그리하라.
32 네 손에 들어 있는 법전 한 권이 한 사
람의 생명을 살리는 것이며, 그가 나
가 만 명이요, 수많은 백성의 생명을
살릴 수 있는 그 법전이거늘,
33 그를 보고 깨우치는 자, 생명을 살리
는 것이 그보다 더 귀한 의술이 어디
있으며, 그보다 좋은 비상약이 어디
있으며, 그보다 더 소중한 것이 어디
있단 말이더냐?
34 이제 너희들은 알라.
35 나의 법전은 나의 모두를 태워 내려보
내는 것이요, 그리하여 그 법전 한 권
이 만백성을 살리는 그와 같은 약이라
는 것을 너희들이 안다면, 어찌 너희
들이 나의 법전을 읽고 접하며 그를
깨우쳐야 되는가, 그건 오늘 이후 너
희 스스로 알도록 그리하며,
36 너희들이 깨우쳐 깨우친 대로 행하도
록 그리하라.
37 그 모두는 너희들의 자유의지에 달렸
느니라.

부 록

【하나님께서 가르쳐 주신 운동】

천재지변이 일어날 때, 동물이나 미물들은 미리 알고 대피하지만, 인간은 알지 못하고 큰 화를 당합니다. 하나님께서 인간에게 가장 높은 지혜를 주시고 완벽하게 창조해 주셨기에 동물들보다 더 잘 알 수 있지만, 욕심으로 마음이 혼탁해져서 한 치 앞을 보지 못하는 것입니다.

마찬가지로, 인간은 누구나 스스로 필요한 운동을 해서 건강을 지킬 수 있도록 하나님께서 만들어 주셨습니다. 우리의 머리에서 우리 몸에 필요한 동작을 해 달라고 끊임없이 신호를 보내지만, 인간이 혼탁하게 살아서 그 신호를 알아채지 못합니다. 그러니 자연스럽게 자기 몸이 원하는 그 신호를 따라서 운동하는 것이 하나님께서 가르쳐 주신 운동 방법입니다. 바로, 우리의 영이 육을 이끄는 운동입니다.

▶ 하나님 운동법

1. 눈을 감고, 발을 어깨너비로 벌리고 바르게 선다.
2. 몸에 힘을 풀고, 허리를 숙이면서 손과 머리를 아래로 내린다.
3. 허리를 펴고 싶을 때, 천천히 펴면서 하고 싶은 동작을 하면 운동이 시작된다. (사람마다 다르다.)
4. 멈추지 말고, 어떤 동작이든지 자기 몸의 느낌대로 계속 이어서 한다.

▶ 참고 사항

① 눈을 감은 상태로 아무 생각 하지 않고, 자기 몸의 느낌대로 움직입니다.

② 마음을 비우고, 욕심을 버리고, 지난날의 잘못을 반성하면서 몇 차례 시도하다 보면, 자기도 모르게 하고 싶은 동작이 끊임없이 생깁니다.

③ 운동 장소는 방 안이든 운동장이든 관계없으며, 걷거나 달리고 싶을 때는 눈을 떠도 됩니다.

④ 매일 40분 이상, 주 4회 이상, 3개월 이상 하면 음식 조절에 들어갑니다.
- 음식으로 생긴 병은 음식으로 치료하게 되며, 어떤 음식을 먹어야 하는지 스스로 알게 됩니다.
(자기 몸에 필요한 음식만 먹고 싶어집니다.)

⑤ 사랑하는 사람과 함께 운동하면 서로 치료해 주기도 합니다.

⑥ 운동을 하다가 몸의 어느 한 부분을 계속 손으로 자극한다면 그쪽에 이상이 있는 것이니, 의사에게 상담을 받고 적절한 치료를 받으면 됩니다.

⑦ 다이어트 및 기타 건강관리에 효과적입니다.

⑧ 꾸준히 운동하여 영이 맑아지면, 자신의 과거와 미래를 스스로 보게 됩니다.

누구나 스스로 하실 수 있습니다.

간행사

《새로운 성경》은:

· 새로운 성경은, 하나님께서 선량하고 선한 자를 선택하여 십계명을 암송하도록 하시고, 십계명을 암송한 다음에 음성으로써 들려주시는 말씀을 듣고 그대로 카세트테이프에 녹음해서 받아쓴 책입니다.

· 90분짜리 녹음테이프 700여 개에 달하는 말씀으로, 1999년 8월부터 2004년 7월까지 총 160권(권당 288쪽)을 완성하였으며, 그 이후에도 현재까지 계속 말씀을 내려 주고 계십니다.

· 새로운 성경은 "하늘을 두루마리 삼고 바닷물을 먹물 삼아 쓰고 써도 다 못 쓴다"는, 끝없이 방대한 하나님의 말씀이 두루마리로 직접 내려오는 것입니다. 이러한 새로운 성경은 구약과 신약을 폐하려는 것이 아니라 "인봉된 성서의 비유의 뜻"을 상세히 설명하여 완성하고자 하나님께서 직접 내려 주신 말씀입니다.

《새로운 성경》의 구성:

· 제 목: 2013년, 160권 모음집을 발간하면서, 본 도서의 제목을 "하나님! 말씀하옵소서"에서 《새로운 성경》으로 명해 주셨습니다.

· 단행본: 각 권당 288쪽(신국판) 책이 160권까지 시리즈로 출판됩니다.
(모음집은 단행본을 16권씩 묶어서, 총 10부로 구성됩니다.)

《새로운 성경》의 성경적 근거:

· 신약 성경 [요한복음] 16장 13절에 "진리의 성령이 오시면 그가 너희를 모든 진리 가운데로 인도하시리니 그가 자의로 말하지 않고, 오직 듣는 것만을 말하며" 하신 말씀처럼 하나님의 음성을 들은 것만 기록하였으며,

· "장래 일을 너희에게 알리시리라" 하신 말씀과 같이 개인, 나라, 인류의 "장래"일을 하나님께서 알려 주시는 것만 기록하여 책으로 만들었습니다.

《새로운 성경》의 기록 방법:

· 1999년 8월부터 하나님께서 저에게 들려주시는 음성을 기록하였습니다. 처음에는 제가 들은 말씀을 불러 주면 저의 아내가 기록하여, 2000년 1월 29일에 1권 초판이 세상에 나왔습니다. 2000년 4월부터는 주시는 말씀을 받아 녹음기에 기록하기 시작하였습니다.

· 녹음을 시작하면서 하나님의 말씀을 받는 데 가속도가 붙었고, 2001년 5월 3일에 1부(1~16권까지)를 인쇄하여 출판하였으며, 2004년 7월까지 총 160권 분량의 말씀을 받아 기록하였습니다.

하나님께서 저에게 주신 것은:

· 첫째, 만백성을 상대로 내려 주시는 "기도", 둘째, 수시로 내려 주시는 "묵상", 셋째, 개인의 과거, 현재, 미래를 알려 주시는 "개인 기도", 넷째, 개인의 건강을 위해서 내려 주시는 "음식 처방", 다섯째, 하나님께서 가르쳐 주신 "운동"등이 있습니다. 이 중에 첫 번째, "기도"를 책으로 편찬하였습니다. 사람의 생사, 개인의 미래에 관한 천기는 수록하지 말라 하셨습니다.

강론 안내:

· 하나님께서는 지금도 매일 저에게 새로운 하늘의 비밀의 말씀을 내려 주고 계십니다. 수시로 내려 주시는 말씀을 정리해서 제자를 육성하라는 말씀에 따라 매주 강론을 하고 있습니다. 누구나 무료로 들으실 수 있습니다. (book160.com)

《새로운 성경》을 읽는 분들에게 드리는 선물:

· 개인 기도: 개인의 과거, 현재, 미래에 관하여 말씀을 내려 주십니다.

· 음식 처방: 사람은 음식을 먹고살다가 건강을 잃으니, 음식과 운동으로 건강을 되찾는 방법을 알려 드립니다. 단, 하나님이 계심을 믿고, 십계명을 지키겠다고 진실로 서약하는 분들께 알려드립니다.

《새로운 성경》의 은혜와 기적:

· 새로운 성경 전160권은 16권씩 묶어서 총 10부의 모음집으로 구성됩니다. 모음집 한 부를 읽고 깨우치는 자에게 하나님께서 다음과 같은 기적이 있다고 하셨습니다.

· "첫째, 그가 죽어 하늘에 갔을 때 그의 죄를 묻지 아니하며, 구원을 받는 위대한 은혜가 있으며, 둘째, 그의 소원과 소망이 이루어지고, 셋째, 죽은 자(부모, 형제, 자식, 사랑하고 은혜 입은 분)의 이름으로 구입한 책을 읽고 누군가 한 사람이 깨우칠 때, 그 죽은 자가 지옥에서 천국으로 구원을 받게 되며, 넷째, 유산, 중절 수술 등으로 태어나지 못한 아이를 위하여 구입한 책을 보고 한 명이 깨우쳤을 때, 그 아이가 사람으로 다시 한 번 태어나는 은혜를 받는다."

· "새로운 성경"을 3회 이상 정성을 다해 정독하는 자, 성서의 비밀을 알게 되고, 세상의 이치를 알게 되며, 세상을 지배하고 통제할 수 있는 지혜를 다 얻게 된다고 하셨습니다. 이 책은 만백성이 정독하고 이웃에게 전하여, 평생 가슴에 묻은 슬픔과 고통의 짐을 벗고 미래를 위한 힘찬 삶을 살아가도록 하는 책입니다.

끝으로

· 하나님께서는 흰 눈이 세상을 덮듯이 새로운 성경을 온 세상에 전하라고 하셨습니다. 《새로운 성경》을 각국어로 번역해서 온 인류에게 구원의 길을 깨우쳐 주고, 그 수익으로 가난하고 어려운 백성을 구제하여, 만백성의 영과 육을 함께 구원하는 선지자의 임무를 수행하라고 저에게 명하셨습니다.

· 하늘에서 내려 주신 말씀의 보화를 만백성에게 나누어 주는 것이 선지자의 임무라고 하셨습니다. 새로운 성경을 통해서 얻는 재물을 사용할 곳도 하나님께서 일일이 명해 주십니다. 모든 재물은 저의 자의로 쓸 수 없고, 하나님께서 명하시는 대로만 쓰여집니다.

· 어떤 명분으로든 십일조나 각종 헌금을 거두어들이지 말라 하셨으니, 국내뿐 아니라 각국에 성전과 단독 서점을 운영하며, 한국의 많은 젊은이들을 전 세계에 지도자로 내보내라고 하셨습니다.

· 우리는 세계적으로 새로운 성경을 보급하며 어려운 이들을 돕는 역사를 해 나갈 것입니다. 지금까지 비록 몇 명 안 되는 제자들과 함께 이러한 일을 역사했지만, 앞으로도 계속 하나님께서 기뻐하시는 일들을 해 나갈 것입니다. 부족한 저희에게 여러분들의 지혜와 성원을 보내 주시기를 바랍니다. 많은 분들의 참여와 도움을 간절히 기다립니다. 감사합니다.

한국어로 내려온 《새로운 성경》 단행본을 출간하며
2016년 4월 10일

발행인 **김 용 철**

한국어로 내려온

새로운 **성 경** · 9부 · 제140권

지은이 하나님 말씀
대역자 김용철

초판인쇄 1쇄 2017년 4월 3일

펴낸 곳 도서출판 하얀마음
등록번호 제 10-2107호 (2001년 2월 14일)
주소 서울시 노원구 덕릉로86길 5, 2층
전화번호 02) 313-1114
팩스 02) 393-5554
전자우편 book160@hanmail.net
편집위원 조나영 김미향 이석교
제작지원 이기종

도서상담 1600-7527
ISBN 978-89-5875-240-0 (04230)
978-89-5875-100-7 (세 트)

값 10,000원
잘못된 책은 구입하신 곳에서 바꾸어 드립니다.

※이 책은 10부로 제작되며, 각 부 16권씩 총160권으로 구성됩니다.※

1부	2부	3부	4부	5부	6부	7부	8부	**9부**	10부
1권	17권	33권	49권	65권	81권	97권	113권	129권	145권
2권	18권	34권	50권	66권	82권	98권	114권	130권	146권
3권	19권	35권	51권	67권	83권	99권	115권	131권	147권
4권	20권	36권	52권	68권	84권	100권	116권	132권	148권
5권	21권	37권	53권	69권	85권	101권	117권	133권	149권
6권	22권	38권	54권	70권	86권	102권	118권	134권	150권
7권	23권	39권	55권	71권	87권	103권	119권	135권	151권
8권	24권	40권	56권	72권	88권	104권	120권	136권	152권
9권	25권	41권	57권	73권	89권	105권	121권	137권	153권
10권	26권	42권	58권	74권	90권	106권	122권	138권	154권
11권	27권	43권	59권	75권	91권	107권	123권	139권	155권
12권	28권	44권	60권	76권	92권	108권	124권	140권	156권
13권	29권	45권	61권	77권	93권	109권	125권	141권	157권
14권	30권	46권	62권	78권	94권	110권	126권	142권	158권
15권	31권	47권	63권	79권	95권	111권	127권	143권	159권
16권	32권	48권	64권	80권	96권	112권	128권	144권	160권